KB236575

성과를 지배하는
# 스토리 마케팅의 힘

성과를 지배하는
# 스토리 마케팅의 힘

| 조세현 지음 |

StarRich
BOOKS

성과를 지배하는
# 스토리 마케팅의 힘

**초판 인쇄**  2015년 1월 14일
**초판 발행**  2015년 1월 20일

**지은이**  조세현
**펴낸이**  김광열
**펴낸곳**  (주)스타리치북스

**책임편집**  이혜숙
**출판진행**  한수지 · 최지현
**편집교정**  이상희
**본문삽화**  Tolbiac
**표지디자인**  권대홍 · 조인경
**경영지원**  공잔듸 · 권다혜 · 김문숙 · 김지혜 · 김충모 · 명수인
　　　　　　문성연 · 손연주 · 심두리 · 이광수 · 이지혜 · 한정록

**등록**  2013년 6월 12일 제2013-000172호
**주소**  서울시 강남구 강남대로62길 3 한진빌딩 5층
**전화**  02-2051-8477
**스타리치북스 페이스북**  www.facebook.com/starrichbooks
**홈페이지**  www.starrich.co.kr

값 20,000원
ISBN 979-11-85982-04-5  13320

"1996년 전기전자 관련 벤처기업을 창업하여 승승장구하다가 오만과 잘못된 판단으로 회사가 망해 땡전 한 푼 없는 거지가 된다. 더 살아갈 용기를 잃고 목숨을 끊으려 했으나 하늘의 도움으로 목숨을 건지고 배추장사를 하다 2001년 코스닥기업을 인수하면서부터 IT전문가로 이름을 날리기 시작한다. 코스닥기업인 금호미터텍을 시작으로 많은 기업을 인수·경영하며 삶의 정점을 찍던 5년 전! 체험한 많은 일을 개념화하고 싶었으나 실패하고 박사과정에 진학해 새로운 삶에 눈뜨게 되고 대학 강단에도 서게된다."

이것이 나의 간단한 이력이다. 변변치 않은 청년기를 보내다 우연히 사업을 시작하게 되어 IT벤처업계에 몸을 담은 지도 벌써 20여 년이 다 되어간다. 그 시간 속에서 만난 사람들이 대략 몇만 명은 넘는 것 같고, 관계를 가깝게 구축하게 된 분들도 꽤나 된다. 그분들과 대화하는 과정에서 훌륭한 기술과 제품을 가지고 있는 경우를 많이 보기도 했지만 대부분 판매로 연결하지 못하고 무너지는 사례들을 보면서 안타까운 적이 한두 번이 아니었다. 제품만 괜찮으면 잘 팔리겠지 하는 막연한 생각으로 사업을 시작하는 중소기업인들에게 제품의 콘셉트를 고객의 마음속까지 끌고 가는 기술은 생각보다 만만치 않은 도전이었던 것이다.

결국 '제품의 콘셉트'와 고객들에게 제품을 표현하는 '표현의 콘셉트'가 달라야 한다는 것을 전혀 모르고 연구개발에만 치중하다 보니 시장의 외면을 받은 것이다. 사업을 해본 경험자로서 마케팅을 가르치는 개념을 접목하고 보니 그동안 보지 못했던 마케팅의 많은 비밀이 보이기 시작했다. 마케팅의 가장 기본이면서도 무서운 교훈은 제품의 콘셉트도 중요하지만 표현의 콘셉트가 소비자들에게는 훨씬 더 중요하다는 사실이다. 이렇게 해야 고객의 눈과 마음에 그 제품이 들어갈 수 있는 공간이 마련된다. 그때부터 고객은 관심을 가지고 다른 제품보다 이 제품이 나에게 어떤 가치를 제공해줄지 찾기 시작한다. 결국 고객은 제품을 사는 것이 아니라 제품이 자신에게 주는 편익을 산다는 말이 현장에서도 어김없이 들어맞는 것이다.

소비자가 어떤 제품을 사게 되기까지 과정은 예술과 같다. 먼저 디테일이 살아 있어야 하고 고객심리의 변화를 세분해서 이해할 줄 알아야 한다. 중소기업뿐만 아니라 대기업에도 이 부분이 가장 어렵다. 고객의 마음이 초단위로 바뀌기 때문이다. 사람들은 돈을 들였는데도 다른 사람들보다 구매와 경험에서 실패할까 봐, 자신이 사는 제품이 가치를 배반할까 봐 두려워한다. 그래서 마음이 수시로 바뀐다.

얼마 전 한 언론매체에서 발표한 국가별 신뢰지수에 따르면 우리나라의 신뢰지수가 최하위라고 한다. 신뢰도가 낮다는 것은 믿지 못한다는 뜻인데, 이렇게 신뢰도가 낮은 나라일수록 마케팅을 해서 성과를 내기가 무척 어렵다. 그런 면에서 우리나라는 세상 그 어떤 나라보다도 마케팅하기가 어려운 나라다.

그런데 소비자가 가치를 어디에 두느냐에 집중하여 세밀히 들여다보면 의외로 마케팅의 단서를 쉽게 찾을 수 있다. 기업들은 소비자들이 돈을 들여 제품을 산 것이 실패하지 않은 구매라는 것을 명확히 보여주면 된다. 훌륭한 제품을 보여주고 느끼게 해주어야 팔린다는 이 간단한 진리를 깨닫고 집중해야 하는데, 늘 더 새로운 것이 없을까 헤매고 다닌다. 남의 말을 듣는 데 익숙하지 않다 보니 공급자인 자기만 생각한다. 제품을 기획하고 개발할 때 소비자의 마음을 염두에 두라고 해도 결국 자신의 기술과 제품을 뽐내는 잘못된 습관이 모든 것을 망친다.

경영인으로서 활동하다 보면 화려해 보이긴 하지만 내공을 쌓을 틈이 부족하고 생각의 틀을 깨기 어려울 때가 많았다. 그러다 보니 기업의 미래를 위해서 중요한 의사결정을 해야 할 때 통찰력은커녕 집중력도 발휘하지 못해 애를 먹은 적이 한두 번이 아니었다. 박사과정에 진학한 계기가 바로 이것 때문이었다. 박사과정을 밟는 동안 사장이라는 지위에서 흘러가던 모든 일을 정지시키고 처음부터 다시 한발 한발 올라가는 이치를 깨닫게 해준 소중한 시간이 되었다. 거기서 배운 기반지식은 과거 실물경험과 융합되면서 새로운 눈을 뜨게 해준 참으로 소중한 알곡덩어리 바로 그것이었다. 이후 내가 꿈꿔왔던 대로 경영이론에 실물경영을 접목한 강의를 5~6년간 폭풍같이 끊임없이 해왔다.

경영자의 길을 걸으면서 스스로 설명하지 못했던 경영 전반의 행위를 경영학의 기본 이론서와 여러 논문을 읽으며 이해하게 되고 이론적으로 설명하게 되었을 때 한번도 경험해보지 못한 기쁨을 느꼈다. 이러한 깨달음을 바탕으로 강의하면서 강의를 듣는 사람들이 실전에 적용하여 성과를 이루었을 때 느끼는 환희는 세상 그 어떤 것보다 컸다.

이 책을 쓴 이유도 그동안 기업현장에서 익힌 현장지식과 학교에서 배우고 강의한 것을 실제 경영현장에 적용해 효과를 보여주고 싶었기 때문이다. 경영학이 이론만 나열한다고 불평하는 이들에게 경영현장에서 경영학이 어떻게 쓰일 수 있는지 보여주고 싶었다. 대학에서 논의되고 책에서 배우는 각종 이론이 경영현장과 기업에서 어떻게 적용되는지 알기 쉽게 표현하고, 경영학을 공부하는 학생들뿐만 아니라 사업을 준비하는 벤처기업가, 떡볶이집이라도 내서 가족에게 더 좋은 것을 먹이고 싶어하는 분들, 농산물을 생산해서 팔고 싶은데 방법을 몰라서 좌절하는 농부들도 쉽게 써먹을 수 있는 마케팅 책을 쓰고 싶어 몸이 후끈 달아올랐던 적이 한두 번이 아니었다.

하루 20만 원도 안 되던 돈가스집 매출을 100만 원 이상 오르게 만들었을 때는 주인 이상으로 감격했다. 문을 닫을 뻔한 안경원의 마케팅 자문을 맡아 매출이 올랐을 때 활짝 웃는 사장님을 보면서, 호떡 노점상 아주머니를 유명하게 해주었을 때 그분이 삶의 희망을 찾았다고 하는 말을 들으면서 내 평생의 길이 이 길임을 깨달았다.

학교에서 청년들에게 진로지도와 취업지도를 하면서 늘 던지는 질문이 있다.

"너희 꿈은 무엇이니?"

청년 대부분이 이 질문에 대답하지 못한다. 꿈을 설정하는 방법을 모르기 때문이기도 하지만 미래에 대해 꿈꿀 수 있는 여유가 전혀 없다는 것을 뜻한다. 이 점이 늘 안타까웠다. 그래서 청년들이 미래에 대해서 생각해볼 수 있는 여유를 가질 수 있도록 도와주는 사회가 만들어져야 한다고 생각했다. 이것이 진로와 취업을 연결해주는 청년대학교라는 사단법인을 설립하고 청년대학교 사무총장을 맡은 이유다.

청년들은 취업시장에서 어떻게 하면 자신이 잘 팔릴 수 있는지 방법을 잘 모른다. 자신들의 가능성에 대해 너무 좁게 생각하고 있고 자신들이 어떤 것들을 갖추어야 하는지 전혀 모르고 있다. 기업이 학생들을 바라보는 시각과 학생들이 기업을 바라보는 시각에는 괴리감이 상당하다. 참 안타까운 일이다. 학생들이 기업을 조금만 더 이해한다면 앞으로 크게 도움이 될 것이다. 앞으로도 포기하지 않고 우리나라 청년들이 다시 꿈꿀 수 있도록 평생을 바치고 싶다. 그리고 인세의 일부분을 미혼모가 버리고 가는 아이들을 살려주는 곳으로 유명한 베이비박스 주사랑공동체에 기부하기로 했다. 이렇게 마음먹은 것은 앞으로 책을 내는 많은 분에게 드리고 싶은 메시지이며, 지식인과 문화인들이 기부에 앞장서는 문화를 만드는 것이 내 꿈 중 하나이기 때문이다. 또한 용기와 희망을 잃은 분들이 삶의 에너지를 찾을 수 있도록 치유하고 새로운 에너지를 부여하는 '행복에너지 전도사, 와인정사 촌장 조세현!'이 평생을 바쳐 이루고 싶은 소원이다.

이 책이 나오기까지 도움을 주신 많은 분에게 감사의 말씀을 전한다. 늘 인생에 대한 조언과 가르침을 주시고 많은 부분을 지원해주고

도와주시는 (주)대승로지스틱스의 회장님이자 청년대학교 이사장님이신 채명기 선배님에게 고개 숙여 감사드린다.

한양대학교의 유영만 교수님에게는 늘 새로운 경험을 위해 도전하고 또 그것을 개념화하는 실천학자! 브리꼴레르의 모습을 보고 배웠다.

숭실대학교 박사과정을 밟을 때 통찰력을 가질 수 있도록 길을 열어주신 김근배 교수님과 안승호 교수님에게 특히 깊은 감사를 드린다.

숭실대학교 경영대학원의 의료관광경영학과 석사MBA 멤버들과 오랜 시간 인간의 향기를 느끼게 해준 많은 모임의 선후배 친구들에게도 감사를 드린다. 특히 돕고맨 멤버들, 조세현의 세대공감 토크쇼인 발딱쇼 멤버들, 한국국제봉사포럼 멤버들, 와인전문가 과정 청수회 멤버들에게 특별한 감사를 드린다. 또 올해부터 시작할 대한민국 브랜드협회 멤버들에 대한 설렘도 크다는 점을 말하고 싶다.

스타리치북스의 이혜숙 이사님과 한수지 팀장님에게 감히 따라 할 수 없는 대담한 용기와 업무추진력을 배웠다.

그동안 많은 사례를 정리해주고 수고해준 남보라 님과 이용준 님에게 고맙다는 얘기를 하고 싶다. 마지막으로 오늘 이 자리까지 올 수 있도록 모든 지원을 아끼지 않고 늘 함께해준 가족에게 마음속 깊이 사랑한다는 말을 전한다.

2015년 1월 조세현

꺼져가는 불씨에서 불꽃이 피게 만들고 식어가는 열정에 불을 지를 수 있는 사람이 있다. 이 사람은 책에서 배운 단편적 지식으로 사람들에게 설명하지 않는다. 방대한 독서를 바탕으로 현장에서 직접 온몸으로 건져 올린 살아 있는 체험을 더해 감성적으로 설득할 때 사람들의 심장이 뛰고 눈빛이 달라지기 시작한다. 이 책은 저자의 살아 있는 체험으로 녹여 낸 마케팅의 비밀코드를 담고 있다. 읽으면 읽을수록 마케팅뿐만 아니라 일상에서도 적용할 수 있는 체험적 교훈이 들어 있다. 다시 불꽃 튀는 삶을 살고 싶은 분들에게 일독을 권한다.

**– 유영만** 한양대학교 교수, 지식생태학자

퓨전한정식 마실을 운영하면서 마케팅이 큰 어려움 중 하나였습니다. 2014년 여름, 조세현 교수님을 만나 마케팅을 상의하고 하나씩 접목하면서 전반적으로 침체된 외식업 경기여건 속에서도 꾸준히 매출이 증가세를 보이고 있습니다. 또한 마실 올림픽공원점 오픈 이래 일 최고 매출을 기록하기도 했습니다. 늘 활기차고 긍정적인 기운을 불어넣어주고 명쾌한 해법을 제시해주는 조세현 교수님께 감사드리며, 변함없이 고객과 더욱더 공감할 수 있는 Delicious Masil, Happy Masil을 위하여 다양한 마케팅을 시도하려 합니다.

**– 홍낙기** 퓨전한정식 마실 올림픽공원점 대표

세계적으로 활동하는 유대인들은 '가장 값진 체험은 돈을 버는 것'이라고 말합니다. 조세현 교수의 살아 있는 마케팅, 라움아트센터의 럭셔리 마케팅을 책임지고 함께 2년을 같이하면서 현장을 아는 실무형 마케터임을 알았습니다. 이 시대 최고의 마케팅 전략을 이해하기 쉽게 정리한 전략서로 마케팅을 활용해 삶을 행복하게 만드는 도서입니다. 누구든 발딱 서는 성공의 마케팅을 알고 싶으시다면 이 책을 적극 권하고 싶습니다.

– 황성식 THE RAUM 총지배인

일상적인 마케팅에서 벗어나 싱싱한 활어회처럼 발딱거리는 조세현 교수의 통찰력이 느껴진다. 내 친구의 이야기처럼 글이 다가온다. 진솔함이 느껴진다. 그래서 더욱 공감이 가는 책이다. 다양한 경험과 해박한 지식을 바탕으로 한 직설화법은 마케팅에 대한 현실의 벽을 속 시원하게 해소해주고 있다.

– 변용수 한국경제TV 방송제작팀장

처음 에스테틱숍인 더 레드클럽을 운영하면서 마케팅을 어떻게 해야 할지 고민이 많았습니다. 그러다 조세현 교수님의 마케팅에 매료되어 열심히 따라다니며 마케팅에 대해 조금씩 눈뜨기 시작했고, 더레드클럽 건대점으로 이전 확장하여, 더레드클럽 전국지점 토털 1위 매출 지점으로 매출이 급상승했고, 지금은 또 다른 사업을 준비 중입니다. 조 교수님을 만나는 순간, 사업은 두렵지 않습니다.

– 최은재 The Red Club 건대점 대표

미노안경원을 막 오픈할 시기에 우연히 조세현 교수님을 알게 되었습니다. 블로그 마케팅을 공부하다가 조세현 교수님의 마케팅 전략에 대해 이야기를 듣고 나서 도움을 받은 후에 매우 어려웠던 처음보다 현재의 지금까지 매출이 오르는 효과를 피부로 느끼고 있으며 미노안경에 많은 도움을 주셨습니다. 조세현 교수님 진심으로 감사합니다.

**– 한민호** 미노안경원 대표

조세현 교수님과 함께한 '날돈 마케팅 프로젝트'를 통해 작은 동네 돈가스도시락 가게가 스토리를 가진 일원동 유명 맛집이 될 수 있었습니다. 매출은 프로젝트가 끝난 이후로도 안전궤도를 달리고 있습니다. 자영업으로 먹고살기가 어려운 것이 현실이지만 조세현 교수님의 고객의 마음을 사로잡는 브랜딩과 마케팅을 통해 극복할 수 있습니다.

**– 마민하** 날으는 돈까스 대표

이론과 실제, 말과 행동이 통합된 사람이 어찌 그리 흔하랴. 진지하지만 생기발랄한 조세현 교수가 새 책을 가지고 우리에게 왔다. 평소 소외된 이웃을 찾아 사랑을 실천하는 그이기에, 그의 책 속에서 현장을 살리고자 하는 그의 열정과 사랑을 느낄 수 있다. 이 책은 마케팅을 공부하는 학생과 마케팅 현장에 있는 모든 이에게 마케팅의 정수를 깨닫게 하며 또 이를 현장에 적용하는 비법을 알게 해준다.

**– 이종락** 주사랑공동체 목사

contents



## Lecture 1
## 마케팅 개념부터 발딱 세워!



## Lecture 2
## 마케팅, 너는 뭐니?

## Lecture 3
# 마케팅으로 세상을 발딱 구하라!



## Lecture 4
# 고객의 충성도를 높이는 퍼미션 마케팅

일러두기

이 이야기는 제시된 사례, 이론을 제외하면 특정 기업이나 특정 브랜드와 관련 없는
허구의 소설을 바탕으로 꾸몄음을 밝힙니다.

### 조세현 교수

한국대학교 경영대학 마케팅학과 교수. 경영대학교 학과
장이자 연주와 영준의 담임교수다. 마케팅의 대가, 마이
더스의 손이라고 불리며 마케팅 컨설팅 자문을 맡는 업
체마다 매출을 눈에 띄게 올려주는 놀라운 실력을 갖추
었다. 자상하지만 학생들에게 답을 바로 알려주지 않고
본인이 스스로 깨닫게 하는 교육 방법을 제시한다. 실제
활용 가능한 마케팅으로 유명한 젊고 열정적인 교수로
실전과 학문의 조화를 추구한다. 실질적·효과적인 리포
트나 사례 발표를 답안지로 제출하는 학생들을 선호한다.

### 영준

한국대학교 마케팅학과에 겨우 들어갔다. 마케팅 과목에 열
정은 있는데 머릿속에 든 것은 많지 않다. 마케팅 과정을 들
으면서 공부가 생각만큼 쉽지 않아 힘들어한다. 같은 과 연주
와 처음 마주친 날부터 부딪치며 비호감으로 시작했지만 마
케팅에 관한 관심과 열의로 조세현 교수와 졸업반 선배인 천
재 효준 형을 만나 전문적인 마케터로 성장해나간다.

**연주**

한국대학교 마케팅학과 1학년으로 영준과 동기다. 수업에 늦더라도 절대 뛰거나 당황하지 않는 자존심 강한 연주는 왠지 모를 매력을 발산하여 과에서 인기녀로 통하고 마케팅 수업에서 항상 A학점을 도맡아 타고난 천재성을 보여 영준과 대비된다. 처음에는 영준과 잘 맞지 않아 티격태격하지만 점차 서로 지원해주며 전문 마케터로서 성장해간다. 영준과 스터디 모임과 과제 수행을 함께하며 마케팅에 대한 영준의 열의를 보게 되고 점차 성장해나가는 영준의 실력과 태도에 매력을 느낀다. 영준은 고등학교 때처럼 과제와 공부를 열심히 하는 이론으로 무장한 모범학생이지만 연주는 이론보다 실전에 관심이 많다. 나중에 영준과 연주는 이론과 실전에서 서로 부족한 부분을 채워나가며 시너지효과를 발휘한다.

**효준**

한국대학교 경영학과 4학년 졸업반으로 4년간 장학금을 놓친 적이 없는데다 4년 동안 갈고닦은 마케팅 실력으로 많은 회사의 스카우트 제의를 받았다. 하지만 조세현 교수님이 그동안 가르쳐주고 전문가로 키워준 은혜를 잊지 못해 교수님이 경영하는 마케팅 회사에 입사하기로 결심하고 졸업 논문을 준비하고 있다. 영준과 연주의 멘토로 이들이 성장하는 데 지원과 조언을 아낌없이 해준다.

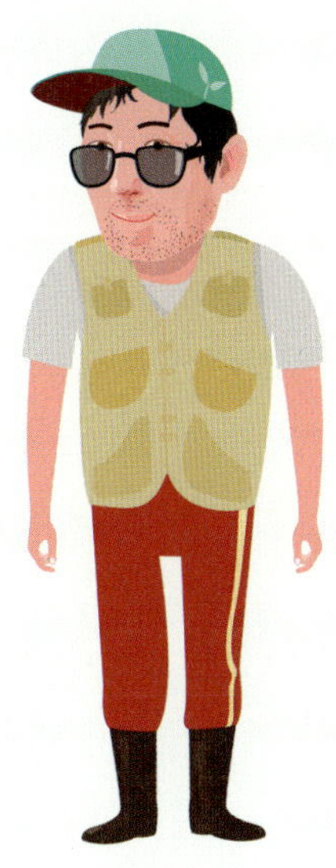

**창수** (영준의 삼촌)

한국대학교 컴퓨터공학과를 졸업하고 해외로 떠나서 방랑생활을 하다가 IT회사를 차렸다. 제주도에 지사를 둔 (주)나눔의 대표이사로 플랫폼 전략의 달인이다. 조카 영준에게 플랫폼 관련 지식을 전수해준다.

**혜수** (영준의 누나)

인터넷 쇼핑몰 사업에 뛰어들어 거금을 날리고 말아먹은 뒤 마케팅을 뒤늦게 공부했다. 이론을 바탕으로 실전을 하는 실전 마케팅의 천재가 된다.

## 스토리 마케팅 – 초코파이

말하지 않아도 알아요~ 눈빛만 봐도 알아~
그냥 바라보면~ 마음속에 있다는 걸~

이사가는 날 꼬마 아이가 아파트 경비원 아저씨에게
말없이 초코파이 하나를 내민다.
주름진 손에 쥐어진 초코파이 하나…
헤어지는 아쉬움과 고마움이 초코파이를 통해 전해진다.

1

Lecture

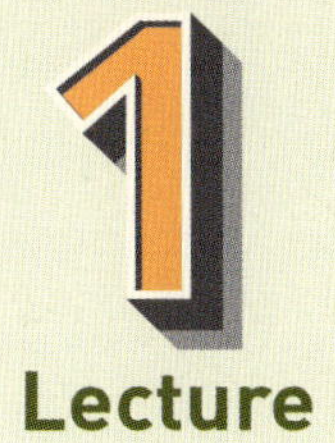

# 마케팅 개념부터 발딱 세워!

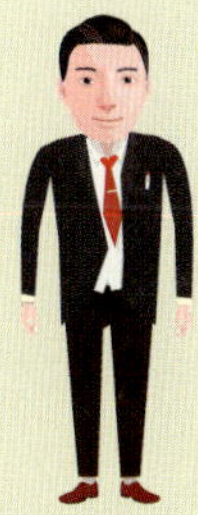

## 효과적인 사업에 집중투자를 해야 합니다

기업은 한정된 자원으로
최대의 이익을 내야 하기 때문에
투자대비 효과가 큰 고객 집단을 선정해서
집중투자하는 것이 무엇보다 중요합니다.
여러 시장에 분산투자하기보다
한 곳에 집중투자해야 합니다.

# 마케팅에 관한 오해와 진실

"으악! 엄마, 지금 몇 시예요?"

어제 밤늦게까지 고등학교 친구의 넋두리를 들어주느라 늦게 잠자리에 든 것이 문제였다. 몸은 왜 이리 무거운지. 첫 이미지가 학기 마칠 때까지 간다는 이야기를 하도 많이 들었기에 알람을 세 개나 맞춰놓고 잤건만 9시가 다 되어서야 일어났다.

이쯤 되면 대학교 첫 수업에서 여자들에게 멋지게 보이고 자시고 할 겨를이 없었다. 머리도 제대로 못 감고 눈앞에 보이는 청바지, 면티를 입고 모자를 눌러쓴 뒤 무슨 책이 들었는지도 모르는 가방을 들고 뛰쳐나갔다. 설거지를 하시던 엄마는 "몇 번을 깨워도 안 일어나더니"라고 혼잣말을 하시더니 "밥은 먹고 갈 거니?" 하면서 영혼 없는 멘트를 살포시 던지셨다. 엄마는 못 들은 척 부리나케 뛰어나가는 나를 보면서 틀림없이 혀를 찼을 것이다. 고등학생 때까지 엄마가 깨워주었는데 이제 대학생이 되었으니 내 스케줄은 내가 알아서 관리하라고 몇 번이나 말씀하셨기 때문이다.

사실 내가 처음부터 지각쟁이가 된 것은 아니었다. 어릴 적에는 칼같이 등교시간을 맞추고 숙제도 꼬박꼬박 해가는 모범생이었다. 그런데 중학교 2학년 때부턴가 한 가지 일에 빠지면 새벽까지 시간 가는 줄 모르게 되고 그러다 보니 잠깐 잠든다는 게 깊이 잠들어 결국 학교에 제시간에 가지 못하는 단골 지각생이 되었다. 물론 이건 나 스스로 만들어낸 궁색한 변명일지도 모른다. 하지만 하나 확실한 건 무엇이든 재미를 느끼면 시간 가는 줄 모르고 한다는 것이다.

전에 할아버지께서 밤을 꼬박 새우며 뭔가를 하는 나를 보시더니 "저놈은 커서 뭐가 돼도 될 놈이여"라고 말씀하신 것이 기억에 남는다. '커서 뭐가 될 놈'인 나는 할아버지의 그 말씀이 맘에 들었다.

하지만 '커서 뭐가 돼도 될 놈'인 나는 대학 수업 첫날부터 지각하지 않으려고 헐레벌떡거렸다. 지하철 문이 닫히려는 순간 슬라이딩하듯이 뛰어들어 겨우 지하철을 탔다. 지하철에서 내리자마자 학교까지 죽어라 뛰었다. 학교까지는 왜 그렇게 멀게 느껴지는지…. 잘하면 지각하지 않고 강의실에 들어갈 수 있을 것 같았다. 날씨가 아직은 쌀쌀했지만 땀이 비 오듯 쏟아졌다. 캠퍼스 안에는 학생들이 더러 눈에 띄었지만 나처럼 바쁜 학생은 없는 것 같았다. 마라톤 선수가 골인 지점을 앞두고 마지막 힘을 내서 운동장을 한 바퀴 돌 듯이 목표 지점인 정경대 건물은 향해 힘겹게 뛰었다. 종합 강의동을 지나 노천극장을 지나 드디어 정경대 건물로 뛰어드는 순간!

'쾅!' 하는 소리와 함께 빨간 치마를 입은 여학생과 부딪치고 말았

다. 그 바람에 여학생은 손에 들고 있던 책을 놓치고 말았다. 여학생은 짜증 제대로 난다는 표정으로 서 있었다. '아, 수업이 곧 시작되는데 어쩌지?' "아! 미… 미안합니다." 나는 엉거주춤 사과도 제대로 못하고 바닥에 떨어진 책을 주워주지도 못한 채 얼른 강의실로 뛰었다.

그렇게 한바탕 전쟁을 치른 결과 다행히 지각은 하지 않을 수 있었다. '와, 여기가 몇 년 동안 꼼짝없이 공부만 하며 그리던 대학 강의실이구나.' 60명쯤 되는 남녀 대학생으로 가득 찬 강의실 안은 시끌벅적했다. 뒷자리는 이미 먼저 온 학생들이 앉아 있었으므로 할 수 없이 맨 앞 가운데에 자리를 잡고 한숨을 돌렸다.

바로 그때 강의실 앞문이 열리더니 아주 단단하고 기름기 넘치게 생긴 호남형 남자가 들어왔다. 말로만 듣던 한국대학교 마케팅학과 조세현 교수님이었다. 경영대학교 학과장으로서 실전 마케팅의 대가라고 알려진 조 교수님에게 마케팅 컨설팅과 자문을 받는 기업마다 매출이 눈에 띄게 성장한다고 해서 조 교수님은 마케팅계의 마이더스의 손으로 불렸다.

자리에 앉아 있는 학생들을 쭉 훑어본 조세현 교수님은 하얀 이가 다 보일 정도로 환하게 웃으며 첫인사를 건넸다.

"만나서 반갑습니다. 저는 여러분을 마케팅 전문가로 만들어줄 조세현입니다. 오늘은 첫 시간이니 여러분이 한 학기 동안 무엇을 배울지 강의 계획을 살펴보고 마케팅을 왜 배워야 하는지 그 이유를 맛보기로 알아보겠습니다. 이번 학기에 배울 내용을 간략히 말하겠습니다.

첫째, 마케팅에 관한 오해와 진실을 알아보고 누구나 쉽게 적용할 수 있는 마케팅에 대해 알아보겠습니다. 지금 마케팅의 '마' 자도 모른다고 미리 겁먹을 필요는 없습니다. 마케팅 개념을 발딱 세워 실전에 강한 마케팅 전문가가 될 수 있도록 공부할 것입니다.

둘째, 현장에서 가장 중요하게 쓰이는 다양한 마케팅 방법에 대해 차근차근 알아보겠습니다. 카사노바 마케팅, 공감 마케팅, 바이럴 마케팅, 사이버 마케팅, 퍼스널 마케팅, 퍼미션 마케팅, 스토리텔링 마케팅, 카리스마 마케팅, 혁신 마케팅, 질투 마케팅 등에 대해 알아보면서 각 마케팅 종류의 사례를 연구하고 발표하는 시간을 가질 것입니다. 이미 들어서 알고 있는 학생도 있겠지만 저는 일방적인 주입식 강의는 하지 않습니다. 강의마다 과제를 하나씩 내줄 텐데 여러분이 조사하고 연구해온 과제에 대해 발표하고 공유·공감하는 시간을 가질 것입니다. 과제를 충실히 하면 학기를 마칠 때쯤 좋은 학점을 받을 뿐만 아니라 스스로 마케팅 전문가가 되어 있는 것을 느낄 것입니다.

그리고 아주 중요한 것이 있습니다. 결석이나 지각은 절대 하지 마십시오. 개인에게 큰 불이익이 가는 것은 물론이고 제가 가장 싫어하는 것이니까요."

교수님이 단호하게 말씀하셨다.

그때 강의실 문이 열리고 '또각또각' 하이힐 소리와 함께 긴 머리에 빨간 치마를 입은 여학생이 걸어 들어왔다. '아, 아까 나와 부딪쳤던 여학생이다!' 잠깐 정적이 흐르면서 교수님과 학생들의 시선은 그 여학생에게 집중되었다. 하지만 뜨거운 시선 따윈 신경 쓰지 않는다는 듯 여학생은 비어 있던 내 옆자리에 와서 앉았다. 그러고는 교수님과 눈을 맞추더니 가볍게 웃으며 목례를 했다.

교수님은 살짝 목례를 받아주고 말을 이었다.

"여러분은 마케팅이 무엇이라고 생각합니까?"

방금 들어온 그 여학생이 대답했다.

"마케팅이요? 물건 파는 거 아니에요?"

교수님은 당당한 대답에 약간 당황하셨는지 살짝 미소를 보이고 말을 이어갔다.

"그럼 마케팅은 광고일까요, 홍보일까요? 마케팅은 광고가 아닙니다. 홍보도 아닙니다. 여러분이 가게를 차렸습니다. 온라인 쇼핑몰이나 카페를 시작했다고 합시다. 그런데 만약 여러분이 마케팅을 모르고 홍보를 한다면 3개월도 못 되어 어려움에 처할 것입니다. 창업자 중 95%가 도산하는데, 그 이유 중 하나가 바로 마케팅을 모르고 홍보만 죽어라 했기 때문입니다. 제 얘기가 무슨 말인지 잘 모르는 학생들도 있을 텐데 사실입니다. 그러니 기억하십시오. 마케팅에 대해 공부하면서 이 말이 무슨 뜻인지 알게 될 것입니다."

마케팅이 홍보도 아니고 광고도 아니라면서 마케팅을 모르고 홍보를 한다면 3개월도 못 되어 어려움에 처한다고? 도대체 이게 무슨 말이람?

"오늘 강의는 여기서 마치겠습니다. 한 학기 동안 여러분이 공부하면 좋을 마케팅 책 몇 권 소개하겠습니다.

《새로 쓰는 마케팅》(전인수, 학현사, 2012), 《소비자 관계 마케팅》(이영준, 박영사, 2010), 《마케팅 분투기》(한국마케터협회, 리더스북, 2010), 《마케팅 전략》(한상만 외, 박영사, 2011), 《네이버에 미쳐라》(김성대, 앱북스, 2014)는 꼭 한 번씩 읽어 보기 바랍니다.

그리고 다음 수업까지 여러분 주변에서 볼 수 있는 마케팅 실패 사례를 찾고 실패를 극복하기 위한 성공전략에 대한 리포트를 A4 한 페이지 분량으로 작성해 제출하기 바랍니다."

첫 수업이 끝나고 교수님이 강의실을 나가자 학생들이 웅성거리기 시작했다.

"교수님 포스 장난 아니다."

"교수님 완전 멋있다."

"첫 시간부터 리포트라니 말도 안 돼."

"말로만 듣던 과제의 압박!"

나는 먼저 옆자리에 앉아 있는 여학생에게 눈이 갔다. 아까 부딪쳐

놓고 사과도 제대로 못해서 미안했기 때문이다.

"아까는 미안했어요. 마케팅학과 1학년 박영준이라고 합니다."

나는 꾸벅 인사를 하고 악수를 할 듯이 손을 내밀었다. 그런데 여학생의 반응이 싸늘했다. 콧방귀를 뀌듯 새침하게 내 얼굴을 한 번 보더니 가방을 들고 휙 돌아 강의실을 나가버렸다.

'아! 아까 사과를 제대로 할걸.'

하지만 버스는 이미 떠났다.


"영준아~ 영준이 맞지?"

누군가 뒤에서 부르는 소리가 들려 돌아보니 고등학교 때 같이 축구하고 놀던 효준이 형이었다. 효준이 형은 한국대학교 마케팅학과 4학년으로, 공부를 잘해서 4년간 장학금을 놓친 적이 없다는 얘기를 엄마에게서 귀에 못이 박히도록 들었다. 항상 축구, 농구를 하며 노는 형으로만 기억했는데 이렇게 대학교에서 만나니 달리 보였다.

"형, 오랜만이에요. 저랑 같은 수업 듣나 봐요? 잘됐다. 저 좀 많이 도와주세요."

오랜만에 보자마자 도움부터 요청하는 나에게 효준이 형은 흔쾌히 대답했다.

"당연하지. 그나저나 이 강의 어떻게 신청했어? 바로 마감되어 수강신청하기 힘들었을 텐데. 재미있고 유익하지만 학기 동안 과제해서 내고 발표하려면 고생 좀 할 거다."

형은 조 교수님은 물론 교수님 수업에 대한 정보를 한참 이야기해졌다.

"고마워요, 형. 그나저나 이번 리포트는 어떻게 하죠? 감이 안 잡히는데."

형은 뭘 걱정하느냐는 듯 말을 받았다.

"지난번에 너희 누나 쇼핑몰 하다가 힘들었다고 하지 않았니? 지금은 잘되는지 모르지만 실제 사례이니 그대로 담아보지 그래? 너무 어렵게 생각하지 말고 주변에서 찾아보는 게 가장 좋아."

역시 효준이 형이었다. 형의 조언을 들으니 바로 해답이 보였다. 그리고 누나가 떠올랐다. 누나는 노처녀 대열에 들어섰는데도 결혼 생각은 안 하고 일에 빠져 늘 바쁘다. 누나는 여성의류 쇼핑몰을 몇 년째 운영하고 있는 쇼핑몰 대표다. 패션에 관심이 많아 자신이 좋아하는 액세서리, 신발, 계절별로 입고 싶은 옷을 홈페이지에 올리면서 장사를 시작했고, I사의 키워드 광고가 유명하다는 말을 듣고 한 달에 몇백만 원씩 투자했지만 수익과 지출이 맞지 않아 파산 직전에 몰리기도 했다. 하지만 누나는 그대로 주저앉을 수 없다며 마케팅 공부부터 다시 시작했다. 그리고 온라인 쇼핑몰을 하면서 자신이 얼마나 마케팅에 무지했는지 깨닫고 새롭게 마케팅 전략을 세워 쇼핑몰을 운영한 결과 지금은 남부럽지 않은 매출을 기록하고 있다.

대학 수업 첫날부터 진을 다 뺀 터라 수업이 끝나자마자 집으로 왔다. 앞으로 마케팅에 대해 본격적으로 배울 생각을 하니 한편으로는 설렜지만 당장은 과제가 부담스러웠다. 인터넷 서점에 들어가 교수님이 소개해준 책들을 찾아보는데 누나가 집에 왔다.

"누나, 잠깐 시간 좀 내줄 수 있어?"

"그래, 너 오늘 대학교 첫 수업이 어땠는지 궁금하다."

"누나, 오늘 학교에서 마케팅 수업을 들었는데 첫날부터 교수님이 과제를 내주시더라고. 누나, 마케팅계의 마이더스의 손이라는 조세현 교수님 알아?"

"조세현 교수님? 마케팅 전문가로 유명한 분이라 나도 이름은 들어봤어. 내가 온라인 쇼핑몰 사업하면서 힘들었을 때 교수님이 쓴 책도 봤지. 도움이 많이 될 거야. 수업 열심히 들어라."

"그렇지. 그런데 교수님이 보통 깐깐하신 분이 아닌 것 같아. 첫날부터 과제를 주셨거든. 첫 과제부터 찍히면 안 되니까 누나가 좀 도와줘."

"그러지 뭐. 그럼 너도 내게 도움이 될 만한 것이 있으면 얘기해줘야 해."

그렇게 해서 누나의 사업 이야기를 들을 수 있었다.

성공적인 마케팅
계획을 세워야 합니다
자신 있는 메인 상품을 선정한 뒤
타깃층을 선정하기 위한 잠정 구매자 분석을
하는 것입니다. 예를 들면 판매하고자 하는
상품이 여성 정장일 때 어떤 연령층을
타깃층으로 할지 고민해야 합니다.
MARKETING
15
Marketing Report
Dong-jin
A Blah is the blah that blah of blah, where blah
blah blah. Blah makes blah, Another blah bites
the blah. A Blah is the blah that blah of blah, when
blah blah blah. Blah makes blah, Another blah bites
the blah. Blah is the real Blah that blah in blah.

**일반적인 쇼핑몰 오너들의 잘못된 생각**

"마케팅? 몰라도 상관없어! 입소문만 잘 나면 되지 뭐! 홈페이지 멋있게 만들었으니 예약이 많이 들어올 거야! 그래도 광고나 좀 해볼까? 그러면 입소문이 금방 나겠지? 너도나도 인터넷 쇼핑몰 하다 말아먹는다는데 나는 다를 거야."

**누나가 실패한 원인 : 마케팅의 기본인 선택과 집중 무시**

① 누나의 이전 온라인 홈페이지의 특징 : 타깃 고객층 없음, 자신이 좋아하는 의류를 남들도 알아줄 거라는 착각에 빠져서 고객들이 알아주고 찾아오기만 기다림

② 쇼핑몰의 메시지와 콘셉트가 전혀 잡혀 있지 않음 : 누나가 좋아하는 의류와 액세서리의 종류, 범위가 다양함. 힙합, 정장, 이지웨어, 운동복 등 여러 종류의 패션을 선보였고 소비자들에게 임팩트 있는 인상을 주지 못함. 재방문 유도 실패

③ 너무 비싼 I사의 키워드 광고 : 치밀한 전략과 계획을 가지고 뽑아낸 키워드로 광고하는 것은 매출에 도움을 줄지 모르지만 누나는 그런 계획 없이 무턱대고 제일 비싼 상위 링크에만 목숨을 걸었다. 당연히 키워드 마케팅 비용을 감당하지 못한 누나는 파산에 이르게 됨

**영준의 성공 진단**

① 마케팅 계획을 세우자!(마케팅의 기본은 선택과 집중)

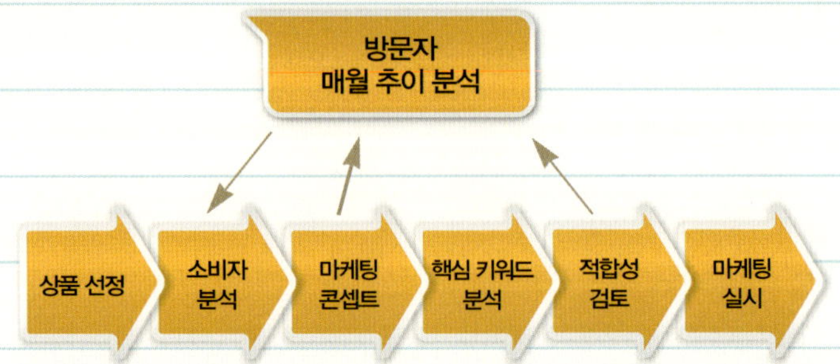


위의 그림은 전반적인 마케팅 계획 과정을 그린 것이다. 자신 있는 메인 상품을 선정한 뒤 타깃층을 선정하기 위한 잠정 구매자 분석을 한다. 예를 들면 판매하고자 하는 상품이 여성 정장이라고 정하자. 여성 정장에는 바지, 치마, 재킷, 블라우스 등이 있는데 어떤 연령층을 타깃층으로 할지 고민해야 한다.

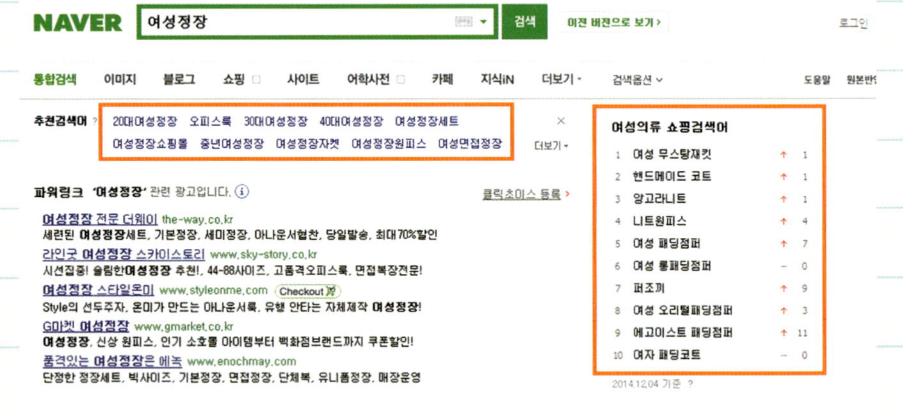

연령층별로 선호하는 정장의 종류가 다르므로 먼저 타깃 연령층을 선택한 뒤 그 연령층이 선호하는 여성 정장의 종류와 핵심 키워드를 각종 카페나 블로그를 보면서 조사한다.

그다음은 마케팅 콘셉트다. 누나의 쇼핑몰 홈페이지에는 타깃 연령층과 제품 콘셉트 없이 너무 많은 제품의 사진만 마구 올려놔서 잠정 구매자들의 이목을 집중시키지 못하고, 파워링크의 비싼 클릭 수만 늘린 채 고객들을 놓치기 일쑤였다.

주력 상품과 타깃 연령층을 분석하고 나면 마케팅 콘셉트를 잡기가 조금 수월하다.

마케팅 콘셉트를 잡는 방법은 크게 두 가지로 나눌 수 있다. 소비자들의 정서에 영향을 주는 디자인, 컬러, 이미지 스토리텔링 등을 통한 감성 마케팅에 상품 정보를 제공하는 마케팅 콘셉트가 있다. 감성 마케팅은 직접 제품을 구매한 소비자의 후기를 올린다거나 첫눈에 소비자를 사로잡을 수 있는 감성적 광고를 홈페이지에 게재하는 식으로 이목을 이끌 수 있다. 상품평에서 게시물을 거짓으로 올리는 것은 바람직하지 않은 감성 마케팅이다. 또 하나는 연령대별로 키워드를 추출하고 추천 검색어와 연관 검색어를 면밀히 조사하는 핵심키워드 분석이 있다. 만약 시즌별 상품을 판다면 인기 검색어를 통한 키워드 추출이 필요하다. 이러한 과정을 계속적으로 진행하고 피드백을 통해 재조사해야 온라인 마케팅을 성공적으로 할 수 있다.

온라인 마케팅을 제대로 알지 못하면 1년 이내에 폐업하게 된다. 다른 마케팅에서도 마찬가지이지만 특히 온라인 마케팅은 선택과 집중을 해야 한다. 즉, 상품의 타깃 고객을 아주 세밀하고 명확하게 설정한 뒤 구매자에게 어필할 수 있는 메시지와 콘셉트를 전달할 수 있는 쇼핑몰만이 살아남을 수 있다. 마구잡이식으로 홍보하기보다는 자신이 제일 잘할 수 있는 메인 상품과 메인 타깃층을 정해서 마케팅을 하는 것이 중요하다.

② 네이버를 활용하자

비용이 많이 드는 키워드 광고나 파워링크 등은 소자본을 가지고 쇼핑몰을 시작하는 사람들에게는 부담스러울 수 있다. 온라인 검색 점유율을 높게 차지하고 있는 네이버에는 자료수집 분석 및 홍보 등을 저렴하게 또는 비용을 들이지 않고 할 수 있는 카페나 블로그, 지식iN 서비스 등이 있다.

# 첫 번째 과제를 마치다

누나의 조언을 바탕으로 리포트를 작성하고 이것저것 자료를 찾다 보니 어느덧 두 번째 수업시간이 되었다. 그동안 나는 엄마에게 부탁해서 아침에 일찍 일어나는 습관을 들이려고 노력했다. 그 덕분에 두 번째 수업에는 여유 있게 강의실에 도착했다. 그리고 누나 덕분에 무사히 마친 첫 번째 과제를 제출할 수 있었다.

하지만 앞에 나와 자기 과제에 대해 발표하라는 말에 식겁했다. 많은 사람 앞에 나서서 말하려면 머릿속이 하얘지기 때문이었다. 등 뒤로 식은땀을 줄줄 흘리며 겨우겨우 발표를 했다. 내 발표가 끝나자 조교수님은 수고했다는 말과 함께 말씀을 이어갔다.

"여러분, I사 키워드 광고를 알고 있습니까? 검색을 하면 상단에 광고 영역으로 뜨는 사이트들을 말합니다. 꽃배달, 보험, 대출과 같이 인기 키워드의 경우 클릭당 무려 5,000원에서 3만 원까지 비용이 발생합니다. 이는 누군가 한 번 클릭할 때마다 비용이 빠져나가는 것을 말합니다. 클릭 한 번 하는 1초도 안 되는 시간에 말이에요. 그래서 키워드 하나당 비용이 월평균 1,000만 원에서 2,500만 원까지 발생합니다. 물론 세부 키워드는 저렴할 수도 있으나 노출 비율이 낮죠. 저렇게 비싼 돈을 들여 홈페이지로 들어오게 만들었는데 고객이 3초도 안 되어 나간다면 어떨까요?”

엄청난 액수에 놀라 입이 떡 벌어졌다. 누나가 처음에 키워드 비용을 감당하지 못해 실패한 데는 저런 이유가 있었구나 싶은 생각이 들었다.

“멘붕이 오면서 머지않아 쪽박을 차게 될 것입니다. 그런데 이런 사람이 의외로 많아요. 영준 학생이 조사해왔듯이 ‘광고만 목숨 바쳐 하면 되겠지.’ ‘제품이 좋으니까 바로 팔릴 거야.’ ‘아는 사람에게 부탁하면 입소문이 금방 날 거야.’ ‘비싼 홈페이지에 멋지게 인테리어를 했으니 사람이 몰릴 거야.’ ‘나는 다른 사람과 다를 거야’ 하는 생각을 가지고 시작하면 실패할 확률은 거의 99%나 됩니다.

한 자료에 따르면 창업 성공률은 20% 미만이며, 경험 없이 호기로 시작한 창업자들은 대부분 3년 안에 고배를 마시고 주저앉는다고 합니다. 그래서 시스템화되고 안정된 프랜차이즈 체인점 사업을 하는 경우가 많습니다.

아파트에서 전단지를 열심히 돌리건 자판이 부서져라 쪽지나 메일로 주변에 홍보하건, 여러분이 온라인 사업을 하는 데 웹사이트에 ‘고객을 불러세우는 마케팅’이 없다면 밑 빠진 독에 물 붓기나 다름없습니다. 이것은 어떤 일을 하건 어떤 사업을 하건 마찬가지입니다.

여러분, 막연하게 '나는 다를 거야' 라는 착각으로 목돈 들여 함부로 스타트업Start-Up 회사를 시작하지 마세요. 저는 교수가 되기 전 젊은 나이에 많은 사업을 했고 성공과 실패를 경험했습니다. 아무런 마케팅적 지식과 전략 없이 젊은 혈기로 사업을 시작하면 실패가 예정되어 있습니다. 실제 사업을 말아먹은 본인은 모르겠으나 그로써 고통받는 가족도 생각해야 합니다. 사업을 하는 것이 아니라 회사를 다니더라도 지금 이 시간의 지식과 경험은 똑같이 적용됩니다. 그런 경험을 하지 않기 위해 지금 이 시간이 있는 것이죠. 그러니 다들 열심히 참여하기 바랍니다."

이어서 문제의 '그' 여학생 연주가 발표할 차례가 되었다. 연주는 평상시 즐겨 입던 미니스커트, 핫팬츠가 아닌 깔끔한 검은색 투피스를 입고 단정한 구두를 신고 있었다. 그리고 늘 하고 다니던 귀걸이, 목걸이, 팔찌를 하나도 하지 않아서 나를 포함해 모든 학생이 놀라서 조용히 연주를 쳐다보았다.

자신감에 차서 멋있게 발표하는 연주를 보며 다들 블랙홀에 빠지듯 집중했다. 연주가 클럽, 술과 음주, 유흥문화와 관련된 마케팅 사례를 아무렇지도 않게 발표하는 것이 무척 신기했다. 연주의 발표를 들으면서 '세상에 어떻게 저런 여자가 있을까? 쉽지 않은 스타일일 거라고 짐작은 했지만 정말 범상치 않은 애구나' 하는 생각이 들었다.

교수님은 실질적인 사례를 멋지게 발표했다며 연주에게 칭찬을 아끼지 않으셨다. 연주가 잘한 건 인정하지만 왠지 경쟁심이 생겼다. 그리고 다음 과제는 더 잘해야겠다고 생각했다.

## 1. 왜 우리는 STP 분석을 해야 하나

첫째, 소비자들의 욕구가 다양하고 구매 방식이 다르기 때문에 하나의 접근 방식으로는 모든 소비자를 만족시키기 어렵다. 다양한 소비자를 만족시키기 위해서 다른 전략을 구사해야 한다.

둘째, 기업은 한정된 자원으로 최대의 이익을 내야 하기 때문에 자원 투자대비 효과가 큰 고객 집단을 선정해서 집중하는 것이 중요하다.

셋째, 여러 시장에 분산하는 전략보다는 한곳에 집중했을 때 투자한 자원의 효과가 더 크게 나타나기 때문이다. 기업의 자원이 분산해도 좋을 만큼 많이 있다 하더라도 집중투자보다는 효과가 떨어진다.

## 2. STP는 무엇인가

### ■ Segmentation(시장 세분화): 거침없이 쪼개!

시장을 세분화하면 빈틈 시장이 어디 있는지 파악하기 쉽고 공략해야 할 시장이 한눈에 보일 수 있다. 시장 세분화는 크게 두 가지로 쪼갤 수 있다.

– 상품을 기준으로 하는 공급자 중심의 세분화: 상품의 가격, 성능, 크기, 특성
– 고객을 기준으로 하는 수요자 중심의 세분화: 인구통계적 세분화, 지역, 지리, 심리적 상황

### ■ Targeting(표적 시장 선정): 선택과 집중! 짝사랑할 시장을 선택하라!

시장을 세분화하여 각 시장의 매력을 분석하고 이들 중에서 어떤 시장들을 선택해 집중할지 정하는 것이다. 여기에는 크게 세 가지 전략이 있다.

– 비차별적 마케팅 전략: 초기 시장에서 많이 사용되며 다수의 공통된 욕구에 집중하는 마케팅 전략이다. 소비자 소수의 욕구보다는 공통의 욕구에 초점을 맞추며 대량생산과 대량판매로 사람들 마음속에 강하게 새겨진다. 이 전략을 사용하는 기업들은 가장 큰 세분시장을 목표로 표준화·대량화된 제품을 개발한다.
– 차별적 마케팅 전략: 다수의 세분시장을 상대로 각각의 제품을 제공해 마케팅하는 전략이다. 아모레퍼시픽의 다양한 브랜드를 예로 들면 각각 다른 가격과 개성, 나이에 맞는 다양한 브랜드와 제품 콘셉트를 제공함으로써 마케팅 전략을 펼치는 것이다.

– 집중적 마케팅 전략 : 다른 대규모 경쟁사가 간과하고 있는 틈새시장을 목표로 집중적으로 마케팅하는 전략이다. 틈새시장을 잘 활용하면 기업의 자원을 집중할 수 있기 때문에 시장 우위에 설 수 있다. 하지만 강력한 경쟁자가 시장에 진입하는 경우 표적시장의 의존도가 높기 때문에 위협 요소가 될 수 있다.

■ Positioning(고객 마음속에 자리 잡기)

특정 세분시장을 선정한 후 기업의 제품에 대한 고객들의 인식이 필요하다. 포지셔닝을 통해 경쟁 제품들과 비교되어 고객의 마음에 강력하게 인식되는 작업이다. 즉 표적시장의 고객들이 자사 제품을 다른 제품들과 비교하여 자사 제품이 뛰어나다고 인식하게 하는 과정이다.

마케팅은 오디션 프로그램 '슈퍼스타K'에서 지원자들이 심사위원들에게 자신의 매력과 솜씨를 뽐내며 심사위원 마음속에 자리 잡으려고 하는 것과 같은 이치다. 기업들이 자사 제품을 내걸고 고객들의 마음을 사로잡아 높은 점수를 얻으려고 하는 것이 포지셔닝이다.

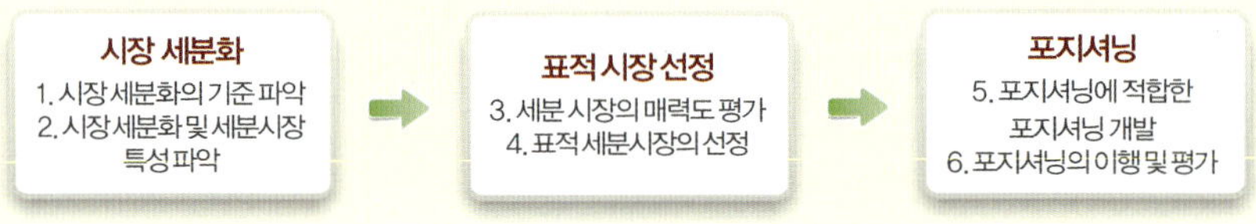


표적 마케팅 시장은 시장 세분화, 표적 시장 선정, 포지셔닝 세 단계를 거쳐 수행된다.

시장 세분화는 하나의 시장을 세분화하는 것이다. 이 세분화된 시장을 평가, 비교 · 분석한 뒤 진입 가능한 시장을 골라내는 것이 표적 시장 선정이다. 마지막은 포지셔닝 단계다. 다른 경쟁사들에 비해 최고 경쟁력을 가질 수 있는 경쟁 위치를 설정하는 것이 포지셔닝이다.

## 3. STP 실전 적용하기

■ 아모레퍼시픽의 시장 세분화

| | 시장 1 | 시장 2 | 시장 3 | 시장 4 | 시장 5 |
| --- | --- | --- | --- | --- | --- |
| 브랜드 | 라네즈 | 이니스프리 | 에뛰드하우스 | 설화수 | 헤라 |
| 가격대 | 중고가 | 저가 | 저가 | 고가 | 중고가 |
| 특징 | 수분 보습 강화 | 청정 자연 원료 사용<br>자연 환경 초점 이미지 | 색조 부분 강화<br>소녀다운 이미지 | 한방 원료<br>동양적인 이미지 | 아시아 여성 피부 중점 |

## ■ 목표 선정

| 브랜드 | 타깃 시장 | 가격대 |
|---|---|---|
| 라네즈 | 20대 초 · 중반<br>보습을 중점으로 신경 쓰는 나잇대 타깃 | 중고가 |
| 이니스프리 | 10대 후반에서 20대 초반<br>민감한 피부용<br>자연주의 콘셉트 | 저가 |
| 에뛰드하우스 | 10대 후반에서 20대 초반<br>발랄한 소녀 콘셉트. 여고생과 여대생이 타깃<br>기초보다 저렴한 색조화장에 관심이 있는 학생 타깃<br>모든 피부용 | 저가 |
| 설화수 | 40대에서 50대 여성 타깃<br>주름과 보습에 관심이 많은 층<br>한방 소재로 동양적인 콘셉트 | 고가 |
| 헤라 | 30대 초 · 중반<br>피부 노화에 따른 피부 재생을 원하는 층 | 중고가 |

## ■ 포지셔닝 전략

### 라네즈
– 촉촉하고 깨끗한 이미지 / 모델

### 이니스프리
– 다른 제품에 비해 성능 대비 가격이 저렴함
– 자연과 친환경적 이미지

### 에뛰드하우스
– 아이돌을 모델로 내세워 10대들을 확실히 공략
– 소녀의 이미지를 극대화해 색조화장품 시장을 굳건히 함

### 설화수
– 고급스러운 이미지
– 중년층 여성(40~50대)을 타깃으로 잡는 만큼 고급 전략을 씀
– 가격대비 성능이 뛰어남

### 헤라
– 고급스러운 도시녀 이미지
– 피부 동안, 여배우 화장품
– 젊어지고 싶은 나잇대(30대 이상)를 타깃

아모레퍼시픽 화장품의 포지셔닝

# 고객의 꿈 위에 서다, '꾸미에르'

첫 번째 과제 발표에서 칭찬을 받지 못한 나는 실력을 더 쌓기 위해 학교 내에서 명문 학회로 소문난 마케팅 학회에 들어가야겠다고 결심했다. 학회는 공무원시험이나 고시를 준비하거나 특정 과목에 관심 있는 학생들이 만든 모임으로 우리 학교에서는 '꾸미에르'가 가장 유명했다. 꾸미에르학회 출신 선배들 중에는 성공한 사업가나 대기업에 들어가 고위직까지 초고속 승진을 하는 등 승승장구한 인물이 많다는 소문이 자자했다. 그래서인지 인기가 많아 들어가기도 까다롭다고 했다. 나는 바로 효준이 형을 찾아갔다.

"형, 음료수 드세요."

"웬 음료수니? 뭔가 냄새가 나는데?"

"하하, 형도 참. 그런데 형도 학회 꾸미에르에 가입했죠? 꾸미에르가 무슨 뜻이에요?"

효준이 형은 자랑스럽다는 듯이 대답했다.

"꾸미에르는 '고객의 꿈 위에 서다'라는 뜻으로 '고객의 꿈 위에 서 고객 이익을 책임지는 사람들이 되자'라는 뜻이야. 꾸미에르학회의 역사는 우리 학교 창립 때로 거슬러 올라가지. 초대 학회장이 너도 잘 아는 삼송의 채명기 회장님이지."

"형! 저도 꾸미에르에 가입하고 싶어요. 잘 좀 봐주세요."

"그래, 음료수 먼저 마시고 저녁 먹으면서 천천히 생각해보자."

역시 인생에 공짜는 없었다.

'고객의 꿈 위에 서다. 꾸미에르.'


다음 날 나는 말끔하게 차려입고 꾸미에르학회실의 문을 두드렸다. 문을 열자 똑똑해 보이는 남학생 서너 명과 연주가 거기에 있었다. 연주도 이 학회에 가입하려고 온 모양이었다. 자리에 앉은 나는 자꾸 연주가 의식되었지만 신경 쓰지 않으려 마음을 다잡고 입을 열었다.

"안녕하세요! 저는 마케팅학과 1학년 박영준이라고 합니다. 역사와 전통을 자랑하는 꾸미에르학회에 가입하고 싶습니다. 받아주십시오!"

나는 호기로운 목소리로 크게 말했다. 남학생들이 미덥지 않다는 눈빛을 보내더니 물었다.

"꾸미에르는 가입하는 데 조건이 있습니다. 마케팅에 대한 기초지식이 없으면 꾸미에르에 들어올 수 없습니다. 테스트를 해야 하는데 진행해도 될까요?"

나는 테스트라는 말에 주눅이 들었지만 자신 있게 "테스트를 받겠습니다!"라고 했다. 두꺼운 안경을 낀 키 큰 학생이 문제를 냈다.

"좋습니다. 농심의 사례를 예로 들어 BCG 매트릭스를 작성하고 설명해보세요."

'헉! BCG 매트릭스가 뭐지? BCG 주사는 들어봤지. 매트릭스는 영화 제목이고. 그런데 BCG 매트릭스라니?'

생전 처음 들어보는 말이라 무척 당황했다. 남학생들은 물론 연주까지 경멸하는 듯한 눈빛으로 나를 쏘아보았다. 쥐구멍이라도 있으면 들어가고 싶었다. 너무 창피해서 귀까지 벌겋게 되어 어깨를 축 늘어뜨린 채 학회실에서 나왔다. 어떻게 해야 할지 몰라 편의점 벤치에 앉아 있는데 효준이 형이 다가왔다.

"어떻게 됐어? 잘됐어?"

"아니, 형. 잘 안됐어. BCG 매트릭스가 뭐야?"

형이 깜짝 놀라며 물었다.

"너 경영학도 맞아? BCG 매트릭스도 모르다니! 잘 들어. 잘 모르겠으면 메모하고. BCG 매트릭스는 1970년대 보스턴 컨설팅 그룹 Boston Consulting Group에서 기업의 경영전략을 수립하기 위해 개발한 사업 포트폴리오 분석기법이야. BCG 매트릭스는 두 가지 기준을 축으로 사업을 평가하고, 이를 바탕으로 자원을 효과적으로 분배할 수 있도록 해서 기업 전략수립의 기본적 분석도구로 많이 활용되고 있어."

효준이 형은 노트를 꺼내서 X축, Y축을 그리더니 신이 난 듯 설명하기 시작했다.

"BCG 매트릭스는 이렇게 4분면으로 나눠. 각 4분면은 전략사업

단위를 의미하는 것으로, 분석대상이 되는 기업의 사업이나 제품을 시장성장률과 상대적 시장점유율에 따라 한눈에 보기 쉽게 배치한 것이지."

효준이 형은 각 4분면에 소, 별, 개, 물음표를 그리더니 설명을 이어갔다.

"먼저 왼쪽 상단의 스타 사업은 '수익과 성장성이 큰 사업(상품)'을 말하지. 사업을 성공하기 위해 지속적인 투자가 필요한 영역으로 시장성장률도 좋고 시장점유율도 좋지. 고성장, 고점유율 사업으로 시장 내에서 선도적 위치를 차지하고 있지만 성장 중인 시장에 경쟁 업체들의 도전을 계속 이겨내려면 이 부서(상품)를 더 키울 수 있는 육성전략이 필요해. 실질적으로 핵심사업(상품)이라고 볼 수 있지."

"아~ 그렇구나. 별(스타)처럼 기업이 생각하는 수익이 높고 성장가능성이 많은 사업, 기업이 많이 기대하는 사업으로 빠르게 성장하기 위한 지속적인 투자가 필요한 거죠?"

"그렇지! 잘 알아듣네."

"여기 소 그림은 뭐죠?"

"현금 젖소, 캐시카우Cash Cow야. 캐시카우는 성장률은 낮지만 현재 수익 창출원이 되는 사업으로 시장점유율이 좋지. 저성장, 고점유율 사업으로 시장성장률은 낮지만 점유율은 높기 때문에 투자자금이 많이 필요하지 않은 시장이야. 순 현금이익을 크게 가져다주는 효자사업이라 할 수 있지."

"기업에서 자금의 원천이 되는 사업이라고 볼 수 있겠네?"

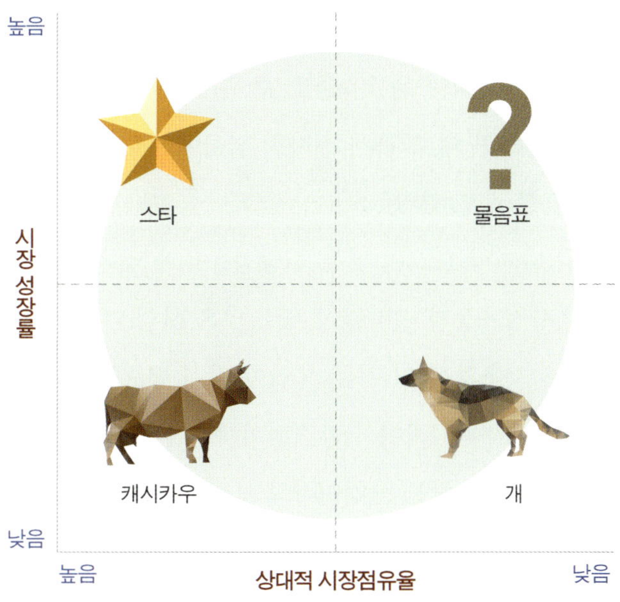



　"그렇지. 그렇기 때문에 유지전략이 중요한 거야. 스타였던 사업이 시장 성장성이 둔화됨에 따라 캐시카우로 이동하기도 하지. 기존 투자에 비해 수익이 지속적으로 나올 수 있기 때문에 선도적 위치를 유지하는 데 많은 노력이 필요해. 현재 위치를 유지하는 전략이 사용되고 산출 금액보다는 수익 금액이 낫다고 볼 수 있어."

　"아! 형은 모르는 게 없네요. 근데 이거 알고 보니 재미있네요. 이것도 가르쳐주세요. 이건 뭐죠? 물음표(Question mark)."

　"이건 높은 성장, 낮은 시장점유율을 뜻해. 고성장, 저점유율 사업으로 성장가능성이 있고. 사업 초기에는 대부분 이 영역에 속한다고 보면 돼. 그래서 경영 전략에 따라서 스타Star로 올라가거나 도그Dogs

로 전락할 수 있는 거지. 획기적인 경영 전략으로 점유율을 올리지 못하다 보면 결국 지속적인 현금유출로 큰 손실이 발생할 수 있는 사업 모델이라고 생각하면 돼. 그래서 전략적 접근에 따라 시장에서 철수하는 선택이 필요할 수도 있지.”

“아! 그럼 마지막 도그는 낮은 시장점유율과 낮은 성장률을 뜻하는 거네요! 시장점유율과 성장률이 모두 낮은 사업 아닌가요?”

“맞아. 캐시카우와 같이 자금 유입이 많이 필요하지는 않지만 얻을 수 있는 이익도 매우 적어서 장래성이 희박한 사업이기 때문에 시장에서 빨리 철수해야 하는 사업이라고 보면 돼.”

“형, 정말 고마워요. 이제 이해됐어요. 얼른 준비해서 꾸미에르에 다시 찾아가야겠어요. 또 봐요!”

BCG 매트릭스와 마케팅 조사방법론에 대해 실제 적용 사례를 찾아 분석해보고 각각 사업의 바람직한 전략 방향 발표하기

## BCG 매트릭스에 관하여

BCG 매트릭스는 크게 시장성장률은 높으나 상대적 시장점유율이 낮은 물음표, 시장성장률도 높고 상대적 시장점유율도 높은 스타, 시장성장률은 낮지만 높은 시장점유율을 유지하고 있는 캐시카우, 시장성장률도 낮고 시장점유율도 낮은 도그로 구분된다. 농심은 대표적인 식품브랜드로 라면·스낵 사업부를 중심으로 음료, 라이스, 해외브랜드 등의 사업부를 운영하고 있다. 농심의 사업포트폴리오는 이런 사업부들을 중심으로 진행되며 BCG 매트릭스에 따라 분석될 수 있다. 우선 농심의 라이스 사업부는 물음표에 해당한다고 할 수 있다.

농심의 라면·스낵사업부의 캐시카우 신라면과 새우깡

최근 즉석밥에 대한 시장 수요가 꾸준히 증가하고 있으나 농심의 즉석밥 제품은 CJ제일제당의 즉석밥(햇반)에 비해 낮은 시장점유율을 보이고 있기 때문이다. 반면 신라면과 새우깡으로 대표되는 농심의 주력 사업부인 라면과 스낵 사업부는 캐시카우에 해당한다고 할 수 있다. 라면 사업부는 2위 삼양과 비교할 때 월등한 시장점유율을 보이고 있으며, 스낵사업부 역시 다른 스낵 기업들에 비해 높은 시장점유율을 보이고 있기 때문이다. 하지만 이를 제외한 음료·냉동식품 등의 사업부는 시장성장률이 낮을뿐더러 점유율도 낮아 도그에 해당한다고 할 수 있다. 각각의 사업부에 대한 바람직한 전략에서 우선 라이스사업부의 경우 당장의 이윤을 추구하기보다는 해당 사업부의 시장점유율 제고를 목표로 구축 전략을 사용해야 할 것으로 여겨진다. 따라서 CJ제일제당의 햇반에 비해 낮은 시장인지도를 높이기 위한 가격, 홍보 등의 마케팅 전략을 꾸준히 전개해야 한다.

라면과 스낵 사업부는 현재 시장점유율을 보호하기 위한 유지전략을 시행해야 한다. 그렇다고 현재 제품으로만 안주해선 안 되며, 각각의 사업부의 대표적 제품들을 대체할 수 있는 베스트셀러 제품을 생산하기 위한 품질개발과 연구개발에 매진해야 한다. 반면 시장성장률도 낮고 점유율도 낮은 음료·냉동식품 사업부의 경우 장기적 관점에서도 사업부 성장이 어렵다고 여겨지면 시장에서 사업부를 완전히 제외하는 철수 전략이나 단기적 관점에서 해당 사업부의 현금흐름을 증가시킬 수 있는 수확 전략을 펼치되, 시장 흐름을 잘 판단해 결정해야 한다.

### BCG 매트릭스에 관하여

CJ의 주요 사업으로 식품&식품서비스, 생명공학, 엔터테인먼트&미디어, 신유통, 인프라를 들 수 있는데 BCG 매트릭스 각각의 분야에 대입해보았다.

**스타** | 바이오  **물음표** | CJ 엔터테인먼트
**캐시카우** | 식품과 유통  **도그** | CJ 인프라

### ■ 스타 사업

CJ의 바이오사업 부문은 R&D 투자와 경쟁력 강화를 통해 세계 수준의 사업으로 자리매김했다. 세계시장 1위인 핵산과 라이신 등 기존 제품의 경쟁력을 강화하는 것은 물론, 글로벌 생산 기지의 확충과 미래 성장사업의 확보로 글로벌 그린 바이오 기업으로 도약하고 있다. CJ헬스케어는 경쟁력 있는 전문의약품과 건강/기능성 제품 분야에서 국내 대표 제약사로 성장해왔다. 지속적이고 장기적인 투자가 필수적인 신약 및 바이오의약품과 차별화된 기술의 개량신약 개발에 R&D 역량을 집중하고 있으며, 세계시장 진출에 필수적인 GMP 수준의 오송공장을 건립하는 등 적극적인 투자를 바탕으로 하여 글로벌 제약사로 발돋움하고 있다. 이러한 사실로 볼 때 CJ에서의 스타 사업 부문은 바이오사업이라고 판단했다.

■ 캐시카우 사업

CJ의 초기 사업 분야는 식품 서비스이며 해마다 식품업계에서 선두를 달려옴으로써 국내 1위 식품회사로 성장했다. 현재 글로벌 식품기업으로 도약하는 데 성공했으며 이미 오랜 시간 투자해 투자금이 많이 필요하지 않은 효자 사업부다. 초기 사업 분야로 시작한 만큼 유지전략이 필요하다는 판단 아래 캐시카우 사업 분야에 넣었다.

■ 물음표 사업

현재 CJ엔터테인먼트&미디어는 공중파 방송에 비해 점유율이 낮지만 점차 성장률이 기대되는 사업이다. 이 사업이 만들어낸 콘텐츠들은 젊은 층 사이에서 많은 지지를 얻고 있다. 지속적으로 많은 투자가 필요하며 시장점유율을 점차 늘려가는 것이 필요하다. 현재 방송, 영화, 음악, 공연, 게임 등 다양한 콘텐츠로 한류의 중심에 새로운 문화를 창조하는 리더 역할을 하고 있다.

■ 도그 사업

CJ그룹의 인프라 부문은 고급주택과 복합 상업시설, 리조트 등 최적의 시스템을 구축하기 위해 인프라 시스템을 제공하고 있다. 현재 시장점유율과 성장률 모두 낮은 사업이며 수익성이 낮거나 손실 가능성이 있는 경우 철수하는 전략이 필요하다.

**출처**: 제일제당 홈페이지 www.cj.co.kr

이렇게 해서 효준 선배 덕분에 꾸미에르 과제를 완료해 첫 번째 과제를 통과했다. 연주도 나와 같은 과제를 받아서 통과했다. 그런데 이것이 끝이 아니었다. 나이 들어 보이는 복학생 선배가 나타나더니 한마디 했다.

"네가 이번에 꾸미에르에 들어오겠다는 애구나? 이름이 영준이라고? 일단 환영한다. 이미 얘기 들었겠지만 마케팅에 대한 기초 지식이 없으면 꾸미에르에 입회할 수 없어. 첫 번째 과제는 통과했다니 이번에는 마케팅 조사방법에 대해 테스트해볼까?"

# 마케팅의 뿌리를 찾아서

나는 또 한 번의 입회 테스트에 긴장했지만 조 교수님 강의 내용과 중·고등학교 때 마케팅 관련 내용을 스크랩하고 짬짬이 봐온 책의 내용을 상기하며 침착하게 답을 해나갔다.

"마케팅 조사의 목적은 뭘까?"

"기업이 실시하는 마케팅 문제들을 파악하고 이 문제들을 해결하기 위함이 아닐까요?"

"단계에 관해서는 기초적인 거니까 잘 설명했다만, 마케팅 조사의 목적은 문제 진단, 그리고 솔루션 노출에 따른 가설 검증이다. 실험해서 검증하는 것이 좋은 예라고 볼 수 있지. 마케팅 조사의 목적은 매출이 늘거나 줄지 않는다면 그 원인이 무엇인지 찾아내는 것이지. 또한 문제를 해결할 수 있는 솔루션이 있다면 솔루션이 과연 타당한지 검증하는 거야. 가설 검증은 솔루션 검증뿐만 아니라 이론을 만들거나 검증하기 위한 학술 연구에서도 해. 그럼 세부적인 것 좀 물어볼

까나?”

갈수록 태산이라더니 겨우 기초 질문에 통과했는데 세부적인 것을 물어본다니 긴장감이 확 몰려왔다. 선배는 이런 내 마음은 알 바 아니라는 듯이 질문을 던졌다.

“조사 설계에는 어떤 것이 있는지 아니?”

“아, 조사 설계요? 제가 다는 모르지만 인터뷰, 설문조사, 산업별 전문 커뮤니티, 온라인 토론, 블로그와 게시판 분석, 웹사이트, 내부 직원 의견 조사 등이 있지 않나요?”

다행히 공부해둔 것이 있어서 대답할 수 있었다. 선배가 의외라는 듯 말을 이었다.

“오, 너 뭘 좀 아는데?”

“제가 이래봬도 이런 쪽으로는 빠삭하죠.”

“그래? 그러면 조사방법은 어떻게 분류할 수 있지?”

“조사방법에는 여러 가지가 있어요. 그전에 조사방법은 크게 1차 자료와 2차 자료로 나눌 수 있죠. 1차 자료는 다시 질적 자료와 양적 자료로 나뉘고, 2차 자료는 데스크 조사와 신디케이트 조사로 나뉘어요. 더 자세하게 설명하면, 1차 안의 질적 조사방법은 소비자의 특정한 행위에 대한 원인 분석과 이유를 알아보는 방법이기 때문에 심층면접, 그룹면접, 어떤 시나리오를 주고 소비자 답에 따라 관심을 유추해보는 투사법, 직접 소비자 행동을 관찰하는 관찰법, 장기간에 걸쳐 소비자 행동을 연구하는 민속학적 조사방법이 있어요.”

마케팅학과에 가려고 마케팅에 한참 관심을 가졌을 때 마케팅 조사방법론에 대해 파고들었던 게 여기서 도움이 될 줄 몰랐다. 그때는 마케팅 이론이 노래가사처럼 느껴져 외우다시피했기에 잊어버리지 않았던 것 같다.

선배가 놀라며 말을 이었다.

"맞아! 영준이가 아주 자세히 잘 알고 있구나. 양적 조사는 설문조사와 실험법 등이 대표적인 예지. 2차 자료조사에는 데스크 조사와 신디케이트 조사가 있는데 말 그대로 데스크 조사에는 책상 위에서 할 수 있는 간행물이나 도서관 자료 등이 있어. 그렇다면 이 방법의 장단점은 어떤 게 있을까?"

질문이 점점 깊이 들어갔다. 이제 슬슬 밑바닥이 보일 것만 같았다.

"아무래도 책상에서 모든 조사를 하다 보니 비용은 적게 들겠지만 정보가 신선하지 않을 수도 있고 이것저것 끌어쓰다 보니 조잡하다는 단점이 있지 않을까요?"

"맞아! 도서관의 책이나 정기간행물 등은 시간이 많이 지난 정보일 수도 있지. 그럼 신디케이트 조사는 뭘까?"

"신디케이트 조사는 전문기관에 의뢰해서 얻는 조사라고 들었어요. 이렇게 자료조사를 전문적으로 하는 회사로는 닐슨컴퍼니, 서베이몽키, 리서치 랩 등이 있어요."

선배 얼굴에서 처음 봤을 때 못미더워하던 표정은 벌써 사라졌다. 선배는 대견하다는 듯이 말을 이었다.

"입회 전에 상세한 공지도 없이 구술시험을 봤는데 영준이가 그래도 아는 게 많네! 합격이다. 우리 학회에 들어올 자격이 충분해!"

그 말을 듣는 순간 뛸 듯이 기뻤다. 소가 뒷걸음치다 쥐 잡은 격이라고, 다행히 내가 아는 것을 물어봐서 운 좋게 대답할 수 있었지만 운도 실력이었다.

"선배님, 정말 감사합니다. 제가 이론 공부는 열심히 했는데 실전 마케팅에 약해서 고민을 많이 했습니다. 꾸미에르학회에서 이론과 실전을 겸비한 마케팅 전문가가 되고 싶어요."

"너만 열심히 따라온다면 졸업 후 눈에 띄게 성장한 모습을 발견할 수 있을 거야! 열심히 하렴! 아, 그리고 너랑 같은 학번의 연주라는 친구도 들어왔는데 둘이 동기이니 같이 힘을 합치면 되겠다."

"네! 열심히 하겠습니다."

이렇게 나는 꾸미에르의 입회식인 구술시험을 성공적으로 통과했다. 학회 선배들이 멋지게 입회식을 마친 연주와 나를 위해 맛있는 저녁과 함께 시원한 막걸리에 파전을 사주셨다. 학회 입회 동기가 된 연주와도 이상한 첫 만남으로 비롯된 냉랭한 관계를 풀고 인사를 나누었다.

마케팅을 향한 내 열정처럼 이글대던 태양도 산을 타고 넘어가고 있었다.

## 1. SWOT분석 내용

경영전략을 성공적으로 수립하기 위해서 무엇보다도 현재 회사의 내·외부 상황에 대한 정확한 진단이 필요하다. 내·외부 환경을 분석해 미래 회사가 나아가야 할 방향을 이해하기 쉽게 알려주는 툴이 바로 SWOT분석이다.

SWOT는 강점(Strength), 약점(Weakness), 기회(Opportunity), 위협(Threat) 네 글자의 머리글자를 조합해서 만든 단어다.

SWOT분석

■ **SW는 내부적 환경**

S : 경쟁기업과 비교하여 우위를 점하고 있는 것

W : 경쟁기업과 비교하여 약세를 보이는 것

■ **OT는 외부적 환경**

O : 우리 회사에 유리한 기회요인

T : 우리 회사의 위협요인

■ SWOT를 가지고 SO, WO, ST, WT 네 가지로 분석을 할 수 있다.

SO(강점-기회) 회사의 강점과 외부의 기회를 최대한 활용한다. 신규시장 진출 또는 시장점유율을 올리기 위해 사용할 수 있다. 우선순위과제

WO(약점-기회) 외부의 위협을 차단하기 위해 내부의 약점을 개선한다. 우선보완과제

ST(강점-위협) 회사 내부의 강점을 이용해 외부의 위협을 막을 수 있다. 해결과제

WT(약점-위협) 외부의 위협에 비교한 내부의 약점과 위협에 따른 악영향을 회피하는 전략이다. 회피과제

## 2. 갤럭시 노트의 예

갤럭시 노트의 SWOT분석

## 스토리 마케팅 – 박카스

비오는 출근길, 붐비는 엘리베이터 안에 나이든 아저씨가
급히 배달을 하기 위해 올랐다.
만원인 엘리베이터에서 배달원의 땀냄새가 진동하자
여기저기서 코를 쥐어막고 한마디씩 불평을 한다.
이때 고개를 돌리며 창피한듯 애써 외면하는 한 여자….

사무실 책상 위에 박카스 한 병과 메모지 한 장
"우리 딸 미안하다. 빗길 조심히 오려무나."

2

Lecture

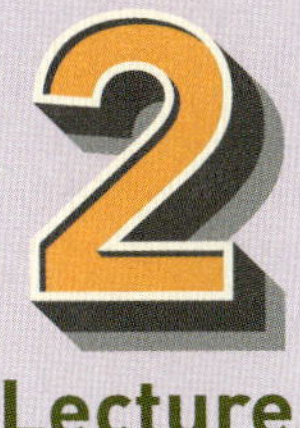

# 마케팅, 너는 뭐니?

## 인터넷의 시대, 애정이 있는 리더를 찾아라

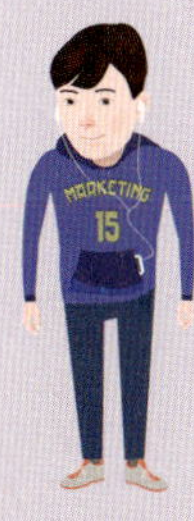

인터넷의 등장으로 발 없는 말이
순식간에 천리를 가는 세상이 되었습니다.
현 시점에서 입소문 사회를 만들어 육성하려면
인터넷을 이용하는 것이 가장 효율적입니다.
소문을 내는 우리에게 가장 중요한 일은
애정이 있는 리더를 만드는 것입니다.

# 커뮤니케이션과 바이럴 마케팅

마케팅 수업이 끝날 즈음 교수님은 어김없이 과제를 내주셨다. 그런데 운 좋게도 과제가 꾸미에르학회에 가입할 때 테스트받았던 BCG 매트릭스에 대한 것이었다. 나는 지난번에 만들었던 리포트를 좀 더 보충해서 과제를 마무리했다.

"여러분, BCG 매트릭스에 대해 각자 준비하고 발표했던 내용 기억나나요? 과제와 발표의 완성도를 떠나 각자 최선을 다하는 열정에 놀랐습니다. 발표한 것은 마케팅의 가장 기본적인 내용이면서 고급 과정에서도 많이 쓰이는 것이니 잘 기억해두기 바랍니다."

교수님은 지난 시간 강의에 대해 간단히 리뷰하면서 기억에 남는 발표 사례에 대해 칭찬을 아끼지 않으셨다. 그리고는 느닷없이 학생들에게 질문을 툭 던지셨다.

"마케팅을 알면 무엇이 좋을까요?"

연주가 큰 소리로 교수님 물음에 답했다.

“돈을 많이 벌 수 있고 교수님처럼 유식해질 수 있습니다.”

교수님은 흐뭇해하며 맞장구를 치셨다.

“그래요. 마케팅을 알면 고객이 줄을 서서 찾아오는 가게나 기업을 만들 수 있습니다. 전문가로 대우받으며 ‘선생님’ 소리까지 들을 수도 있습니다. 또한 여러분이 마케팅 이론을 체계적으로 공부해서 완전히 내재화할 수 있다면, 장사치들의 속임수 전략을 비웃으며 정보 분별을 할 수 있습니다.”

교수님은 학생들이 억지로 배워야 하는 학문이 아니라 진심으로 마케팅의 필요성을 느끼고 신나서 스스로 공부하고 실전에 적용하길 바라셨다. 다들 아무 말없이 조용히 강의를 듣고 있었지만 교수님 강의를 하나도 놓치지 않으려는 진지한 눈빛으로 교수님의 진심에 답하고 있었다.

“마케팅 종류는 수십, 수백 가지나 됩니다. 하지만 절대 겁먹을 필요는 없습니다. 이 중 한 가지만 확실하게 알아도 여러분과 여러분 세대는 몇 년, 아니 몇십 년간 풍족하게 살 수 있을 것입니다. 그리고 여러분이 의지만 있다면 가능한 한 빨리 모든 것을 배울 수 있습니다. 지금 이 시점에 여러분이 마케팅의 ‘마’자도 모른다고 하더라도 말입니다. 시대 흐름에 뒤처지지 않으면 됩니다.

오늘의 강의는 여기까지 하겠습니다. 오늘은 조를 편성해줄 테니 다음 수업 시간까지 마케팅 커뮤니케이션과 바이럴(입소문) 마케팅 사례에 대해 팀 과제를 해오기 바랍니다.”

바이럴 마케팅은 특히 내가 관심이 많은 분야였기에 다른 과제보다 더 잘하고 싶은 욕심이 마구 생겼다. 그래서 이번 과제에서 같은 팀이 된 연주에게 다가가 조심스럽게 물어보았다.

"이번 과제는 바이럴 마케팅에 대한 것이네. 너는 뭐 좀 아는 거 있니?"

연주는 바이럴 마케팅 회사에서 아르바이트를 하면서 어깨너머로 배운 경험이 있어서인지 자신 있게 얘기했다.

"모든 마케팅이 마찬가지겠지만 바이럴 마케팅이라는 세부이론으로 들어가기 전에 마케팅 커뮤니케이션에 대해 알아야 해. 영준이 너 마케팅 커뮤니케이션이 뭔 줄 아니?"

연주는 다짜고짜 질문부터 던졌다. 이번 기회에 자기가 나보다 우위에 있다는 것을 확실히 보여주겠다는 뜻으로 비춰졌다. 나는 아는 범위에서 조심스레 대답했다.

"요즘 마케팅에 관한 책을 읽고 있기는 한데, 잘은 모르지만 촉진? 아닌가? 소비자들에게 자사 제품이나 서비스를 알리고 제품의 장점을 어필해서 사게 만드는 거?"

"맞아! 전반적인 마케팅 활동이 결국 소비자들이 물건을 구매하게 하려는 목적을 가지고 있지. 그중에서 마케팅 커뮤니케이션은 고객과 소통할 때 이미지와 태도, 구매 설득에 중점을 두고 있어. 마케팅 커뮤니케이션을 보는 관점에는 크게 두 가지가 있지. 오랫동안 마케팅 커뮤니케이션을 촉진믹스 관점으로 보아왔다면 최근에는 노스웨스턴 대학 슐츠(Don E. Schullz) 교수의 IMC(Integrated Marketing Communication), 즉 통합 마케팅 커뮤니케이션으로 보는 관점이 뜨고 있지."

이쯤 되면 연주가 나보다 똑똑한 건 어쩔 수 없는 사실이었다.

"아! 저기 마케팅 천재 효준 선배가 지나간다. 우리 과제에 대해서 조언을 좀 구해볼까?"

효준 선배는 졸업반이라 요즘 정신없이 바쁜 것 같았다. 온라인 마케팅 회사 입사를 준비한다는 얘기도 있었다. 나는 그런 효준 선배가 반가워 무작정 잡고 늘어졌다. 연주가 먼저 물었다.

"선배가 준비하는 온라인 마케팅 회사는 어떤 회산가요?"

"연주야, 이 회사는 바이럴 마케팅과 온라인 마케팅을 주요 사업으로 하는 작지만 내실이 튼튼한 회사야. 매출을 발딱 서게 만드는 온라인 마케팅의 일인자로 알려져 있고 서울시내 웨딩업체와 브런치 레스토랑, 남성 맞춤복, 안경원, 배달음식 전문점 등 우리가 쉽게 접할 수 있는 업체의 매출을 확연하게 올려줌으로써 입소문을 타기 시작했어. 서민들과 함께하는 그들에게 삶의 희망과 용기를 주는 마케팅을 하는 것이 회사 대표님의 목적이야. 지금은 웨딩 마케팅의 넘버 원을 달리고 있어. 그래서 이 회사에 들어가려고 준비 중이지."

"형은 어떻게 준비하는데요?"

"나는 4년 동안 온라인 마케팅이라든지 관계 마케팅, 마케팅 커뮤니케이션에 대해 틈틈이 논문을 썼거든. 그 논문을 바탕으로 회사에 어필해서 입사하려고 해."

머리 회전이 빠른 연주가 이런 기회를 놓칠 리 없었다.

"아, 그러시구나. 저희 이번 수업 과제의 주제가 바이럴 마케팅과 마케팅 커뮤니케이션이에요. 그래서 선배 이야기를 듣고 싶은데 괜찮을까요?"

하지만 뛰는 놈 위에 나는 놈 있다고 연주 위에 효준 형이 있었다. 효준 형 사전에는 공짜란 없었다.

"음~ 그럼, 출출한데 점심부터 먹고 커피 한잔하며 얘기할까?"

김이 모락모락 나는 코피벤 아메리카노를 한 모금 마신 효준 선배가 입을 열었다.

"연주 너는 마케팅 커뮤니케이션을 보는 관점이 뭐니?"

"글쎄요. 아무래도 촉진믹스 관점 아닐까요?"

"그렇지. 최근에도 그렇고 오랫동안 마케팅 커뮤니케이션을 촉진믹스 관점으로 보아왔어. 지금도 모든 마케팅 책에서 이 관점으로 많이 설명하고 있고. 촉진믹스 관점에서는 광고, 판촉, PR, 인적 판매 네 가지를 구성요소로 보고 있어. 전통적 방식의 촉진믹스 관점에 대해 도표를 좀 그려볼게."

효준 형은 메모장을 꺼내더니 그림을 하나 그렸다. 그게 무엇인지 궁금해서 나도 얼른 커피를 한 모금 마신 다음 귀를 기울였다.

"이것은 커뮤니케이션 프로세스를 도표로 나타낸 거야. '발신자 – 메시지, 부호화 – 메시지, 경로 – 메시지, 해독 – 수신자' 였다가 나중에 수신자에게서 피드백을 받게 되는 과정이지. 피드백을 받더라도 촉진믹스 관점은 송신자 중심의 접근이라고 볼 수 있어. 반대로 IMC 관점은 고객 또는 잠재고객의 관점이 출발점이야. 이것이 촉진믹스 관점과의 가장 큰 차이점이지. 촉진믹스에서는 발신자가 마케팅 커뮤니케이

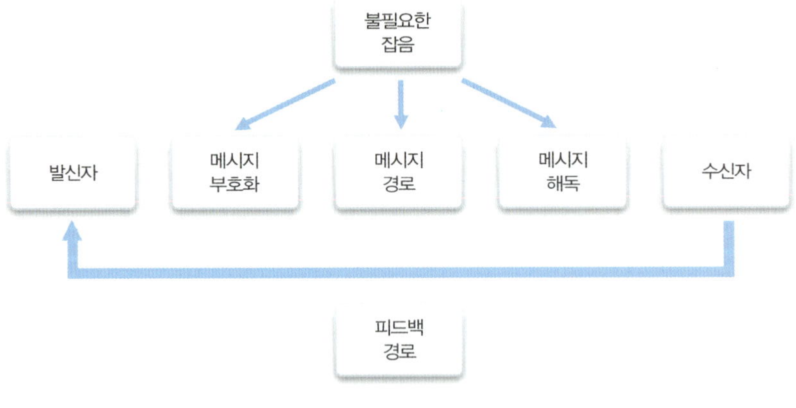


커뮤니케이션 프로세스

션의 시작인 반면 IMC에서는 다양한 고객과 접촉점을 찾아내려고 노력하지. 그래서 고객과 관계를 중시해. 광고, 판촉, PR, 인적 판매로 매체를 한정하기보다는 다양한 매체 활용을 중시하고 마케팅 커뮤니케이션 요소들 간 시너지에 초점을 맞추지. 이렇게 마케팅 커뮤니케이션을 보는 관점이 달라도 이들의 최종 목표는 뭘까?"

"소비자를 구매하게 만드는 구매행동 아닐까요?"

늘 그랬듯이 질문에 강한 연주가 물어보기 무섭게 대답했다.

"맞아. 이제 척하면 척이구나! 그럼 이제부터는 마케팅 커뮤니케이션의 목적을 알아볼까? 마컴(마케팅 커뮤니케이션)을 하는 이유로는 정보제공, 기억재생, 설득이 있어. 그렇다면 이 중에서 가장 중요한 목적은 무엇일까?"

"설득 아닐까요? 고객을 설득해서 구매로 이어지게 해야 하잖아요."

연주에게 질세라 이번엔 내가 재빨리 말을 받았다.

"그렇지. 설득은 고객의 태도를 만들거나 바꿔서 구매 행동을 유발하게 하는 거지. 자사 브랜드에 대해 긍정적인 태도로 바꿔야 구매 행동으로 이어지겠지? 그럼 고객을 설득해야 하는데 이 과정에는 세 가지가 있단다."

이번엔 연주가 치고 나왔다.

"이 과정에 대해 다룬 책을 읽은 적이 있는데 제가 한번 말해보겠습니다."

효준 선배가 한마디 했다.

"그래, 영준이도 잘 들어보렴."

"설득은 이렇게 세 가지 과정으로 나뉘어요."

연주가 그래프를 예쁘게 그리더니 설명을 이어갔다.

"인지는 브랜드에 대한 구매자의 믿음·신념을 말하고, 감정은 구매자가 브랜드에 느끼는 것, 행동은 결과적인 구매 행동을 뜻하죠."

"맞아! 그럼 구매자의 태도, 즉 구매 행동으로 이어지게 하려면 인지와 감정 중 어떤 것에 영향을 줘야 할까? 어디 영준이가 한번 설명해볼래?"

"구매자의 태도를 바꿔야 한다? 내가 만약 어떤 브랜드의 운동화를 사고 싶다면… 그 브랜드에 대해 긍정적으로 생각해야 하고 그 브랜드에 대한 신념, 즉 인지가 있어야 하지 않을까요?"

"그렇지. 인지와 감정 둘 다에 영향을 줘야 구매 행동으로 이어질 수 있어. 근데 인지와 감정 중 어느 것이 먼저 오느냐에 따라 유형이 바뀔 수 있는데 어렵더라도 하나씩 생각해볼까?"

브랜드에 관해 소비자가 느끼는 인지 · 감정 · 행동 그래프

여기까지는 연주와 나도 설명하기 어려웠다. 그 마음을 아는지 효준 형이 차근차근 설명해나갔다.

"만약 감정보다 인지가 먼저 온다면 '신념(인지)–감정–행동' 순이니까 소비자 유형은 합리적으로 사고하는 구매자인 거야. 이런 소비자에게는 이성 추구에 어필하는 광고를 하는 것이 좋겠지. 대표적으로 전 세계적으로 유명한 축구선수들이 하는 나이키 광고가 여기에 해당하고. 그럼 감정이 먼저 온다면 어떻게 될까?"

나는 아직 이해가 잘 안 되는데 연주는 다 이해했는지 바로 답을 했다.

"아무래도 위의 방식과는 좀 다른 광고 방식이 되겠죠? 감정에 먼저 어필하고 신념이 다음에 오니까 나이키 제품의 디자인이나 컬러를 활용한 광고를 좋은 예로 볼 수 있지 않나요?"

"오호, 제법인데? 그럼 이 둘보다 행동이 먼저 온다면?"

연주는 이제 완전히 감을 잡았는지 형의 질문이 끝나면 바로 대답을 했다.

"먼저 구매를 하고 신념이나 감정이 생기는 경우라면, 골프를 좋아하지 않다가 우연한 기회에 골프를 접하고 나서 시간이 갈수록 마니아가 되는 것이 적당한 예 같은데요. 제가 요즘 그렇거든요!"

"그렇지! 연주가 아주 똑똑하구나. 이제 좀 정리가 된 것 같니?"

이제 겨우 머릿속에서 정리를 해나가는 나는 궁금한 게 더 있었다.

"그럼 지금까지 설명한 것과 바이럴 마케팅의 관계는 뭐죠?"

"음… 잘 들어봐. 바이럴 마케팅은 말 그대로 이론적으로 바이러스와 같이 신속하게 퍼진다는 개념으로 합성어라고 볼 수 있어. 내가 논문에서 인용한 자료이긴 한데 닐슨컴퍼니에서 조사한 자료에 따르면, 소비자들은 다른 소비자들이 입에서 입으로 전달하는 내용, 즉 직접 체험한 소비자들이 전달하는 내용을 가장 신뢰한대. 구매를 결정하기 전에 가장 많은 사람이 고려하는 사항이 바로 체험자들이 전하는 내용이야. 그래서 그 매체 중 하나가 4대 매체의 하나라고 볼 수 있는 거지. 바이럴 마케팅에 관해서는 조 교수님이 최고니까 교수님 수업 열심히 듣다 보면 쉽게 이해할 수 있을 거야."

커피잔이 비워질 때쯤, 소설에서 온갖 고난과 역경을 이겨낸 병사가 전쟁이 끝난 뒤 석양 너머로 유유히 사라지듯 효준 형은 눈을 반짝

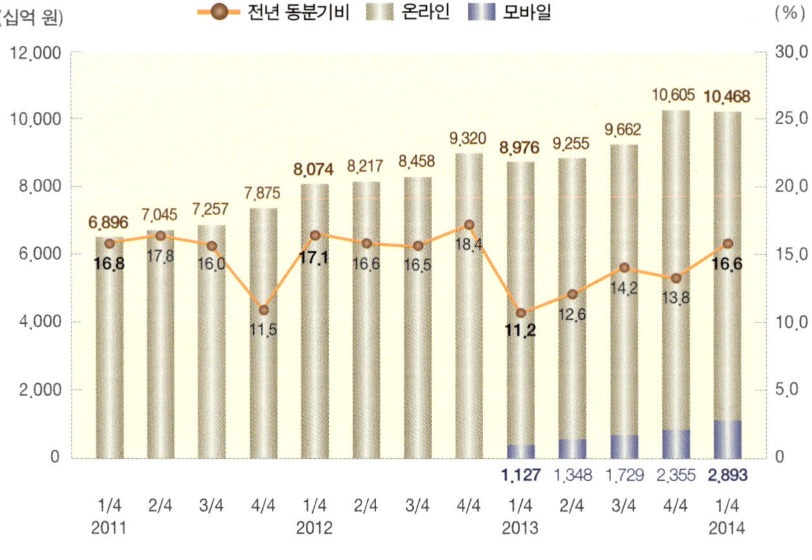


최근 3년간 온라인 쇼핑 동향(출처 : 통계청)

이며 바라보는 우리를 그대로 두고 가버렸다.

조 교수님은 마케팅계 마이더스의 손이라고 불리지만 그중에서도 특히 바이럴 마케팅에 대해서는 권위자로 정평이 나 있었다. 그래서인지 바이럴 마케팅 시간에 교수님은 다른 때보다 더 열정적으로 강의를 이어갔다.

"오늘날 소비자와 기업은 크게 두 부류의 시장 환경에 접해 있습니다. 하나는 전통적인 오프라인 시장(물리적인 현실시장)이고, 다른 하나는 온라인 시장(가상현실시장)입니다. 전통적인 오프라인 시장이 물리적인 환경에서 소비자와 직접 대면하여 물건을 교환하고 판매하는 형식이라면 온라인 시장은 전자적인 이미지와 제품으로 규정되는 인터넷 접속을 통해 교환과 판매가 이뤄지는 형식이라 생각하면 됩니다.

이러한 두 시장 환경이 존재한다는 것은 소비자들에게 큰 혜택으로 볼 수 있습니다. 과거에 비해 오늘날 소비자들은 둘 중 하나의 시장 환경에서 다양한 제품과 서비스를 찾고 구매할 수 있게 되었습니다. 실제로 많은 소비자가 서로 다른 두 환경에서 다양하게 구매하지만, 미래에는 온라인 환경에서의 구매가 더욱더 커질 것입니다.

최근 전 세계적으로 기업이나 마케터들은 온라인 시장에 집중하고 있습니다. 온라인 시장에서 직접적인 그리고 주문형 정보제공은 기업이나 마케터가 어디에 있든, 소비자가 어디에 있든 언제라도 소통이 가능하며 판매도 가능하기 때문이죠. 즉 지리적 제한이 없습니다. 그리고 무엇보다 중요한 이유는 소비자들이 온라인 형식인 커뮤니티, 블로그, SNS를 통하여 직간접적으로 제품 홍보를 자연스럽게 해주기 때문입니다. 이러한 이유로 최근에는 기업이 직접 하는 마케팅이 아니라 소비자 처지에서 소비자가 하는 마케팅이 자리를 잡아가고 있습니다."

교수님은 어려운 용어, 수식, 이론을 들먹이기보다는 학생들의 이해를 돕기 위해 비유적인 표현을 많이 쓰셨다. 그래서 학생들은 쉽게 이해하면서 더 재미를 느꼈다.

"온라인 마케팅을 통한 바이럴 마케팅을 산불에 비유한다면 상품(불씨)을 확산시키기 위해 처음 사용자(마른 가지)에 적절한 입소문(바람)을 만들어내면 걷잡을 수 없이 확산되기 시작합니다. 또 다른 예는 없을까요?”

나는 얼마 전 미팅 파트너와 함께 본 영화 〈명량〉이 떠올랐다.

“교수님, 총 1,700만 명이 봐서 우리나라 영화 중 관객 동원 1위를 기록한 〈명량〉도 바이럴 마케팅의 좋은 예로 볼 수 있을 것 같습니다.”

“그렇죠. 아주 좋은 예입니다. 여러분은 〈명량〉을 보기 전에 〈명량〉에 대해 어떻게 아셨나요? 왜 봤나요? 아마도 대부분은 먼저 영화를 본 주변 집단에게서 재미있다는 말을 듣고 영화를 보게 되었을 것입니다. 곧 먼저 체험한 사람의 이야기를 믿게 된다는 것입니다. 즉 사람들에게서 얼마나 이슈가 되느냐(화제성)와 주변 사람들이 얼마나 경험했느냐(가시성)를 보여주는 인터넷 게시판 등에서의 입소문이 〈명량〉을 1,700만 이상의 관객이 보게 만들었습니다. 반대로 초기 입소문에 실패한 영화는 아무리 영화가 잘 만들어졌어도 빛을 낼 수 없어 바로 내려지게 될 것입니다.

그런 의미에서 바이럴 마케팅은 일방적 정보제공이 아닌 소비자와 소통하면서 소비자가 원하는 정보와 함께 쌍방향적 광고를 동시에 노출함으로써 광고효과가 배가된다고 볼 수 있습니다.

바이럴 마케팅은 입소문 마케팅, 구전(word of mouth) 마케팅, 버즈Buzz 마케팅이라고도 합니다. 직접적으로 노출하는 것이 아니라 블로그나 카페, SNS 등을 이용해 정보를 제공함과 동시에 광고효과가 나타나는, 말 그대로 바이러스처럼 2차, 3차로 퍼지는 마케팅을 의미합니다. 기존의 주먹구구식 광고가 아니라 소비자와 직접 소통하는 광고로, 사이트가 노출하지 못한 부분이 있거나 1차원적 광고 형태에서 벗어나 각종 콘텐츠를 통해 좀 더 쉽게 또한 기존 매체광고에 비해 저렴하게 다가갈 수 있도록 도와줍니다.

특히 주 고객층과 상업적으로 만나는 것이 아니라 관심 분야에 대한 커뮤니티를 가능하게 함으로써 기존 고객은 물론 잠재고객을 유치할 수 있죠. 다른 온라인 마케팅과 다르게 장기적으로 효율성이 있고, 꾸준히 업데이트하면서 콘텐츠를 확보하므로 지속적인 홍보에 도움이 됩니다. 그럼으로써 기업의 즉각적인 수익·이익 개선이 가능하게 됩니다. 이 그림을 보면 더 잘 이해할 수 있을 겁니다."

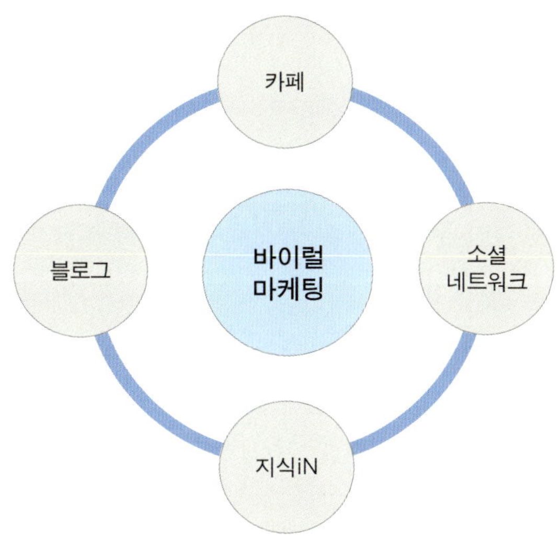


바이럴 마케팅의 구조

### ■ 블로그 마케팅

1인 미디어 시대에 마니아층이 활발히 활동하고 있고 광고 타깃층이 모여 있는 곳이다. 좋은 제품을 제공하고 그에 대한 장점을 포스팅하여 간접 광고효과를 누릴 수 있다.

### ■ 카페 마케팅

관심사가 동일한 사람들을 겨냥해 마케팅을 진행한다. 카페 입소문의 경우 제품에 대한 호감으로 브랜드까지 호감도가 상승하는 효과를 가져와 효과적인 바이럴 마케팅이 될 수 있다.

### ■ 지식iN 마케팅

그 분야에 대한 전문성이 필요하고 키워드에 대한 성실하고도 자세한 답변이 필요하다.

### ■ 소셜 마케팅

트위터나 페이스북에서 친구등록을 하고 그 친구들에게 하루하루 일상을 얘기하면서 정보를 제공해준다.

"여러분에게 좀 더 확실히 와닿게 설명해보겠습니다. 바이럴 마케팅의 의미를 넓게 생각해보면 '한 기업에서 제공하는 제품이나 서비스에 관해 긍정적인 구전효과를 목표로 삼고 수행하는 구체적인 활동'이라고 할 수 있습니다."

교수님이 바이럴 마케팅의 긍정적 효과에 대해 설명할 때 누나가 악플러들 때문에 고생했다는 얘기가 생각났다.

"교수님, 긍정적인 바이럴이 아니라 반대로 부정적인 바이럴이 급속도로 퍼진다면 기업이나 개인에게 오히려 해가 될 수도 있지 않을까요?"

"좋은 질문입니다. '모든 대화는 마케팅의 기회이다!'라는 말을 많이 들어봤을 것입니다. 그러나 단지 모든 대화가 잘되었다고 해서 바

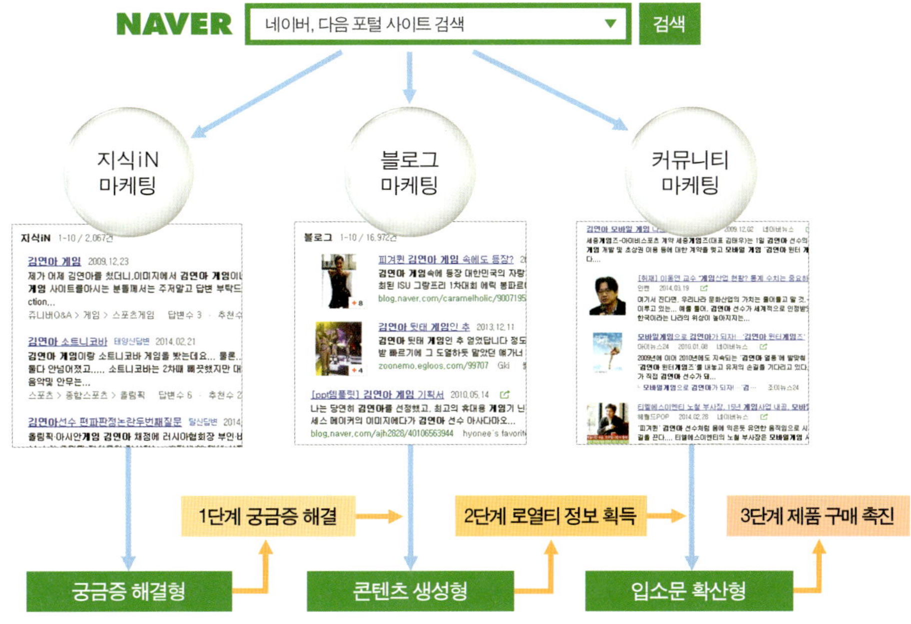


온라인 바이럴 마케팅의 확산 구조

이럴 마케팅이 성공했다고 볼 수는 없습니다. 바이럴 마케팅에서 가장 중요한 것은 무엇보다 일단 제품이나 서비스 자체가 훌륭해야 합니다. 제품이나 서비스 자체에 전염성이 강하게 내재되어 있어 제품이나 서비스만으로도 스스로 양성 바이러스처럼 강하게 전염할 수 있다면 가장 좋죠. 하지만 역으로 제품이나 서비스 자체가 떨어진다면 오히려 안 좋은 바이럴 마케팅의 공격을 당할 수 있습니다. 바이럴 마케팅은 과거와 달리 컴퓨터와 인터넷이 발달하면서 각종 채널과 함께 빠른 속도로 퍼지고, 본래 사실에 거짓이 추가되고 추가되어 과장되는 면이 있다는 점을 잊지 말아야 합니다."

| 콘텐츠 생산 | SEO | 확산 | 재가공 | 재확산 |
|---|---|---|---|---|
| **재미적 요소 정보적 요소** | **키워드 매칭 관련된 정보 노출** | **스크랩, 덧글 트랙백, 멘션, RT** | **패러디** | **스크랩, 덧글 트랙백, 멘션, RT** |
| 정보와 재미를 적절히 배합해 콘텐츠를 생산 합니다. | 원하는 키워드를 검색 시 노출되게 만들어 정보를 전달합니다. | 재미있는 정보는 사람들이 주위로 전파해 알려집니다. | 좋은 정보는 사람들이 새로운 콘텐츠로 생성해 재가공합니다. | 좋은 CGM은 자발적으로 생성, 바이럴로 점차 확산됩니다. |

바이럴 마케팅의 생산 및 확산 단계

바이럴 마케팅이 잘된다고 해서 무조건 좋아하면 안 된다는 얘기였다.

"그럼 어떻게 해야 온라인에서 긍정적인 입소문을 낼 수 있는 마케팅을 할 수 있을까요?"

"바이럴 마케팅 진행 프로세스 1단계는 제품(캠페인)을 주로 이용할 타깃층을 정하고, 연령, 계층, 인맥, 지역, 취향 등을 분석·세분화하여 어떻게 공략할지 밑그림을 그리는 단계로 시작합니다.

2단계는 관련된 캠페인을 기획하는 단계입니다. 이때 생산될 콘텐츠의 내용, 일시, 키워드 등을 다각적으로 검토해 기획해야 합니다.

3단계는 콘텐츠를 생산하는 단계입니다. 콘텐츠를 생산할 때 파워블로거는 재미와 정보를 적절히 배합하는 게 중요합니다. 실제 경험을 바탕으로 한 콘텐츠, 즉 진정성이 느껴질수록 그 효과는 증가합니다.

4단계는 키워드 매칭과 관련된 정보 노출, 확산의 단계입니다. 소비자나 누리꾼이 원하는 키워드를 검색할 때 노출되게 만들어 정보와 콘텐츠를 전달하면 재미있는 정보는 사람들이 스크랩, 덧글, 트랙백,

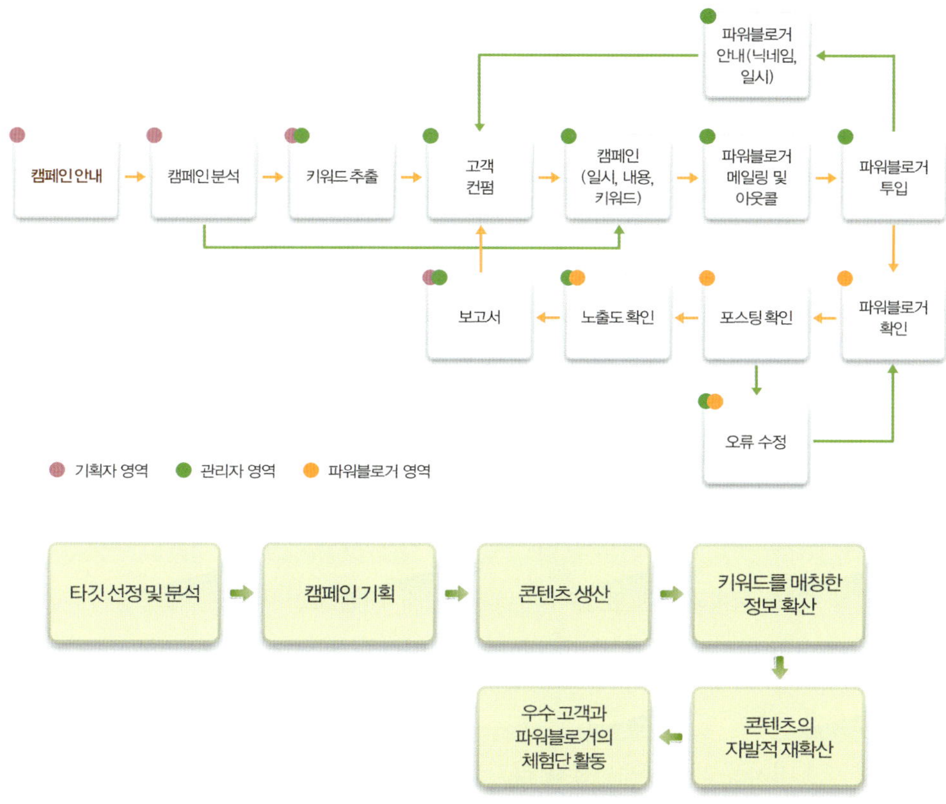


바이럴 마케팅의 세부 진행 단계

멘션, RT 등으로 주위에 알리게 되어 더욱 확산되기에 이릅니다.

5단계는 이렇게 확산된 콘텐츠가 패러디되거나 재가공되어 새로운 콘텐츠를 만들게 하는 단계로, 이후 자발적으로 확산되는 재확산 단계를 거치게 됩니다.

기본적인 프로세스를 넘어 바이럴 마케팅이 어느 정도 효과를 봤다고 판단되면 타깃층의 우수고객이나 파워블로거 등은 물론 주변인들을 포함해 이들과 접선해서 제품의 구체적인 장단점, 개선점 등을 허심탄회하게 듣는 체험단 활동을 한다면 지속·유지가 가능한 바이럴 마케팅이 될 수 있습니다. 또한 제품 매뉴얼만 나열한 딱딱한 보도자료보다는 생생한 경험을 살린 진정성 있는 에피소드나 또 다른 스토리를 엮어서 역동적이면서도 흥미진진한 보도자료를 만든다면 더 효과적일 것입니다.

예전부터 광고, 마케팅은 입에서 입으로 퍼지는 구전활동으로 시작되었습니다. 제품을 먼저 사용한 사람이 제품에 대해 장단점을 이야기하면서 또는 추천하면서 다른 사람들도 그 제품을 구매하게 됩니다. 이는 마케팅과 광고에 관한 이론과 방법이 다양하게 등장하기 전부터 일상 속에 존재해왔던 것입니다. 그런 가장 기본적인 바이럴 마케팅이 왜 다시 뜨는지를 잠시 생각해보겠습니다."

'바이럴 마케팅이 뜨는 이유'

"소비자들의 욕구는 점점 다각화되고 다양화되고 있습니다. 대중광고의 홍수 속에서 일반적인 대중광고는 이미 힘을 잃어 소비자들은 이제 더는 그 광고에 집중하거나 관심을 갖지 않게 되었습니다. 광고가 나오면 바로 채널을 돌리는 재핑시청의 습관이 소비자들이 대중광고에 신뢰를 잃었음을 단적으로 보여준다고 할 수 있습니다. 이에 소비자들은 제품에 대해 주변 사람들이나 공신력이 있는 일반 사람들의 제품 사용 후기에 더 관심과 신뢰를 갖게 되었으며 이로써 다시 마케팅의 기본이자 본질인 구전 활동으로 돌아가게 된 것입니다.

대중 대량광고가 메시지 흐름이 일방적이고 신뢰도가 낮으며 즉

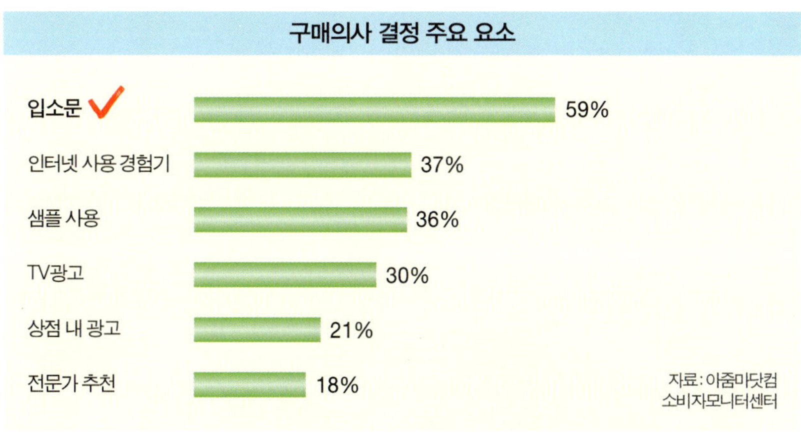



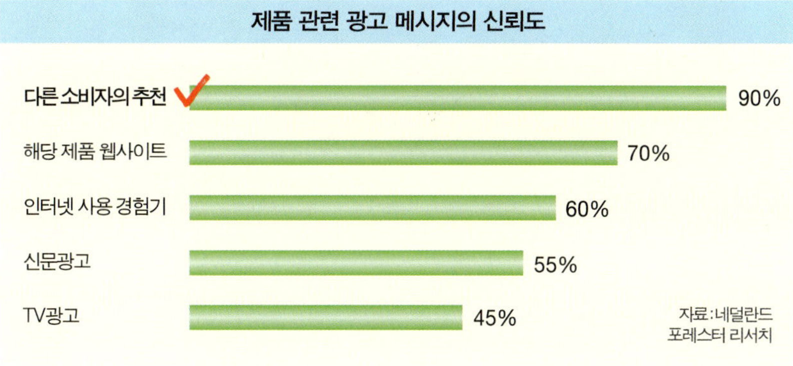



제품 구매 결정 요소와 제품 광고에 대한 신뢰도

각적인 피드백이 어렵다면 바이럴 마케팅은 메시지 흐름이 쌍방적이고 신뢰도가 높으며 즉각적인 피드백이 자유롭다는 점에서 다시 각광을 받게 된 것입니다."

11인승 리무진 벤츠 스프린터

## 1. 벤츠 바이럴 마케팅

벤츠를 바이럴 마케팅한 사례도 있다. 11승짜리 벤츠 리무진은 가격이 1억 6,800만 원에서 1억 8,000만 원 정도로 일반 사람들이 쉽게 다가갈 수 있는 가격대가 아니다. 높은 가격 때문에 사람들은 쉽게 지갑을 열지 않고 지인을 통해 사거나 잘 아는 자동차 딜러에게 구입하기 때문에 연결통로가 제한적인 것이 사실이다. 하지만 나는 자동차업계에도 바이럴 마케팅이 필요하다고 생각했다. 바이럴 마케팅 요청을 받은 나는 브랜드 블로그를 운영해주었고 실제로 매출 증대에 큰 영향을 주었다. 블로그를 운영할 때는 사람들이 어떤 목적으로 밴을 살지를 고민하고 블로그에 글을 올려야 한다. 그래서 나는 업체에 직접 사람들이 체험하는 모습, 즉 공항에 가거나 의전을 한 모습 위주로 사진을 보내달라고 요청했다. 실제로 그런 스토리텔링과 사진들이 소비자의 마음과 지갑을 열게 만들었다.

## 2. 호떡집 바이럴 마케팅

여의도 현대웨딩홀 마케팅 상무이사의 소개로 바이럴 마케팅이 필요하다는 한 아주머니를 만났다. 아주머니는 미국에서 살다가 남편이 병이 나는 바람에 한국으로 돌아온 사연을 들려주었다. 그리고 속초에 자리 잡고 조그맣게 호떡 노점상을 한다고 했다.

바이럴 마케팅을 아는 아주머니는 수소문 끝에 나를 알게 됐다고 했다. 작은 호떡집에 마케팅할 돈이 있을까 싶어 거절하다가 고민 끝에 바이럴 마케팅을 해주기로 마음먹었다. 그 당시 속초 중앙시장의 씨앗 호떡이 속초에서 아주 유명했는데 인터넷을 보고 관광객들이 많이 찾아왔다. 하지만 중앙시장과 이 아주머니 호떡집은 거리가 있어서 사람들은 중앙시장의 씨앗 호떡을 제일로 생각했다.

아주머니 호떡집을 방문해보니 씨앗 피자, 고구마 호떡 등 남들이 하지 않는 콘셉트의 호떡을 만들어 독특한 이미지를 심어주고 있었다. 그래서 바이럴 마케팅을 해주었는데 인기가 폭발적이었다. 인터넷을 검색하고 오는 많은 관광객이 중앙시장의 씨앗 호떡집이 아니라 이 아주머니의 호떡집을 찾아갔다. 나에게 또 하나의 히스토리가 생기는 순간이었다.

## Tip: 바이럴 마케팅 노하우

호떡부터 벤츠까지 바이럴 마케팅을 하려는 마케터들은 마케팅을 하기 전에 소비자들이 어떤 가치를 느낄지를 먼저 고민해봐야 한다. 온라인 마케팅의 기본 전략 지수를 높이고 파워블로거를 활용하는 것도 중요하지만 기본적으로 소비자 마음을 들여다보는 것이 가장 중요하다. 호떡 사례에서 살펴보면 단순히 그 집 호떡이 맛있다, 위치가 어디다 하는 정보를 제공하는 블로깅이 중요한 것이 아니다. 관광객들은 가족이나 연인과 함께 호떡을 매개로 속초의 낭만을 즐기고 싶어하고 순간을 즐기고 싶어한다. 소비자의 가치를 녹여내는 스토리텔링을 보여주면 사고 싶다는 욕망을 자극할 수 있다. 사람들이 왜 사야 하는지에 대한 분석을 체계적으로 하고 상품에 가치를 입히면 상품 가치도 함께 올라가 사고 싶은 제품으로 어필할 수 있다. 이것은 모든 제품에 적용된다.

바이럴 마케팅의 종류 조사하기

## ■ 블로그

BLOG(블로그)는 Weblog의 줄임말이다. 즉 블로그는 Web(웹)+log(일지)의 합성어다. web은 '인터넷', log는 '항해일지'나 '여행일기'이니 인터넷이라는 바다에서 사용하는 '항해일지'나 '여행일기'를 뜻한다.

블로그는 사이트 제작과 관련해 전문적인 지식이 없어도 자신만의 온라인 공간을 만들 수 있고 자신의 의견이나 이야기를 텍스트 방식으로 자유롭게 표현하고 카메라를 이용해 사진이나 동영상까지 편리하게 올릴 수 있는 온라인 미디어다.

그렇다면 왜 블로그 마케팅을 해야 하는가? 인기 연예인 이효리를 지칭하는 단어가 있다. 바로 파워블로거다.

바이럴 마케팅 중 블로그의 기능

파워블로거는 일상이나 생각을 블로그에 정리해놓으면 사람들이 들어
와서 읽고 공감하는 수가 많은, 즉 영향력이나 파급력이 매우 큰 사람
을 말한다. 한 사람이 다른 소비자보다 먼저 제품이나 서비스를 이용
하고 솔직한 내용을 블로그에 자신만의 스토리텔링으로 올리면 그 제
품이나 서비스를 경험하지 못한 다른 사람들이 들어와 읽어보면서 제
품을 마치 사용한 것처럼 상상하게 되고 신뢰하게 되어 결국 그 제품
이나 서비스를 구매하게 되는 것이다.

### ■ 카페

카페 마케팅은 공식 카페, 관계성 카페, 제휴 카페 등으로 나누어 살펴
볼 수 있다. 카페를 개설하여 고객들에게 양질의 정보를 더 자유롭게

네이버의 대표적 인터넷 카페 〈중고나라〉

제공하고 고객과 유대관계를 형성할 수 있으며, 다양한 이벤트를 진행함으로써 적극적인 고객을 통해 입소문을 유도할 수 있다.

요즘 시대 카페는 제2의 홈페이지라고 불리는데 카페 가입자들은 특정 목적을 가지고 자신들이 원하는 정보를 얻기 위해 카페에 들어오기 때문에 마케터로서는 따로 제품이나 서비스에 알맞은 소비자를 찾아나설 필요가 없다. 카페 바이럴 마케팅의 장점을 정리해보면, 준비된 고객, 적극적인 고객을 만날 수 있으며 단시간에 많은 고객을 만날 수 있다는 것이다. 또한 젊은 층을 목표로 할 수 있으며 카페를 통해 소비자 선호도나 소비자가 필요로 하는 것을 알 수 있다.

## ■ UCC 마케팅

UCC는 User Created Contents의 줄임말로 사용자 제작 콘텐츠를 의미한다. 콘텐츠는 동영상, 칼럼, 기사, 광고, 프로그램, 작곡 등을 말하지만 현재 그것을 뜻하는 주된 영역은 동영상이라고 볼 수 있다. 소비자가 일방적으로 수용하는 대상이 아닌 스스로 직접 제작해 편집기술을 이용하여 콘텐츠를 생산해서 확산시킨다. 짜인 틀에서 벗어나 소비자가 직접 원하는 방향으로 만든 동영상은 같은 소비자에게 더 큰 공감을 주고, 재미있게 다가와 영향력과 보급력이 훨씬 강하다. 또 소비자가 정말로 원하는 메시지를 받을 수 있다는 장점이 있다. 어떤 사람이 여행을 다니면서 각 여행지의 대표적 장소에서 같은 춤을 추는 동영상을 만들어 세계적인 스타가 되고 결국 한 기업에 스카우트된 일화도 있다.

서울시에서 주최하는 UCC 공모전과 라디오 프로그램에서 진행하는 UCC 콘테스트

## ■ 버즈 마케팅

버즈 마케팅은 대규모의 매스 마케팅 기법을 이용하지 않고, 개인적인 인적 네트워크(social network)를 통해 마케터가 원하거나 정한 정보를 소비자들에게 전달하는 일종의 구전 마케팅 기법이다.

버즈buzz는 '벌이나 기계 등이 윙윙거린다'는 뜻으로, 고객이 제품이나 서비스에 열광하여 일종의 신드롬이 형성되는 과정을 의미하는 버즈효과(buzz effect)라는 말에서 유래했다. 마케팅 용어로 버즈 마케팅은 자발적으로 촉진되는 '폭발적 수요'라고 정의할 수 있다. 다시 말하면 버즈 마케팅은 대규모 매스 마케팅 기법을 이용하지 않고, 개인적인 인적 네트워크를 통해 마케터가 원하는 정보를 소비자들에게 전달하는 일종의 구전 마케팅 기법이다. 버즈 마케팅은 일반적으로 기업이 한 방향으로 전달하는 광고나 홍보 등과 달리 고객이 서로 양방향으로 전파하는 특징이 있다. 또 소비자들이 자발적으로 커뮤니케이션을 만들어 파급효과를 극대화한다는 점이 매력적이다. 즉 광고비를 거의 사용하지 않고 사람과 사람을 통해 전파되는 파괴력을 지니고 있는 마케팅이 바로 버즈 마케팅이다.

버즈 현상은 소비자들의 상호 커뮤니케이션을 통해서 일어난다. 버즈 현상을 일으키기 위해서는 소비자들을 상대로 광고 공세를 펴는 것이 아니라, 소비자들이 어떤 특정 제품을 화제에 올리게 하거나 그것을 사용하게 함으로써 남들이 그것을 목격하도록 여건을 조성해야 한다. 버즈는 전파성이 강한 잡담이다. 관심을 끄는 새로운 사람이나 장소, 사물 등에 대한 자연 발생적인 소문으로, 입에서 입으로 널리 알려진다. 버즈 마케팅이 유행하는 이유는 비용이 적게 들고 반응이 즉각적이며 소비자에게 직접 영향을 미치기 때문이다.

## 📕 연주의 리포트

바이럴 마케팅의 실제 사례 조사하기

### ◼ LG하우시스

LG하우시스는 지인(Z:IN)을 널리 알리고 인테리어를 고급화함으로써 고객에게 차별화된 가치를 제공하기 위해 주부 컨설턴트 그룹 지엔느 Z:ENNE를 운영하고 있다. LG하우시스 대표는 "주부들을 마케팅 커뮤니케이션 활동의 홍보대사로 삼겠다. 가정용 인테리어 소재 시장에서

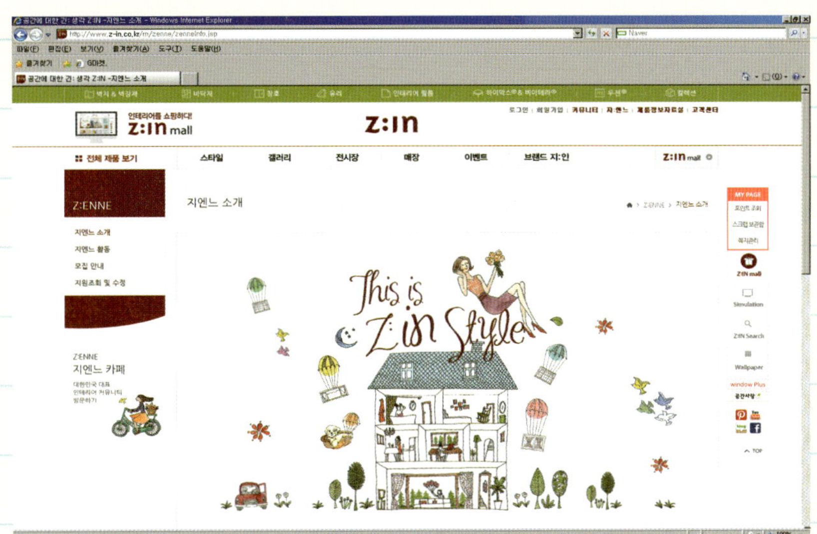

LG하우시스의 지인 홈페이지

구매력이 가장 큰 집단은 주부 프로슈머들이다. 품질은 물론 주부들의 이른바 '입소문'을 통해 시장을 선점해나갈 계획이다"라고 말했다. 지엔느는 인테리어에 관심이 있는 것은 물론 일정 수준 이상의 감각을 갖춘 만 25~50세의 주부들로 구성돼 있다.

엄선된 심사를 거쳐 선발된 지엔느는 새로 출시된 벽지, 마루 같은 제품을 우선적으로 체험하고, 제품 개발, 시장조사, 신제품 품평회 등에 참여하기도 한다. LG하우시스 대표는 "2007년부터 주부 프로슈머 제도를 운영해왔으며 2014년 선발한 지엔느 8기를 포함해 지금까지 175명의 지엔느가 활동하고 있다. 지엔느가 가진 다양한 지식과 경험을 활용한 재능기부 등 사회공헌활동도 전개할 예정이다"라고 밝혔다.

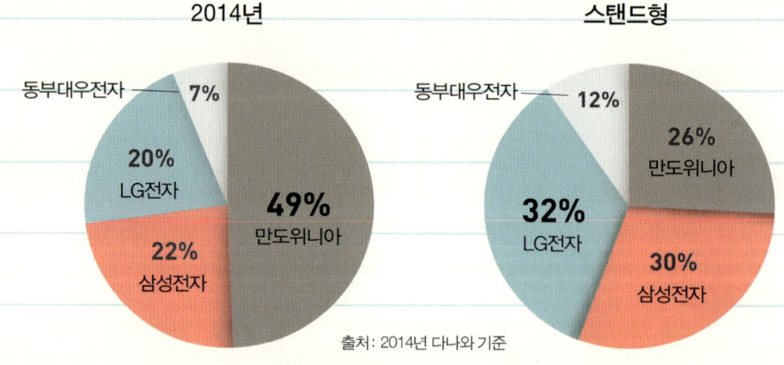


제조사별 김치냉장고 시장점유율과 스탠드형 시장점유율

## ■ 딤채

만도위니아는 '딤채'라는 김치냉장고를 국내 최초로 출시하면서 강남 아파트 단지 내 주부들 100명에게 제품을 무상으로 공급했다. 3개월간 사용해보고 마음에 들지 않으면 반환할 수 있고, 구매하겠다면 절반 가격에 주겠다는 조건이었다. 3개월 후 모든 평가원이 구매를 결정했고, 이들이 퍼뜨린 입소문은 김치냉장고라는 생소한 제품을 히트상품의 반열에 올려놓았다. 빅 마우스인 아줌마가 강남이라는 특성상 선도성을 가짐으로써 서서히 입소문이 퍼져나간 것이다. 현재 딤채의 김치냉장고 시장점유율은 49%로 부동의 1위를 차지하고 있다. 전체 김치냉장고의 시장점유율은 여전히 딤채가 선도하고 있지만 기존 가전 3사들의 추격도 만만치 않다. 2014년 하반기 조사(10월~11월)에 따르면 2015년형 스탠드형 김치냉장고의 판매는 LG전자가 32%로 1위를 차지했고 삼성전자가 30%로 2위를 차지했다.

크리스피 크림 도넛은 매장에서 도넛이 만들어지는 과정을 소비자에게 직접 보여줌으로써 신뢰를 쌓았다.

## ■ 크리스피 크림 도넛

영화배우 니콜 키드먼은 크리스피 크림 도넛을 '도넛 마니아들에게 신이 내려준 선물'이라고 극찬했다. 크리스피 크림 도넛은 1937년 미국에서 설립된 도넛 체인이다. 크리스피 크림 도넛의 대표 메뉴는 '오리지널 글레이즈드'인데 맛도 훌륭하지만 소비자들이 점심때마다 줄을 서게 만드는 두 가지 체험요인을 가지고 있다.

첫째, 크리스피 크림 도넛은 매장에서 기다리는 고객들에게 덤으로 도넛을 주는 것으로도 유명한데, 이러한 무료 샘플 전략은 자연스럽게 입소문이 퍼지는 데 결정적인 역할을 했다.

둘째, 크리스피 크림 도넛 매장에 가면 도넛이 만들어지는 과정을 직접 눈으로 보며 생생한 경험을 할 수 있다. 미국에서는 매장 바깥에 'Hot Doughnuts Now'라는 네온사인이 켜지면 도넛이 바로 그때 생산되고 있음을 의미하기 때문에 크리스피 크림 도넛 마니아들은 이 시간을 가장 기다린다고 한다.

이러한 체험요소는 '도넛 극장'이라고 불릴 만큼 화제가 되고 있다. 백 번 말하는 것보다 한 번 보는 것이 낫고, 백 번 보는 것보다 한 번 체험하는 것이 낫다! 체험만큼 소비자들에게 가까워지는 방법이 또 있을까? 단순히 제품의 장점을 느끼게 해주는 걸 뛰어넘어 이제는 '체험단'이라는 명칭 아래 기업이 체계화한 프로그램으로 많이 진행되고 있다. 남들이 아직 모르는 것을 먼저 체험해보고 그에 대한 피드백으로 상품 개발까지 관여할 수 있다면 소비자에겐 분명 짜릿한 경험이 될 것이다. 남들의 구매행태를 보고 그대로 따라 하려는 트윈슈머Twinsumer 성향의 소비자들이 많아지면서 체험단을 제품 전도사로 활용하려는 기업의 움직임이 더욱 활발해지고 있다.

# 바이럴 마케팅은
# 언제까지 유효할까?

앞으로 마케팅에서는 기업이나 마케터들이 기존에 써왔던 마케팅 매체보다 소비자를 매체로 활용해야 한다. 소비자들의 바이럴, 즉 입소문 확산 채널과 도구는 더욱더 많아지고 발전해나갈 것이다. 이와 함께 소비자들의 숙련도도 높아져 더욱 빠르고 전문적인 바이럴 네트워크가 형성될 것이다.

바이럴 마케팅은 단순한 광고 기법이 아니다. 어찌되었든 한 사람의 입에서 나오기 때문에 그 사람의 삶과 경험이 섞인 철학이라고도 할 수 있다. 바이럴 마케팅의 효과가 좋다 보니 요즘 마케터들은 단기적 성과를 내기 위한 방법으로 다양한 바이럴 마케팅 기법을 동원하고 있다.

바이럴 마케팅을 성공적으로 잘하려면 고객과 진실한 대화를 해야 한다. 제품과 서비스에 대해 정직함과 진실한 자세로 대해야 한다. 거짓으로 하는 바이럴 마케팅은 효력이 오래가지 못하며 금방 들통 나기 때문이다. 기업이 행하는 바이럴 마케팅은 고객과의 진실한 대화이며 이것이 구전의 중요한 발화점이 된다는 사실을 명심해야 한다. 단순히 일시적인 제품이나 서비스의 판매가 아닌 바이럴 네트워크와 친구가 되는 것이 궁극적 목표이기 때문이다. 그리고 입소문을 관리해야 한다. 소비자의 입소문은 통제할 수 없다고 생각할 수 있지만 최근 고객의 입소문을 전략적으로 확산한 사례를 보면 가능하다는 것을 알 수 있다. 소비자의 바이럴 역시 전략적으로 관리하기 위해 많은 연구를 해야 할 것이다.

르네 다이Renee Dye는 2000년판 〈하버드 비즈니스 리뷰Harvard Business Review〉에서 '오피니언 리더를 잡는 것'과 '커뮤니티를 활용하는 것'이 구전 마케팅의 성패를 좌우하게 된다고 강조한 바 있다.

입소문 마케팅을 효과적으로 하기 위해서는 1차 수신자의 수가 많은 커뮤니티가 필요하다. 그리고 많은 사람이 동시에 같은 정보를 들으면 거기에서 화제가 되어 의견을 교환해 기억에 남는 효과도 크다. 한 엄마가 학부모 모임에 참석해서 "우리 애를 역 앞에 새로 생긴 학원에 1년 동안 보냈더니 영재고에 합격했어요"라고 이야기하면 그곳에 모인 나머지 수십 명의 엄마가 이구동성으로 좀 더 상세히 이야기해보라면서 흥미를 보인다. 학부모 모임은 교육이나 자녀의 성적에 관심이 높은 커뮤니티라 분명히 '역 앞 학원'이라는 정보는 '영재고에 합격시킬 수 있는 학원'(화제)으로 머릿속에 입력된다. 게다가 이튿날 수십 명이 동네 사람들에게 이야기하면 하룻밤 새에 '영재고에 합격시킬 수 있는 학원'을 아는 사람은 백 명 이상이 된다. 그렇게 하면 이 학원은 분명히 일주일 뒤에는 새로운 학생들로 만원을 이룰 것이다.

"우리 애는 오래 다니는 학원이 없었는데 이번에는 재미있나 봐요. 성적도 금방 올랐다니까요. 정말 놀랐어요"와 같이 추가 입소문이 붙으면 그 어떤 전단지보다 설득력이 강하다. 자기 아이를 실제로 보내는 엄마의 말은 무엇보다 강한 믿음을 준다. 게다가 그 엄마는 학원과 아무 관계도 없는 사람이다. 인터넷의 등장으로 발 없는 말이 순식간에 천리를 가는 세상이 되어 기업은 이제 더는 소비자의 시선을 무시할 수 없게 되었다.

현 시점에서 입소문 사회를 만들어 육성하려면 인터넷을 이용하는 것이 가장 좋다. 소문을 내는 우리에게 가장 중요한 일은 상품에 애정이 있는 리더를 만드는 것이다. 그렇게 하지 않으면 소문은 더 퍼지지 않는다. 공통된 흥미나 관심이 있는 사람들이 모인 커뮤니티에 흥미로운 정보를 흘리면 전파속도가 빠르다. 회사나 상품을 위해서 커뮤니티를 만들라고 권하는 이유가 바로 여기에 있다.

# 바이럴 마케팅의 또 다른 예

### – 글로벌 프랜차이즈의 성장 과정

글로벌 프랜차이즈도 처음엔 '동네 구멍가게'에 불과했다.
"KFC 성공, 켄터키주까지 널리 알려져,
도미노피자 미시건 대학가서 입소문,
말이 안 통하는 여행지에서 볼일이 급할 땐 화장실이란 단어를 어렵게 떠올리기보
다는 스타벅스와 맥도날드가 어디 있는지를 물어라."

만국 공용어가 된 글로벌 프랜차이즈 산업의 위력을 보여주는 대목이다. 자유무역이 강화되고 기업들이 경쟁적으로 해외시장에 진출하면서 글로벌 프랜차이즈의 덩치도 나날이 커지고 있다. 어느 나라, 어느 대륙에서건 비슷한 상호들이 도시 풍경을 채우는 시대가 되었다. 이런 프랜차이즈들도 처음에는 말 그대로 작은 '동네'에서 시작했다. 지금이야 세계인이 다 알아보는 가게지만, 프랜차이즈는 대부분 '시골'에서 입소문을 타면서 세계적인 회사로 성장했다. 따라서 프랜차이즈 기업은 대부분 사업을 처음 연 '고향'에 대한 애착이 남다르다.

'하얀 정장 할아버지'로 유명한 KFC의 창립자 커넬 샌더스. 1890년에 태어난 샌더스는 65세에 본격적인 체인사업을 시작해 KFC를 세계적 프랜차이즈로 키워냈다.

아예 기업 이름에 특정 지역 이름을 넣는가 하면, 기업 본사도 사업 시작점을 떠날 줄 모른다.

사업이 시작된 곳을 끔찍이도 사랑하던 사람 중에 가장 유명한 사람은 '하얀 정장 할아버지'로 유명한 KFC의 창립자 커넬 샌더스Colonel Sanders였다. 커넬 샌더스는 주유소에서 일하던 중 주유하는 동안 먹을 간단한 음식을 찾는 손님들을 보았다. 그가 고심 끝에 개발한 11가지 허브와 비밀 양념으로 맛을 낸 치킨은 순식간에 켄터키를 대표하는 음식으로 자리 잡았다.

하지만 샌더스가 본격적으로 체인사업을 시작한 것은 그가 65세 때였다. 자신이 운영하던 식당 주변에 고속도로가 나면서 식당이 파산하게 됐고, 그의 마지막 탈출구는 로열티를 받고 체인점 계약을 하는

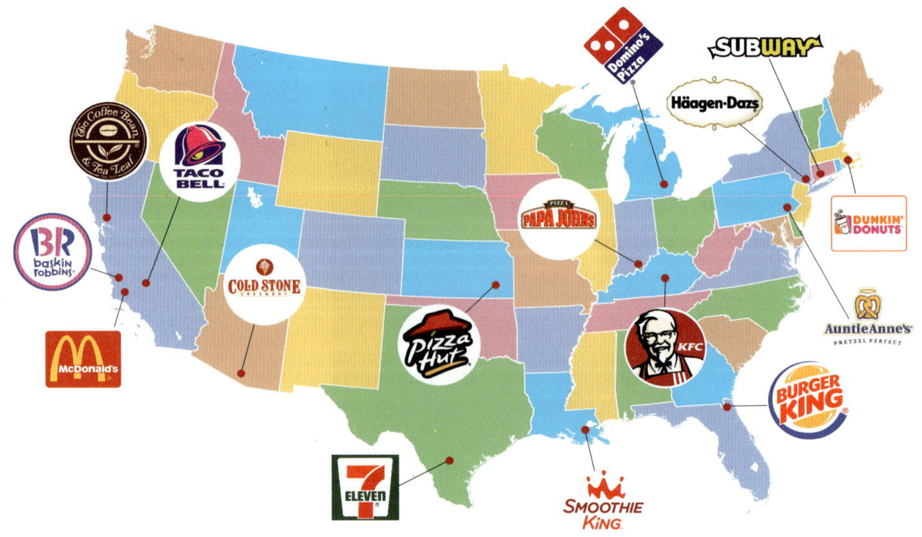


미국의 글로벌 프랜차이즈 창업 지역

것이었다. 천 번이 넘는 거절 끝에 그는 KFC 1호점을 낼 수 있었다. 테이블 하나에 의자 여섯 개로 시작한 그의 사업은 현재 115개국 1만 8,000개 매장으로 몸집을 불렸다. KFC 본사는 여전히 켄터키주에서 '가장 켄터키스러운 치킨'을 파는 데 주력하고 있다.

대학가 근처의 먹거리가 세계적인 피자 브랜드가 된 경우도 있다. 1960년 톰 모나한Tom Monaghan은 동생 제임스 모나한James Monaghan과 함께 동부 미시건대학교(Eastern Michigan University) 주변에 위치한 도미닉스DomiNick's라는 작은 피자집을 사기로 했다. 빌린 900달러, 보증금 75달러는 그들의 사업자금 전부였다. 학생들과 주민들을 상대로 8개월째 피자가게를 운영하던 중 제임스 모나한은 중고 폭스바겐 비틀을 거래하는 조건으로 모든 지분을 톰 모나한에게 넘기고 떠났다. 혼자서 사업을 이끌어야 했던 톰 모나한은 피자집 이름을 도미노피자Domino's Pizza로 바꾸고 언제 어디서든 30분 안에 받아볼 수 있는 피자를 선보였다.

그는 한 번도 '맛있는' 피자라는 광고를 한 적이 없지만, 단시간 내에 따뜻한 피자를 배달한다는 것은 맛 이상을 보장하는 전략이었다. 대학생들의 소소한 간식으로 시작한 피자가게는 현재 피자헛과 어깨를 나란히 하며 세계 피자시장을 이끄는 프랜차이즈로 자리 잡았다.

이 밖에도 매사추세츠의 던킨 도너츠Dunkin' Donuts와 커피빈(The Coffee Bean & Tea Leaf), 루이지애나의 스무디킹Smoothie King, 펜실베이니아의 앤티앤스 프레즐Auntie Anne's Pretzels, 애리조나의 콜드스톤(Cold Stone Creamery)도 1호점 근처에 본사가 있어 그 시작을 기억하려는 '토박이' 글로벌 프랜차이즈 기업이다.

– 출처: HOOC, 〈SUPER RICH〉 해외, 2014. 7. 31

## 발딱 마케팅 넷: 감성의 중요성

아래 그림은 배럿 라이언Barrett Lyon이라는 젊은이가 눈에 보이지 않는 인터넷의 네트워크를 시각화한 것이다. 웹이라는 명칭에 걸맞게 촘촘히 짜인 거미줄 모양 그림은 인터넷 시대를 살아가는 우리의 커뮤니케이션 체계를 잘 나타낸다.

요즘 사람들은 하루의 시작과 마무리를 정성스럽게 손으로 쓰는 일기나 메모보다 블로그, 페이스북 등 각종 인터넷을 기반으로 한 SNS에서 한다. 공유하기, 좋아요, 퍼가기 등 놀라운 생명력을 지닌 네트워크 증식이라는 기능을 활용해 서로 대화를 나누고, 콘텐츠를 퍼나른다. 요즘 사람들은 눈치 보지 않고 자기식 글쓰기를 즐기며, 그 내용에 공감하는 네티즌이 하나둘 모여든다. 이렇듯 인터넷이라는 뉴미디어는 전통적인 사회 지형을 크게 바꿔놓고 있다. 이러한 일을 가능케한 것은 디지털의 복제기능 덕택이다. 이제는 복사와 붙여넣기로 자기 메시지를 토씨 하나 틀리지 않고 각종 채널을 통하여 전달할 수 있다.

이러한 환경에서 소비자들은 손쉽게 입소문을 생산하고, 확산하며, 접할 수 있게 되었다. 그리고 수준 높은 비교·검증까지 가능하게 됨으로써 입소문 의존도는 엄청나게 높아졌다.

우주 공간처럼 보이는 배럿 라이언의 인터넷 네트워크

# 인터넷이 소비자 행동에 미치는 영향

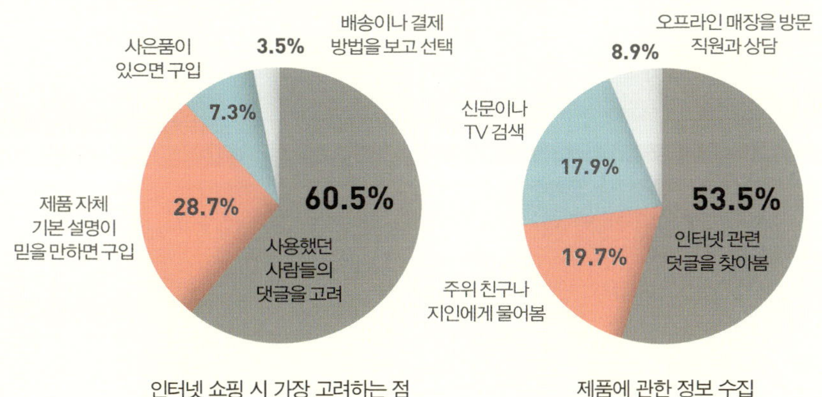



인터넷 쇼핑 시 가장 고려하는 점      제품에 관한 정보 수집

《티핑 포인트The Tipping Point》의 저자 말콤 글래드웰Malcolm Gladwell은 "가장 파워풀한 셀링 포인트는 마케터와 소비자 사이에서 이루어지는 게 아니며, 소비자와 소비자 간에 이루어지는 교감이 더 중요하다"라고 강하게 주장했다.

좁아진 세상 속에서 감성이 흐른다는 입소문 마케팅을 잘하려면 무엇을 포착해야 할까? 바로 감성이다. 물적 노동이 산업화 사회를 대표하고, 커뮤니케이션 노동이 정보화 사회를 대표한다면, 미래는 감성노동으로 대표되는 감성사회가 될 것이다. 감성사회에서는 제품 자체를 파는 것이 아니라 소비자의 삶에서 단순히 필요한 물건이 아닌 함께 지내는 삶 속의 일부가 되어야 한다. 다시 말해 '감성 스토리'를 팔아야 한다. 이 감성 스토리가 바로 소비자들 사이에 이슈가 된다.

《미래를 경영하라》의 저자인 세계적인 경영컨설턴트 톰 피터스Tom Peters는 "앞으로 기업의 부가가치는 경험의 질에서 나올 것"이라면서 "비즈니스 세계에서 결코 사용하지 않던 말들인 에피소드, 사건, 만남, 모험, 지각, 삶, 존재, 맛보다, 느끼다, 체험하다, 겪다 등이 앞으로 경영에서 실질적으로 유용한 단어들이다"라고 말했다.

상품 자체의 속성이 아닌 소비자의 열정을 일으킬 수 있는 포인트를 자극하면, 이로써 상품은 브랜드가 되고 '러브 마크Love Mark'가 된다. 소비자들은 감성을 채워줄 무언가에 항상 목말라 있다. 그들은 막강한 입소문 도구를 이용해 활발하게 감성을 공유한다. 입소문 마케팅의 가장 큰 기회요인은 바로 이 점에 있다.

## 스토리 마케팅 – 노드스트롬

어느 날 백화점에 한 고객이 찾아와 반품을 요구했다.
그런데 고객이 가지고 온 물건은 자동차 타이어였다.
백화점 직원은 친절하게 고객이 구입한 가격을 물어보고
타어어 가격에 맞게 환불을 해주었다.
타이어를 산 곳은 노드스트롬 백화점이 아니란 것을
나중에 알게 된 고객은 이 일를 이웃에게 말했다.

이야기를 전해들은 많은 사람은 생각했다.
'노드스트롬은 고객을 배려하는 친절한 곳이구나!'

## 누구나 공감할 수 있는 스토리텔링이 있어야 합니다

사람들은 대부분 자기 생각과 별개로
군중의 행동을 무의식적으로 따라 하게 됩니다.
군중심리는 여러 사람이 집단으로 모여 있을 때
개별 주체의 일상적 사고와 다르거나 같더라도
그 범위를 뛰어넘는 행동을 하게 만듭니다.

# 카사노바의 공감 마케팅

세월은 유수와 같다고 해야 하나? 오리엔테이션에 이어 새 학기를 시작한 지 얼마 안 되었는데 어느덧 입시에 찌든 고등학생이 아닌 캠퍼스의 낭만을 즐기는 대학 생활에 익숙해지고 있었다. 졸업반 효준 형은 원하던 온라인 마케팅 회사의 취업 준비를 마치고 인턴으로 바쁘게 생활 중이었고 나는 학회에서 마케팅 삼매경에 빠져 있었다.

여느 때와 다름없는 주말 이른 아침, 학회연구실에는 나 혼자 있었다. 그때 노란색 원피스를 입은 긴 머리 여학생이 문을 열고 들어왔다. 연주였다. 그동안 연주와 팀 과제를 여러 건 진행하면서 처음보다 많이 친해졌다. 대화 나눌 시간도 자연스레 많아지다 보니 서로에 대해 이해하는 부분도 생기고 공통분모도 생겼다.

연주가 흠칫 놀라며 인사를 했다.

"어? 영준이네. 안녕! 근데 너 주중도 모자라 주말에도 공부하니? 대단하다."

연주는 학창시절 많이 보던 전형적인 '공부 적게 하고 시험 잘 보는 천재형' 스타일이었고 나는 '열심히 노력해야 겨우 따라가는 노력쟁이' 스타일이었다. 그래서 내 상황을 잘 이해하지 못하는 듯했다.

"뭐, 가끔 나와. 학회연구실이 조용해서 공부하기 좋더라고. 그런데 너는 이 시간에 웬일이야?"

"아, 사실 오늘 수진이랑 점심 약속이 있어서 일찍 왔는데 수진이가 집에 급한 일이 생겼다나? 그래서 학교까지 왔는데 학회연구실에 누가 있나 싶어서 와봤어. 네가 있어서 잘됐다!"

연주는 수진이 대타로 나를 만나서 잘됐다며 흐뭇해했다. 아무 말도 안 하고 있으려니 어색해서 내가 먼저 입을 열었다.

"너, 그거 알아? 교수님이 사실 카사노바였대."

카사노바라는 말에 궁금해 하면서 연주가 반응을 보였다.

"카사노바? 그게 무슨 말이야?"

"교수님이 술 한잔 하고 필 받으시면 카사노바 마케팅이라는 말을 입이 닳도록 하신다던데. 너 그거 알고 있었니?"

"아, 너 그거 잘 모르는구나. 카사노바 마케팅? 교수님이 카사노바라는 게 아니라 공감 마케팅을 얘기하는 거야, 이 바보야! 그러니까 소비자를 유혹하는 공감 마케팅! 그걸 교수님이 카사노바 마케팅이라고 하는 거야."

"아이고, 카사노바라니… 느낌은 좋은데? 자세히 얘기해봐."

그렇게 연주와 주말 대화는 카사노바로 시작해서 남녀 공감에 이르기까지 시간 가는 줄 모르고 이어졌다.

'카사노바 마케팅·소비자를 유혹하는 공감 마케팅'


꽃피는 대학 교정에는 슬슬 커플이 보이기 시작했다. 강의실에서 적극적으로 애정 공세를 하는 커플도 있었고, 잔디밭 곳곳에 앉거나 누워 사랑을 속삭이는 커플도 있었다. 여학생들은 누구누구가 사귄다는 둥 이런저런 뒷담화를 강의실에서도 끊이지 않고 해댔다.연주와 나는 맨 앞자리에 앉아 조 교수님이 강의실에 들어오시기를 기다렸다. 오늘 따라 조 교수님은 카사노바 저리 가라 할 정도로 귀티가 넘치게 차려입고 들어오셨다. 깔끔한 셔츠 차림에 멋있는 벨트까지 한 교수님은 와인 한 병을 손에 들고 있었다. 오늘은 카사노바의 공감 마케팅에 대해 강의하면서 특별히 강의에 가장 잘 공감하고 적극적으로 참여하는 학생에게 와인을 선물로 주겠다고 하셨다. 비싼 와인이 상품으로 걸렸으니 모두 평소보다 더 교수님의 강의에 집중했다.

"남자라면 한 번쯤 많은 여성과 사랑을 나누는 상상을 해봤을 것입니다. 많은 여성에게 사랑을 받고 싶은 남자들은 끊임없이 자신을 가꿉니다. 그런데 아무리 가꾸고 노력해도 여자들 마음을 얻고 사랑받는 것은 쉽지 않죠. 길거리를 지나가는 연인들을 보면서 간혹 '여자는 정말 예쁘고 매력적인데 남자는 영 아니네. 남자가 돈이 많나봐' 라는 생각을 했을 겁니다. 과연 그 남자는 돈이 많을까요? 물론 정말 돈이 많을 수도 있습니다. 하지만 저는 그 사람이 돈이 아니라 다른 무엇인가가 많은 거라고 말하고 싶습니다. 바로 공감 능력이죠!

텔레비전 프로그램, 인터넷, 책 등 요즘은 다양한 연애 방법을 알려주는 것이 유행입니다. 심지어 연애를 코치해주는 연애컨설턴트까지 생겼죠. 그런 다양한 방법을 자세히 보면 결국 이성의 공감을 얻는 것이 가장 중요하다고 합니다. 그럼 이쯤에서 이성에게서 공감을 잘 얻어서 많은 이성에게 사랑을 받은 인물이 떠오를 것입니다! 그게 누구죠?"

카사노바 마케팅에 대해 잘 알고 있는 연주가 제일 먼저 대답했다.

"교수님, 카사노바요!"

"맞습니다. 연주 학생뿐만 아니리 여러분이 떠올린 인물은 대부분 카사노바일 것입니다. 여기서 카사노바에 대해 잠깐 얘기하겠습니다. 카사노바는 이탈리아를 대표하는 '선수'인 매력남이었습니다. 키가 훤

칠한 것은 물론 법학박사, 외교관, 재무사, 사업가, 모험가, 호색가, 도박꾼, 철학자 등 10여 개 직업을 가질 만큼 다재다능한 인물이었죠. 어때요? 멋지나요?"

"네, 멋져요! 교수님처럼요!"

여학생들은 교수님 강의에 점점 푹 빠졌다. 반면 남학생들은 왠지 모를 반감을 품으면서도 카사노바의 궁극의 비법이 뭔지는 궁금해 하는 눈치였다.

"카사노바는 평생 130명 이상의 여성과 사랑에 빠지면서 전설이 되었습니다. 그런 카사노바는 겉보기로는 화려하고 많은 여성과 사랑에 빠져 외로움과 거리가 멀어 보였지만 오히려 그는 여성들에게 사랑

을 느끼지 못해 늘 외로워한 인물이었습니다."

이야기는 점점 흥미진진해졌다. 카사노바가 외로웠다니 말도 안 되는 얘기로 들렸다.

"많은 여성에게 사랑받은 카사노바의 화려한 기술은 크게 세 가지로 나눌 수 있습니다. 첫 번째, 카사노바는 기억력이 탁월했습니다. 어떤 여자라도 한 번 만나기만 하면 그 여자에 관해서 잊어버리는 일이 없었습니다. 그리고 다음에 만나면 귀엣말로 달콤하게 속삭였죠. 그때 우리 만났죠? 정말 아름다워서 잊을 수 없었습니다."

"오~, 와~"

감성이 예민한 여학생들의 탄성이 여기저기서 피어났다.

"두 번째는 혼연일체적인 공감이었습니다. 한 번 만난 여자의 모든 일에 관심을 가지고 공감하였으며 좋아하는 것, 싫어하는 것 등 모든 것에 같은 성향을 가지고 있다는 것을 표현하였습니다."

옆자리에 앉은 연주도 턱을 괴고 교수님 강의에 푹 빠져 있었다. 이 정도면 카사노바 비법이 여자들에게 적중한다는 게 확실했다. 나는 하나라도 놓칠세라 빠짐없이 메모했다.

"세 번째는 여성들을 대하는 태도였습니다. 달콤한 말과 불 같은 사랑으로 모든 여성에게 진심으로 대했고, 그 결과 여성들에게 카사노바는 소유하기보다는 공유할 수 있는 신적 존재로 받아들여졌습니다. 여러분이 지금 보고 있는 매력적인 와인같이 말이죠.

카사노바의 화려한 기술 중 가장 많은 여자의 마음을 사로잡은 방법은 만나는 여자들이 무엇을 원하는지 정확하게 알아채고 표현한 혼연일체적인 '공감'이었습니다. 그럼 이런 화려한 카사노바의 혼연일체적인 '공감' 능력을 마케팅에 접목해봅시다. 자기가 만든 상품을 팔아야 할 여러분은 이제 카사노바가 돼서 수많은 소비자를 이성으로 생각하고 유혹해보는 겁니다.

많은 소비자를 유혹하려면 먼저 소비자와 공감해야 합니다. 아무리 품질이 좋은 제품을 만든다 해도 소비자의 공감을 얻지 못하면 그 제품은 시장에서 선택받지 못합니다. 반대로 품질이 다소 좋지 못해도 소비자의 공감을 얻는다면 그 제품은 시장에서 선택받을 것입니다.

그런 상품이나 기업 사례는 여러분도 머릿속에 많이 떠오를 정도로 주변에 많이 있습니다. 어떤 사례가 떠오르는지 얘기해볼 사람 있나요?"

이런 기회를 연주가 놓칠 리 없었다.

"서비스로 유명한 노드스트롬백화점 사례에서 공감의 가치를 볼 수 있습니다."

"연주 학생, 좀 더 자세히 얘기해볼까요?"

"네! 교수님. 노드스트롬백화점의 세일 기간이 끝난 다음 날, 한 부인이 노드스트롬에 바지를 사러 왔습니다. 그 부인은 세일 기간이 끝난 줄도 모르고 자기가 평소 눈여겨본 고급 브랜드의 바지를 사고 싶어했지요. 그런데 부인에게 맞는 사이즈가 모두 팔리고 없었습니다. 판매사원은 부인이 평소 고급 브랜드의 청바지를 얼마나 사고 싶어했 는지 부인 입장이 되어 공감했습니다. 그 판매원은 부인이 원하는 바 지가 백화점 창고에 있는지 알아보았으나 유감스럽게도 노드스트롬에 는 그 바지가 없었습니다. 그러나 거기서 멈추지 않고 수소문한 결과 건너편 백화점에는 부인이 원하는 바지가 있음을 알게 되었습니다. 판 매원은 직접 그 백화점으로 건너가 부인이 원하는 바지를 정가에 사와 서 세일가격으로 팔았습니다. 부인의 처지에서 공감을 해준 판매사원 의 행동은 부인에게 '손님에게는 언제나 최선을 다한다'는 공감을 얻 었고, 그 부인은 백화점의 충성고객이 되었습니다. 직원의 공감은 부 인으로 하여금 백화점의 매력에 빠지게 만들어 부인이 다른 백화점이 아닌 바로 그 직원이 있는 백화점만 이용하게 만들었고, 자신이 원하 는 물건은 그 백화점에 가면 늘 구입할 수 있다는 정서적 조화를 이뤄 평생고객을 만들었다고 볼 수 있습니다."

스웨덴 이민자 출신의 존 노드스트롬(John W. Nordstrom)이 창업한 미국의 노드스트롬백화점은 상류층 고급 이미지를 추구하는 것과 달리 작은 일에도 고객에게 최선을 다하는 모습으로 명성이 높다.

교수님은 흐뭇해하시며 말을 이었다.

"그럼 이제부터는 '공감의 기술'을 익혀봅시다. 공감은 첫째, 상대방 입장에서 상대방 세계를 지각하고 있음을 보여주는 '의사소통 상태,' 둘째, 내 생각을 고집하지 않고 순수하게 상대 입장에서 바라보는 것으로 정의할 수 있습니다. 즉, 공감이란 상대방 입장이 되어보는 것이지 실제로 그 사람이 되는 것은 아니죠. 다른 사람의 마음을 같이하는 것이 아닌 다른 사람의 마음을 깨닫는다는 뜻인 것입니다.

아름다운 교정에서 오늘만큼은 카사노바처럼 옆에 앉아 있는 여러분 또는 주위 분들 처지에서 생각해보고 공감하는 하루 보내는 것도 의미 있을 것입니다. 이것으로 카사노바의 공감 마케팅 강의를 마치겠습니다. 카사노바의 자세한 공감 스토리가 궁금한 학생들은 오늘 대학교 노천극장에서 열리는 '조세현의 세대공감 토크쇼'에서 제가 특별히 준비한 와인과 함께 토크쇼에 참여하기 바랍니다. 입장료는 '상대방을 진심으로 배려할 수 있는 여러분의 공감'이니 꼭 챙겨오기 바랍니다. 다음 시간 과제는 감성 마케팅과 감성 마케팅의 일환으로 볼 수 있는 마케팅 종류를 조사해오는 겁니다. 다음 시간에 만납시다."

카사노바의 공감 마케팅 강의에 제일 열심히 참여한 연주는 교수님에게서 와인을 선물받고는 무척 행복해했다. 하지만 나도 오늘 강의에서 카사노바의 핵심 비법을 손에 넣었으니 만반의 준비를 하고 축제를 즐겨야겠다는 생각을 했다.

## 날으는 돈까스의 경우

일원동에 있는 작은 음식점 '날으는 돈까스'의 마민하 이야기를 소개한다. 아버지가 사업에 실패하고 질병까지 얻는 바람에 가난과 절망으로 하루하루를 살던 마민하 청년은 지긋지긋한 가난으로부터 도망칠 은신처로 군대를 선택했다. 청년은 돈을 벌기 위해 ROTC 장교로 입대했다. 청년의 아버지는 당뇨로 건강이 급속히 악화돼 아무 일도 못하게 되자 우울증과 무기력증에 힘들어 하셨다. 아버지를 지켜보던 청년은 장교 월급을 쪼개 간신히 모은 돈 350만 원을 아버지께 드렸고 아버지는 그 돈으로 포장마차를 알아보셨다. 그리고 보증금 100만 원에 월 25만 원짜리 가게를 계약했다. 가게가 싼 이유는 차고지를 불법 개조해서 만들다 보니 허가받지 않은 불법 공간이었기 때문이다. 이 작은 희망의 가게를 가족이 열심히 꾸려 어느 정도 매출을 올렸다. 하지만 주변 가게의 시샘으로 신고를 당했고 두 달 만에 가게를 접어야 했다.

그때 옆에 있던 돈가스 집에서 가게를 인수하라는 제안을 해왔다. 조건은 인수비 500만 원에 보증금 1,800만 원, 월세 70만 원이었다. 이 가게를 인수하려면 목돈 2,300만 원이 당장 필요했던 청년은 직업군인인 자기 급여를 담보로 2,000만 원을 대출받고, 자신이 모은 300만 원을 보태 가게를 인수했다.

'날으는 돈까스'는 공감을 불러일으키는 스토리 마케팅으로 자리를 잡았다.

온 가족이 돈가스 가게 운영에 다시 힘을 모았다. 아버지는 배달을 하고 어머니는 음식을 만들었다. 청년은 주말마다 가게에 나와서 일을 도왔다. 어떻게 하면 가게 매출을 올릴 수 있을까 고민하던 청년은 SNS를 이용해 가게를 홍보하기 시작했다. 단순히 가게 정보를 홍보하는 것이 아니라 소비자들과 공감할 수 있는 방법을 선택했다. 가게 상호명인 '날으는 돈까스'에 대한 스토리를 만들기 시작한 것이다. 제목은 '날돈탄생비화'였다. 아버지의 화려했던 옛날이야기와 가족이 사는 이야기 등을 SNS에 올리기 시작했다. 그러자 사람들이 청년의 아버지와 가족의 가정사 그리고 어려운 과정을 거쳐 탄생한 작은 돈가스 집 스토리에 관심을 보이며 공감하기 시작했다. 이야기를 접한 어른들은 청년에게 "잘 커줘서 고맙다"며 고마움을 드러냈고 젊은 친구들은 "너를 보며 많은 위로를 받았다"며 공감했다. 그리고 공감한 사람들은 모임 장소를 날돈으로 잡기 시작했다. 좁은 분식집에서 고급 와인 강의도 열리고 각종 모임 뒤풀이 장소가 되면서 매출도 자연스럽게 올랐다.

이 이야기에서 알 수 있듯이 마민하 청년은 자신의 가게를 마케팅할 때 '공감'의 기술을 사용했다. 공감의 기술로 소비자들을 유혹한 것이다. 단순히 돈가스 가게의 돈가스를 홍보한 것이 아니다. 어떻게 가게 이름이 '날으는 돈까스'가 되었는지는 물론 자신의 어려웠던 상황을 극복해나가는 이야기를 통해 사람들이 공감할 수 있게 만들었다. 나 역시 마민하 청년 이야기를 접하고 깊이 공감하게 되었고 지금은 '날돈 프로젝트'로 마민하 청년 이야기에 공감한 사람들과 한 달에 한 번씩 모여 '날으는 돈까스'의 성장을 위해 마케팅 교육, 재능기부를 하고 함께 '날으는 돈까스'의 성장을 위한 프로그램을 진행하고 있다. 많은 사람이 마민하 청년과 그 가족의 성실함과 열정적인 모습에 공감하며 가족이 되어 찾아오고 있다.

공감의 어떤 가치가 이렇게 많은 사람이 한 청년의 이야기에 움직이게 만들었을까? 공감은 첫째, 사람 간의 매력을 높여준다. 공감을 잘하면 상대방과 친밀해지고 서로 호감을 갖게 된다. 판매자로서 소비자와 공감한다면 소비자에게 매력을 발산하며 단골손님으로 만들 확률이 높아진다. 둘째, 사람들끼리 정서적으로 조화를 이루게 해준다. 어떻게 해야 서로 마음이 통하고 조화할 수 있는지 경험하게 된다. 소비자에게 단순히 제품을 팔려는 것이 아닌 소비자와 공감하면서 인간적인 관계를 맺게 되고 그 소비자는 평생고객이 될 확률이 높아진다.

# 조세현의
# 세대공감 토크쇼

교수님은 학생들과 사업가, 연구원, 제자, 지인, 석학들과 공감하는 자리를 마련하기 위해 매월 '세대공감 토크쇼'를 진행하고 있었다. 매월 시즌, 시간, 장소에 따라 콘셉트를 달리하여 상상도 못할 스토리텔링으로 참석한 청중과 소통하고 공감하는 시간이었다.

연주, 효준 형, 나는 아름다운 봄날 저녁 노천극장에서 진행된 교수님의 세대공감 토크쇼에 참석했다. 이번에는 특별히 주화대학교 교육공학과 유영만 교수님이 '창의와 공감'에 대한 솔직담백한 공감 토크쇼를 한 데 이어 도심 속 캐슬웨딩과 로열웨딩이라는 새로운 문화를 리딩하고 있는 라움아트홀의 황성식 총지배인님이 진심이 깃든 20년간의 공감 서비스 스토리를 들려주었다. 세대공감 토크쇼 이후 우리와 같은 대학생들과 함께하는 조 교수님의 공감 마케팅 세미 강의가 이어졌다.

'공감을 통한 마케팅'

"마케팅의 요체가 교환의 창출과 유지라는 측면에서 볼 때 고객과의 소통과 공감은 기업의 마케팅 활동에서 근본적인 전제조건입니다. '뜻이 서로 통하여 오해가 없다는 뜻의 소통'과 '남의 감정, 의견, 주장 따위에 자기도 그렇다고 느낀다는 뜻의 공감'의 사전적 의미를 실천하기가 매우 어렵습니다. 소통과 공감을 위해서는 어떻게 해야 할까요?"

효준 형이 마케팅 엘리트답게 대답했다.

"무엇보다 이분법적 사고에서 벗어나야 합니다. 흑백논리로 세상을 본다는 것은 만사를 옳고 그름으로 판단한다는 것입니다. 따라서 다른 사람의 감정, 의견, 주장 따위에 자기도 그렇다고 느끼는 공감의 선행 조건은 처음부터 다른 사람과 자기 생각이 같든지 아니면 자신이 틀리고 다른 사람이 옳다고 인정하는 경우에 국한될 텐데 후자의 경우를 기대하기는 어렵습니다. 따라서 나와 다르다는 것에 대한 인정과 수용 그리고 다양함은 갈등의 문제가 아니라 조화의 문제라는 관점을 견지하는 것이 필요한 것 같습니다."

형이 말하는 것에 용기를 얻어 나도 의견을 말했다.

"거기에 하나 더, 역지사지의 자세를 갖는 것이 중요합니다. 다른 사람 처지에서 자신을 그 사람 처지나 상황에 투영할 수 있어야 합니다."

옆에 앉아 있던 연주가 속삭였다.

"와, 말 잘하는데? 그리고 거기에 결과 지향적인 사고와 과정 지향적인 사고의 조화도 필요해. 다른 사람의 생각이나 주장 등이 결과라면 그 생각이나 주장의 배경과 의도가 바로 과정이고, 생각이나 주장(결과)에 공감하는 데서 그 생각과 주장의 배경과 의도(과정)를 이해해야 하는 거지."

"걸인에게 동전을 던져주는 동정으로는 걸인의 생활을 바꿀 수 없지만 걸인 앞에 쪼그리고 앉아 등을 두들겨주고 손에 동전을 쥐어주는 공감 활동은 걸인에게 사회로 복귀할 힘을 줄 수 있죠. 이제부터는 공감의 방법을 얘기해볼까요? 공감의 방법에는 뭐가 있을까요?"

연주가 답변했다.

"정서적 집중이요. 전에 텔레비전 강좌에서 본 적이 있어요. 상대방과 서로 말을 하기 전에 표정과 제스처만으로도 공감 의사를 전달할 수 있는데 표정과 제스처는 때로 언어, 즉 대화보다 더 큰 힘을 발휘해요. 그런 의미에서 소비자와 첫 대면에서 웃는 표정을 하고 눈을 마주치는 것은 공감을 이끌어내는 데 가장 중요하다고 볼 수 있어요."

연주의 말이 끝나기가 무섭게 내가 말을 이었다.

"직면도 있어요. 상대방이 직면을 자연스럽게 받아들일 수 있는 때인지 타이밍을 잘 맞추는 것이 중요합니다. 항상 상대방 이야기를 잘 듣고 있다는 것을 표현하며, 상대방을 돕는다는 자세로 임하고, 내 주장을 내세우려 하지 말아야 하는 것도 집중만큼이나 중요하죠."

효준 형이 감탄하며 덧붙였다.

"맞아! 상대의 말을 유추하지 않고 있는 그대로 듣는 대로 자연스럽게 따라가는 공감을 한다면 금상첨화겠지."

교수님도 흐뭇해하며 사례를 들어주셨다.

"영화에서 연기자가 총이나 칼에 맞는 장면을 봤을 때, 사람들은 대부분 자신이 그 상황에 있는 것처럼 몸을 움츠리고 표정을 찡그리는

비어할레는 어려운 외환위기 시기에 오히려 가게를 늘려가는 성공을 거두었는데, 그 배경에는 고객들과 소통하고 공감하는 마케팅 비결이 있었다.

것을 보았을 거예요. 이럴 때 거울 뉴런(mirror neurons)이 활성화되는데 거울 뉴런은 상대방 행동을 모방할 뿐만 아니라 그 느낌과 아픔을 느껴 공감하도록 자극합니다. 이렇듯 마케팅에서도 단순한 정보전달이 아닌 소비자와 정서를 공감하는 콘텐츠를 만들고 소비자 또한 그러한 콘텐츠를 원하는 시대가 된 것입니다. 이번에는 공감 마케팅의 사례에 대해 더 얘기해볼까요?

우리나라에서 있었던 공감 능력의 성공적인 사례입니다. OB맥주에서 오랫동안 근무하며 부사장까지 지낸 분이 OB맥주 재직 중 'OB Hof'라는 이름을 만들었어요. 그리고 1996년 (주)태맥을 설립하여 'OB Hof'를 인수해 '비어할레'로 상호를 변경하였습니다. 그런데 1년여 후 IMF가 터지고 멀쩡하던 호프집 열 곳 중 일곱 곳이 문을 닫는 상황이 되었습니다. 그런데 남들은 망해가는 IMF 기간에 비어할레는 놀랍게도 10개 지점으로 늘어났는데 그 비결은 바로 고객과의 소통과 공감 능력이었습니다. 이 호프집의 비결은 간단했습니다. 단지 고객과 눈을 마주치며 인사하는 것이었습니다."

'단지 고객과 눈을 마주치며 인사하는 것'

교수님은 화이트보드에 이렇게 적으셨다.


실험: 손님이 계산하고 나갈 때

**A지점**

"네, 5만 원입니다"라고 친절히 말한다.

**B지점**

"맛있게 드셨어요? 5만 원입니다"라고 말한다.

**C지점**

고객과 눈을 마주치며 말한다. "맛있게 드셨어요? 5만 원입니다."

"A지점과 B지점은 별 차이가 없습니다. 하지만 눈을 마주치며 이야기한 비어할레 C지점은 한 달 만에 손님 수가 3배나 차이가 났습니다. 이렇게 작은 무의식적 소통인 공감 능력이 비어할레가 성장할 수 있는 작지만 큰 차이였던 것입니다. 또 생각해봅시다. 그럼 시청자 참여 프로그램이 인기 있는 이유는 무엇일까요? 그 이유도 역시 공감 능

MBN TV의 〈속풀이쇼 동치미〉와 채널A TV의 〈웰컴투 시월드〉

력이 적용되었기 때문입니다.

'속풀이쇼 동치미'는 결혼한 부부들이 실생활에서 겪을 수 있는 소재를 다룸으로써 많은 시청자의 공감을 이끌어냈습니다. 부부의 사생활, 바람을 피운 남편, 위기의 부부, 부부 사이의 경제권, 용서할 수 없는 배우자의 버릇, 양육문제, 이혼, 가족 등을 속 시원히 토크쇼 형식으로 풀어나가며 시청자들의 가려운 곳을 긁어주었습니다. 또 시청자들은 자신이 겪은 경험을 바탕으로 더욱 공감할 수밖에 없었죠.

'웰컴투 시월드'는 스타 시어머니와 며느리들이 대화로 고부갈등을 풀어가며 속닥속닥 뒷담화로만 하던 시댁 얘기를 대놓고 얘기하자는 콘셉트로, 40~50대 주부들의 공감을 많이 얻고 있는 프로그램이죠. 거울 뉴런은 일방적으로 정보수집을 하는 모방행동보다는 능동적으로 하는 정보수집에 더 큰 반응을 보입니다. ‘슈퍼스타K’는 시청자를 단순한 방관자가 아닌 참여자로 연관시킴으로써 공감대를 형성하고 ‘렛미인’ 또한 실제 주인공을 시청자로 출연시키며 일방적 정보를 전달하기보다 자신과 비슷한 사람 얘기를 스토리로 이끌어냄으로써 흥미와 열광을 이끌어낼 수 있었습니다.”

공감 하니 갑자기 우리나라에서 있었던 월드컵축구가 생각났다.

“2002년 월드컵도 공감하는 인간을 보여준 좋은 예인 것 같습니다. 누가 시키지도 않았는데 시민 수만 명이 붉은 티셔츠를 입고 서울 한복판에 모여 대한민국을 응원했죠. 결정적 골을 실수한 선수가 전광판에 비춰지면 선수 행동을 따라 하며 안타까움을 표현하거나 득점을 하면 세상을 얻은 것처럼 기뻐했는데, 응원단 또한 같은 마음으로 얼싸안고 기뻐했습니다. 축구를 하는 선수는 전광판 안에 있지만 그 자리에 있는 관중은 같은 마음으로 축구를 하고 있었습니다. 저도 그랬고요.”

“맞습니다. 영준 학생이 말한 월드컵 응원 얘기는 우리나라 전 국민이 보여준 공감의 좋은 사례입니다. 오늘 이 정도면 우리가 충분히 공감한 것 같은데 이제부터는 뒤풀이를 하면서 공감해봅시다!”


바람도 좋고 기분도 좋게 함께한 세대공감 토크쇼. 그리고 잊지 못할 솔직 공감 힐링 캠프는 시간 가는 줄 모르고 계속되었다.

## 1. 거울 뉴런의 역할

빌라야누르 라마찬드란 Vilayanur Ramachandran 박사는 거울 뉴런의 역할을 이렇게 정의했다.
"거울 뉴런은 타인의 의도를 간파하는 것이며, 오랑우탄이나 침팬지 등 고등 유인원과 달리 우리 인간은 '마음이론'을 갖게 된다."

마음이론이란 인간의 정신적인 상태가 자신을 포함한 상대방의 행동과 신념에 영향을 미치는 것을 아는 능력이다. 이것이 잘 발달되어 있는 사람은 상대방의 마음 상태를 이해하고 공감하는 능력이 뛰어난 반면 이것이 잘 발달되어 있지 않은 사람은 자신의 편협한 시각과 마음으로 상대방 상황을 이해하다 보니 공감 능력과 사회적 상호작용 능력에 어려움을 겪는다.

거울 뉴런의 모방활동은 유인원도 가능하다. 인간이 하는 행동을 거의 대부분 모방할 줄 안다. 그것은 관찰 후 행동으로 따라 함으로써 생존 본능의 거울 뉴런이 머릿속에 존재하기 때문이다. 그러나 인간은 오랑우탄과 다르다. 인간은 거울 뉴런을 통해 단순 모방 차원이 아닌 공감이라는 감정을 느낄 수 있다.

심리학자 폰바렌 Von Barren 연구팀은 사람들 사이에 의식적인 소통을 할 때 무의식적 소통 능력인 다른 형태의 공감 능력을 간단한 실험으로 보여주었다. 레스토랑 안에서 실시한 이 실험은 주문자가 주문받을 때 아무 말 없이 손님 주문을 받아 적는 것보다 손님의 주문 내용을 다시 한 번 반복하거나 따라 할 때 손님이 무의식적으로 공감했다는 느낌을 더 크게 받았고 서비스료도 평균 140%를 받았다. 이를 통해 손님과 주문자는 의식적인 소통이 아닌 무의식적인 공감 능력으로 상호작용을 했다고 볼 수 있다.

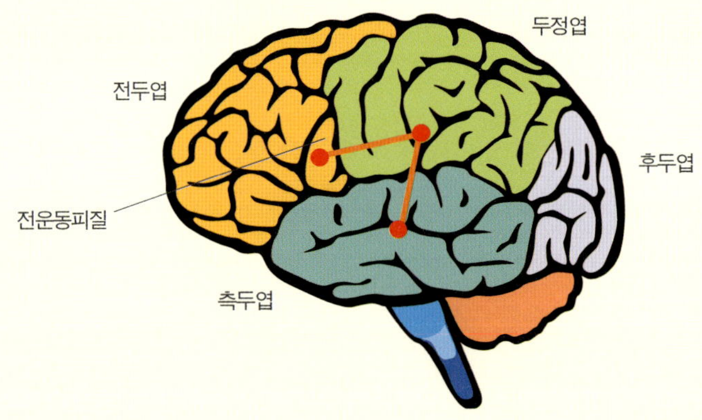


거울 뉴런이 분포하는 뇌의 위치

## 2. 공감의 힘

### ■ 군중심리

거울 뉴런은 한 사람이 느끼는 감정과 행동 양식, 태도를 다른 사람에게 전파한다. 정상인은 다른 사람과 공감하면서 감정을 교류하는데 이것을 감정의 공명현상이라고 한다. 공명현상의 대표적인 예가 바로 군중심리다. 군중심리는 여러 사람이 집단으로 모여 있을 때 개별 주체의 일상적 사고와 다르거나 같더라도 그 범위를 뛰어넘는 행동을 하게 되는 심리상태다. 군중심리의 가장 큰 특징은 동시다발적으로 공감대를 형성한다는 것인데, 사람들은 대부분 자기 생각과 별개로 군중의 행동을 무의식적으로 따라 하게 된다.

### ■ 감성 마케팅

거울 뉴런의 공감 능력은 남성보다 여성이 더 강하다. 슬픈 드라마나 영화를 볼 때 여성이 남성보다 더 눈물을 흘리거나 잔인한 장면에서 움츠러들며 감정이입을 한다. 2011년에 개봉한 영화 〈써니〉는 여고생으로 돌아간 듯한 풋풋한 느낌을 공감할 수 있어 중년 여성뿐 아니라 많은 연령대에서 공감을 불러일으켰다. 2014년 개봉한 영화 〈수상한 그녀〉 역시 세대 간 공감을 불러일으키고 다시 한 번 가족의 중요성을 깨닫게 해주었다.

영화 〈써니〉와 〈수상한 그녀〉의 홍보 포스터

 # 영준과 연주의 팀 리포트

감성 마케팅과 감성 마케팅의 일환으로 볼 수 있는 마케팅의 종류 조사

### 코카콜라의 감성 마케팅

감성 마케팅은 코카콜라 광고에서도 볼 수 있다. 코카콜라는 소셜 네트워크 서비스의 발달로 온라인 소통을 활발히 하며 얼굴을 보고 대면하는 오프라인 소통에서는 어려움을 겪는 사람들에게 소통 기회를 마련해주고자 2014년 1월 '코카콜라 행복편' 광고를 사람들에게 공개했다.

'코카콜라로 마음을 전해요' 캠페인의 하나로 닉네임과 메시지를 라벨링한 이색적인 코크를 등장시켜 시선을 사로잡았다. MBC TV의 인기 방영 프로그램인 〈무한도전〉 멤버들을 모델로 한 '코카콜라 행복편' 광고에는 평소 어색하고 쑥스러워 서로의 마음을 전하지 못했던 멤버들이 코카콜라를 통해 우정을 나누는 모습을 담았다. 이 캠페인은 가까운 사람들에게 감사와 사랑의 마음을 전할 수 있는 기회를 주었다.

### 심포닉 마케팅

심포닉 마케팅은 1982년에 제안된 새로운 마케팅 수법이다. 원래 심포닉은 '교향곡의' 라는 뜻이지만, 여기서는 심포니와 심포디(동감·공명)를 합쳐 명명한 것이다. 오케스트라에서 서로 다른 여러 악기가 조합되어 장중한 멜로디를 만들어내는 것처럼, 각각의 공감을 중요시하는 마케

팅을 영위해가자는 것이 취지다.(출처:패션전문자료사전, "심포닉 마케팅(symphonic marketing)," 한국사전연구사, 1997. 8. 25)

## 테스트모니얼 마케팅

테스트모니얼 마케팅이란 소비자의 제품 체험담을 전달함으로써 제품에 대한 일반 소비자의 신뢰와 공감을 끌어내는 마케팅 기법이다. 테스트모니얼testimonial이란 '호감의 표현' 또는 '추천장'이라는 의미를 가지고 있다. 제품의 특징이나 장점을 부각해 나열하는 식이 아니라 소비자가 제품을 직접 사용한 후 체험담을 들려주는 형식으로 이루어지는 마케팅으로, 증언 마케팅 또는 증언 광고라고도 한다.

사용자의 경험담을 통해 제품 정보를 전달함으로써 신뢰감과 친근감을 쉽게 형성할 수 있다. 유명인이 모델로 등장하기도 하지만 소비자들은 자신들과 동일한 위치에 있는 이들이 소개하는 정보를 더 가치 있게 받아들이는 경향이 있기 때문에 일반인을 모델로 쓰는 경우가 많다.

모델들은 대부분 과장된 표현을 자제하고 1인칭 시점에서 실제 광고를 보는 사람들과 대화를 하듯 제품 사용소감을 담담하게 전달한다. 이는 광고뿐 아니라 각종 프로모션과 이벤트에서도 종종 활용한다.(출처: 두산백과사전, 테스트모니얼 마케팅(testimonial marketing))

테스트모니얼 마케팅 사례는 동아제약의 박카스 광고에서 볼 수 있다. 박카스 광고는 해마다 소비자의 공감을 불러일으키는 광고로 유명한데 2014년 6월 더 많은 소비자와 공감, 소통하고자 2014년 '박카스 29

동아제약의 박카스는 일반 소비자를 대상으로 '박카스 29초 영화제'를 개최하고 있다. 감성과 소통을 주제로 한 영화제 수상 광고는 대표적 감성 마케팅의 성공 사례로 꼽힌다.

◀ 2013년 우수상 수상작

초 영화제'에서 수상한 작품 세 편을 선보였다. 이 광고는 전문업체가 아닌 일반 소비자가 직접 제작했으며, 공감과 소통을 중시하는 박카스 광고에 깊은 의미를 더했다. 연출이나 기술적인 부분은 부족할지 모르지만 소비자가 직접 겪고 느끼는 상황을 연출함으로써 더 친근하고 재미있는 광고라는 평가를 받았다.

### 스토리 슈머 마케팅

스토리 슈머는 이야기라는 뜻의 'Story'와 소비자라는 뜻의 'Consumer'를 합성한 말로, 제품과 관련된 자신의 이야기와 사연을 적극적으로 알리는 소비자를 일컫는다. 제품과 관련된 소비자 개인의 크고 작은 이야기나 사연을 상품의 영업활동에 활용하는 마케팅을 스토리 슈머 마케팅이라고 한다.(출처: 매일경제, 스토리 슈머(storysumer))

스토리 슈머 마케팅이 가장 많이 쓰이는 곳은 화장품업계다. 여성들의 공감을 많이 이끌어내고자 스토리 슈머 마케팅을 적극 이용하는데, 특정 화장품을 쓰고 피부가 좋아졌다는 사진이나 글을 올리면 그 제품에 대한 신뢰도가 높아지며 구매로까지 이어진다. 많은 화장품 브랜드가 피부, 더 나아가 일상생활까지 달라진 이야기를 공모한다.

## 스토리를 활용한 공감 마케팅의 예

### 청소기 브랜드 더트 데빌

언뜻 보면 공포영화 같은 분위기를 자아내는 광고지만 마지막에 청소기의 강력한 흡입의 기능을 강조한 스토리텔링 기법의 광고다.

악마의 혼령을 쫓아내기 위해 어느 으스스한 숲 속의 집을 찾은 신부님. 방문을 열자 머리를 산발한 여자가 울부짖으며 천장에 달라붙어 있는 기괴한 모습. 그러나 사실은 윗집 할머니가 돌린 청소기의 강력한 흡입력 때문에 천장에 붙어 있었던 것이다. 이것이 강한 반전 스토리를 보여준 글로벌 청소기 전문 브랜드 더트 데빌의 광고다. 스토리를 이용해 제품을 소개함으로써 강한 몰입도를 가져왔다.

소비자들은 이미지로 구성된 삽화 광고보다 드라마 형식의 광고를 더 공감하고 선호하는 것으로 나타났다. 스토리가 담긴 내용이 강한 정서적 유대감을 형성하기 때문이다. 스토리가 단순한 재미나 해프닝에서

한 편의 호러 영화 같은 더트 데빌 청소기 광고는 스토리텔링 기법을 활용한 반전으로 소비자의 시선을 끄는 동시에 강한 몰입도를 선사한다.

끝나는 것보다 그 이면에 메시지를 담고 있는 경우 소비자들은 더욱 몰입하게 된다.

### 이효리의 유기견 광고

이 유기견 광고는 이효리의 반려견으로 유명한 순심이와 이효리가 함께 출연해 더 가슴 뭉클했던 캠페인이다. 이 영상이 나왔을 때 대중에게서 큰 호응을 얻으며 반향을 일으켰다. 많은 사람이 유기견에 대한 인식을 바꿨고 관심을 갖기 시작했다. '반려동물 캠페인'은 사회적으로 이슈가 되고 있는 유기동물에 대한 관심을 환기하고 반려동물에 대한 인식을 전환하기 위한 '세상을 바꾸는 작은 실천, CJ E&M' 캠페인의 일환이다.

"사지 마세요. 입양하세요." 이 문구는 무척 참신하면서도 마음을 울

유기견의 눈높이에서 쫓기고 버려지는 영상으로 시작되는 이효리의 유기견 광고는 커다란 사회적 반향을 일으키면서 유기견과 반려동물에 대한 사회적 인식을 높이는 계기가 되었다.

린다. 유기견이었던 순심이를 따뜻한 사랑으로 돌보아준 이효리의 이미지를 이 광고를 보는 사람이 자신과 동일시하게 함으로써 충분한 자극과 깨달음을 주었다. 소중한 생명을 보호하는 것으로 시작해 차근차근 세상을 바꾸는 작은 실천이 되었다고 본다.

### 파타고니아가 배짱 있는 이유

인간과 자연에 대한 파타고니아의 철학과 실천은 파타고니아에 대한 하나의 스토리를 만들어냈고 이것이 소비자의 마음을 움직였다.

세계적인 친환경 아웃도어 브랜드 파타고니아는 이익과 매출에만 신경을 곤두세우는 많은 회사와는 다른 이상한 회사다. 매출은 신경 쓰지 않는다. 심지어는 "Don't buy this jacket"이라고 마케팅을 한다.

파타고니아의 강한 배짱이 느껴지는 아웃도어 재킷 광고

사지 말라는 이유를 다음과 같이 덧붙인다.

"첫째, 이 재킷을 만들기 위해 물이 135리터 소비된다. 이는 45명이 하루 3컵씩 마실 수 있는 양이다.

둘째, 이 제품의 60%는 재활용되어 생산되었다. 이 과정에서 탄소가 20파운드 배출되었는데, 이는 완제품 무게의 24배나 되는 양이다.

셋째, 이 제품은 완성품의 3분의 2만큼 쓰레기를 남긴다." '환경보호가 기업 목표'라며 유기농·친환경 원단만 쓰고, 환경기준을 지키지 않는 협력업체와는 거래 관계를 끊는다. 하나의 제품이 탄생하기까지 환경오염에 얼마나 영향을 주는지 보여준다. 하지만 자사의 강점을 어필하는 것도 잊지 않는다. 재킷이 제품화되기까지 환경에 얼마나 해악을 주는지 공개한 것이다. 그러면서 중요한 사실은 빠뜨리지 않고 전달했다.

"60%가 재활용된 이 폴리에스터 재킷은 높은 기준을 적용해 한 땀 한

땀 바느질되었다. 다른 제품보다 견고하다고 자부한다. 그렇기에 당신은 이 옷을 가능한 한 오래 입어야 한다. 자주 새 옷으로 바꿀 필요가 전혀 없다. 우리 제품은 오래 입어도 새 것처럼 튼튼하다. 만약 도저히 지겨워 못 입겠다 싶으면 재활용해서 다시 새 옷처럼 입을 수 있도록 우리가 도울 거다. 그러니 꼭 필요하지 않은 이 옷을 새로 구매하지 말라."

갑과 을의 공생을 강조하면서 하청업체 복지까지 챙기다 보니 값도 다른 경쟁사들과 비교할 수 없을 만큼 무척 비싸다. 적자가 나도 매출 1%는 기부하는 걸 잊지 않는다. 놀라운 것은 매년 35%를 성장하며 세계적 브랜드로 자리매김했다는 것이다. 미국에서 노스페이스에 이어 2위를 달리고 있다.

우리가 여기서 알 수 있는 점은 사회적 책임을 인식하고 행동하는 기업은 그렇지 않은 기업보다 수익률이 최대 3배 정도 높다는 것이다.

### 프리지주

프리지주 fridgeezoo는 냉장고 안에 넣어두는 우유팩 모양의 액세서리다. 문을 열면 주인을 향해 인사도 하고 문을 오래 열어두면 빨리 닫으라고 잔소리도 한다. 단순한 냉장고 액세서리가 아닌 제품으로, 기능은 간단하지만 소비자는 가족, 친구와 함께 온난화의 위험성과 전기 절약 이야기를 만들어나갈 수 있다.

이처럼 소비자는 스토리가 담긴 제품과 브랜드에서 즐거움과 재미를 찾고 그 안의 진실한 이야기에 귀를 기울인다. 이를 통해 형성된 공감

말하는 냉장고 동물 인형 프리지주의 광고에는 주인에게 냉장고 문을 빨리 닫으라고 잔소리하는 우유팩 모양의 인형이 등장한다. 코믹한 스토리로 즐거움을 주는 마케팅이다.

대는 제품과 서비스에 대한 신뢰로 이어지고 구매와 이용이라는 소비자 행동으로 이어지기 때문에 우리는 스토리에 더욱 주목해야 한다.

## 공감 마케팅과 스토리텔링 마케팅 정리

공감 마케팅을 정리하면 현재 시장은 공급자 주도 시장이 끝나고 소비자 중심 시장으로 진화했으므로 소비자가 가치를 두는 것에 눈높이를 맞추지 못하면 시장진입과 사업의 실패를 가져온다. 따라서 소비자 감성을 제품 개발에도 적극 반영해야 하고 제품의 판매 단계에서도 소비자 처지에서 불편한 점을 적극적으로 반영하려는 역지사지의 마음이 필요하다. 이를 위해서는 상대방 마음을 읽는 노력이 무엇보다 필요하다. 드라마를 보면서 "맞아! 저건 내 얘기야.""어쩜! 내 남편이 하는 짓하고 똑같네?"라는 반응이 나와야 드라마도 흥행할 수 있는 것처럼 공감 마케팅도 소비자의 눈으로 보겠다는 철저한 의지와 제도적 장치가 필요하다.

스토리텔링 마케팅은 제품과 서비스에 이야기를 입혀 고객의 관심과 선호를 불러일으키려는 마케팅 방법의 하나인데, 그 실행은 물 흐르듯이 자연스러워야 한다. 이때 고객들도 감정이입이 돼서 제품과 서비스를 선호하고 구매하면서 열광하게 되고, 스토리가 없는 제품보다는 스토리가 있는 제품들의 가치를 더 높이 인정하게 된다. 결국 스토리텔링은 브랜드를 더 잘 인식하는 효과가 있으며 스토리텔링의 가장 중요한 요소는 재미와 감동, 교훈 같은 것이라고 할 수 있다.

우리가 잘 알고 있는 럭셔리 브랜드는 대부분 스토리텔링 마케팅으로 성공했다고 해도 지나친 말이 아니다. 코코샤넬의 삶이 여성들에게 독립적이고 혁신을 느끼게 하는 이야기로 다가서고 있고, 에르메스와 루이비통 같은 브랜드는 많은 스토리와 함께 시간을 가치로 내세우는 히스토리 전략을 씀으로써 차별화되고 있다. 신조어인 스토리 빌딩은 스토리가 부족한 기업이 소비자를 참여시켜서 그 브랜드를 돋보이게 하는 방법 중 하나인데, 명심할 것은 이야기 만들기가 너무 인위적이면 오히려 소비자의 거부와 반발을 몰고 온다는 것이다.

## 스토리 마케팅 – 에비앙

프랑스혁명 시절, 알프스의 작은 마을 에비앙에는
신장결석을 앓고 있던 레세르 후작이 요양을 하고 있었다.
어느 날, 한 마을 주민이 에비앙의 지하수가 몸에 좋으니
마셔보라고 레세르 후작에게 권했다.
그런데 지하수를 꾸준히 마시고 나서 거짓말처럼 병이 나았다.

그 후로 지하수의 성분을 알아내고자 연구가 시작되었고
1879년 마침내 에비앙의 지하수는 세계 최초로 상품화되었다.

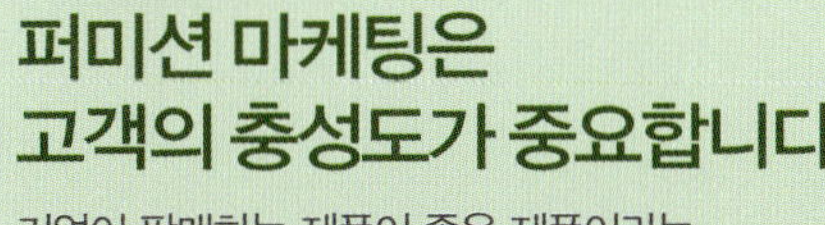

기업이 판매하는 제품이 좋은 제품이라는
고객의 믿음이 형성되었을 때 시장은 확고해집니다.
이러한 신뢰는 한 번에 결정되는 것이 아니기에
시간을 갖고 지속적으로 쌓아가야 합니다.
고객이 자발적으로 참여하여 친밀감을 느낄 때
고객 충성도는 비로소 높아지게 됩니다.

# 퍼미션 마케팅이란 무엇인가

이번 학기 조세현 교수님에게 듣는 마케팅 강의가 중반으로 접어들었다. 교수님이 내주시는 개별 과제는 물론 팀별 과제까지 하느라 도서관에서 살다시피 했다. 모르는 것이 나오면 효준이 형을 찾아가 물어보았다. 연주와는 학교 밖에서 따로 만나지는 않았지만 학교에서 과제도 같이하고 밥도 같이 먹으면서 허물없이 지냈다.

오늘 수업은 지난번에 과제로 나온 퍼미션 마케팅에 대해 준비해 온 내용을 각자 발표하는 식으로 진행되었고, 교수님은 귀담아듣기만 하셨다. 발표 내용을 정리하면 다음과 같다.

## 왜 퍼미션 마케팅이 생겼나

### ● 오프라인 마케팅에 위기가 찾아오다

종전의 마케팅 콘셉트에 따른 마케팅 활동은 표적고객의 요구, 욕구를 충족해줄 교환을 창출하기 위하여 제품이나 서비스의 개념화, 가격설정, 유통경로와 촉진활동에 대한 계획과 실행, 통제과정으로 수행되어왔다. 이러한 오프라인 마케팅 과정이 수요가 공급에 훨씬 미치지 못하는 종래 공급과잉 상황에서 경쟁적으로 수행되면 수익성이나 성장 기회는 더는 없게 된다. 오늘날과 같은 공급과잉 상황에서 대부분의 재화를 경험한 소비자들은 품질 차이를 별로 느끼지 못하며 이전만큼 제품에 신경을 많이 쓰지 않게 된다. 이러한 상황 아래에서 전통적인 광고는 공해만 될 뿐이다.

선택할 수 있는 텔레비전 채널이 많아지고 수많은 유사 신제품이 쏟아지는 시장 환경 때문에 소비자는 지나치게 광고에 노출되어 있다. 이렇게 되면 광고는 보는 사람들로 하여금 그들이 현재 하는 것을 방해하면서 다른 상표나 제품 생각이 나도록 만들기 위해 끼어들기(interruption)를 해야 한다는 것이다. 이와 같은 끼어들기 마케팅은 한정된 집중력과 재산을 가지고 있는 소비자들의 시선을 끌 만한 광고를 만들기 위해 많은 돈을 투자하게 한다. 하지만 광고에 많은 돈을 투자할수록 광고효과는 줄어들며, 광고효과가 줄어들수록 더 많은 돈을 투자해야 하는 악순환에 빠지게 된다.

● 정보화 시대의 특성

마케팅 활동의 성공 여부는 소비자의 충분한 관심(interest)과 주목(attention)에 달려 있다. 산업혁명 이전에는 천연자원이나 원료가 희귀했으므로 이러한 자원이 관심과 주목의 대상이었다. 산업혁명 이후에는 소비자 경제가 성장하면서 완제품이 희소하게 되었으므로 이에 대한 경쟁적 마케팅 활동이 수용되어왔다.

그러나 오늘날과 같은 디지털 지식경제 시대에는 브랜드가 넘쳐나고 있고 정보와 서비스는 싸고도 풍부하나 그것을 섭렵하는 데 필요한 시간과 관심이 부족하다. 소비자가 선택할 수 있는 대안의 수는 전 세계 공급업자에게서 제시되는 대안의 수로 확장되었으며, 소비자가 주체적으로 형성할 수 있는 관심 영역은 매우 다양해졌다. 그래서 소비자는 일상생활에서 시간도 없고 관심도 없다. 이러한 상황에서 종전의 끼어들기 마케팅은 소비자가 하는 일을 방해하게 되며 소비자의 시간을 소모하게 된다.

## ▎퍼미션 마케팅의 개념

끼어들기 마케팅 활동으로 광고시장이 혼잡하고 대중매체의 효력이 현저히 떨어져 더는 창조적 교환을 영위하기 어렵게 된다. 이 경우 대처방안으로 소비자와 장기적인 대화식 접근법으로 소비자가 자발적으로 마케팅 과정에 참여하게 하는 퍼미션 마케팅permission marketing 기법이 제안되고 있다. 즉, 낯선 사람을 만나 데이트하는 과정을 거쳐 친구로 만들고, 친구를 평생고객으로 만드는 데이트 과정과 같이 시간과 관심이 부족한 소비자 개인에게서 자발적이고 점차적인 허락(permission) 수준을 얻어냄으로써 장기적 거래관계를 형성하는 것이다.

이를 위해 소비자들이 마케터에게서 기대할 수 있는 인센티브가 매개되어야 하고, 마케터에게서 전달되는 메시지는 소비자 개인과 직접 관계있는 것들이어야 하며, 장래 소비자들의 가치증진과 관련되는 것들이 전달 예정되어야 한다. 요약하면, 퍼미션 마케팅은 ① 소비자 기대환기 지향 ② 소비자 개인 지향 ③ 소비자의 가치 관련 지향의 마케팅 활동이라고 할 수 있다.

이를 위해서는 소비자로 하여금 마케팅 과정에 자발적으로 참여해 마케터에게 퍼미션 수준을 허용하도록 하는 단계적 활동이 필요한데 이는 다음과 같다.

Step ① 첫 번째 만남에서는 자발적으로 참여한 것에 대해 정보나 오락, 즉석복권 등 인센티브를 제공함으로써 충분히 재미를 느끼게 한다. 소비자가 보여준 관심에 최대한의 시간과 돈을 투자한다.

Step ② 일단 소비자가 관심을 보이면 제공하고자 하는 제품이나 서비스를 설명하면서 이것이 미래에 어떤 이득(benefit)을 줄지, 무엇을 할지를 제안한다.

Step ③ 소비자의 관심을 계속 유지하기 위해 쌍방 대화로 미래 고객 각자에게 맞는 인센티브를 보강하는 단계다.

Step ④ 인센티브를 보강함에 따라 고객에게서 얻어낼 수 있는 퍼미션 수준의 단계를 끌어올린다. 고객이 개인 신상자료, 취미, 특기 등에 관한 더 많은 정보를 제공한다든지 특정 제품에 대한 정보를 전달하는 단계가 된다.

Step ⑤ 소비자의 허락을 소비자와 마케터 모두에게 유리하도록 활용하는 단계로, 고객의 관심을 보유하게 되는 단계다.

퍼미션 마케팅의 특성을 정리하기

## 퍼미션 마케팅의 특성

### ● 퍼미션은 고객 충성도를 높인다

판매기반 확보에서 중요한 기초는 소비자의 신뢰 확보다. 즉, 기업이 판매하는 제품은 고객의 문제를 해결해줄 뿐만 아니라 이 업체는 좋은 제품을 만들 것이라는 믿음이 형성되었을 때 시장이 확고하게 된다. 이러한 신뢰는 한 번에 결정되는 것이 아니라 시간과 자본, 책임을 갖고 한 단계, 한 단계 지속적으로 쌓아가야 한다. 고객이 자발적으로 참여하여 친밀감을 느낄 때 퍼미션을 제공하므로 고객 충성도는 높아지게 된다.

### ● 퍼미션은 유통시킬 수 없다

전통적인 마케팅 활동에서는 고객 데이터를 빌려주거나 빌려오거나 유통하는 것이 가능했다. 그러나 인터넷 비즈니스에서는 고객 80% 이상이 자신에 관한 데이터가 자기도 모르는 사이에 수집되는 것에 두려움을 느끼는 것으로 조사·보고되었다. 그래서 마케터가 소비자에게서 얻어낸 퍼미션을 유통하면, 그 소비자는 스팸메일을 받고 놀람으로써 혼잡한 광고시장을 더욱 악화시키게 된다.

### ● 퍼미션은 이기적이다

퍼미션 마케팅은 고객과 의사소통하는 과정에서 정보 내용과 제공 주체의 선택권이 소비자에게 있다고 보며, 과잉정보 시대의 소비자들은 자기 시간과 관심을 다른 사람을 위해 할애하지 않는다는 전제 아래 미래 고객이 관심을 기울일 만한 충분한 이유, 즉 적절한 고객에게 분명한 이득을 제공해야 한다.

### ● 퍼미션은 과정이지 순간적인 것이 아니다

전통적인 마케팅은 소비자 인지에 광고 충격을 주어 몇 퍼센트가 광고에 노출되었고, 이것을 기억하는 사람은 얼마나 되는지 조사하여 이용하므로 순간에 관심을 갖는다. 그러나 퍼미션 마케팅은 처음에는 낯선 사람과 대화하는 데 필요한 인식을 심어주기 위해 광고하지만, 곧바로 대화 과정으로 진입해 그 소비자의 퍼미션 수준(즉, 첫 방문자인가, 충성스러운 고객인가 등)에 따른 적절한 정보나 무료책자 등을 제공한다. 특히, 공급에 제한이 있는 것이 완제품이 아니라 관심인 시대에는 광고를 이벤트로 보지 않고 급변하는 상황에 따라 프로그램을 계속적으로 조정해가는 상호작용 과정으로 본다. 그래서 낯선 사람을 친구로, 친구를 고객으로, 고객을 충성스러운 고객으로, 충성스러운 고객을 과거의 고객으로 발전시켜나가는 과정으로 본다.

### ● 퍼미션은 언제라도 취소될 수 있다

고객이 자발적으로 시작해 기업에 퍼미션이 주어졌지만 언제라도 고객이 취소할 수 있다. 따라서 인터넷 시대에 고객을 확보하기 위해 끼어들기 마케팅의 대안으로 제시된 전략으로서 퍼미션 마케팅을 성공하려면 소비자와 대화할 때 그것이 마지막이 아니라는 것을 확신시킬 수 있어야 한다.

### ● 퍼미션 마케팅과 일대일 마케팅의 관계

퍼미션 마케팅은 돈 페퍼스Don Peppers와 마사 로저스Martha Rogers가 제시한 일대일 마케팅(One-to-One Marketing) 개념과 유사하다. 즉, 이들은 기업이 이전보다 더 적은 수의 고객에게 더 많은 제품을 판매함으로써 이윤을 증대하는 방법에 대해 설명했다. 그러면서 신규 고객을 창출하는 데는 비용이 더 많이 들므로 기존 고객을 오랫동안 자사 고객으로 유지하는 동시에 시간이 지남에 따라 이들에게 더욱 다양한 제품 영역을 제공함으로써 훨씬 많은 소비를 하도록 하는 데 초점을 맞추어 수행하는 마케팅을 일대일 마케팅으로 제시하였다.

그래서 기업이 영업을 개시한 후 사업하는 데 들어간 비용, 사업과정에서 획득한 고객 한 사람 한 사람의 가치 등을 인식해 유용한 데이터베이스 관리 기술을 이용함으로써 각 고객에게서 최대 가치를 이끌어내고자 하는 기법이다. 따라서 일대일 마케팅은 퍼미션 마케팅과 경쟁관계에 있는 것이 아니라 한 연속체로 보는 것이 옳다. 고객과 마케터의 관계에서 고객이 마케팅 과정에 분명하게 동의해 퍼미션을 제공하지 않는 한 일대일 관계를 구축할 수 없게 된다.

퍼미션 마케팅이 낯선 사람에서 시작해 여러 단계의 허락수준을 파악하고 이에 따라 단계를 높여가는 데 초점을 둔다면 일대일 마케팅은 그 단계를 높이기 위한 방법을 고안하고 실행하는 데 초점을 둔다고 보아야 한다.

## 영준의 리포트

퍼미션 마케팅의 사례 정리하기

### 퍼미션 마케팅의 사례

● 남양알로에

남양알로에는 에이메일과 계약을 맺고 퍼미션 마케팅을 펼쳐나가고 있다. 이 회사는 이를 통해 신규 고객 확보, 기존 고객관리, 전자상거래 등을 추진하며 장기적으로 고객의 성향분석, 신상품 정보 등 각 고객에게 적합한 정보를 제공하는 마케팅 활동을 벌이고 있다.

● 현대자동차

현대자동차, 기아자동차 등 자동차업계도 일선 대면영업과 함께 이메일 퍼미션 마케팅에 일찌감치 눈을 돌렸다. 그중 현대자동차 원주영업소는 네티써스(대표 안상도, http://www.netisus.co.kr)와 제휴해 이메일을 통한 고객관리 체제를 도입함으로써 38%의 판매실적 호전을 보이고 있다.

● 대우자동차

대우자동차는 '레조'를 출시하면서 퍼미션 마케팅을 실시했다. 네티즌 가운데 레조 구매 가능성이 있는 고객을 대상으로 동영상 이메일을 발송해 차량 정보를 제공했다. 그리고 수신 고객이 차량을 구매하면 국내 최초로 자동차 법률서비스 보험에 가입해 해당 고객이 차량 운행 중 형사사건 사고가 일어났을 경우 전담 변호사를 통해 법률자문, 소송대행 서비스를 제공한다.

● 그밖에

삼성생명, 대한생명, 아시아나항공 등이 앞 다퉈 퍼미션 이메일 마케팅을 통한 고객관리에 나서는 등 온·오프라인 산업계 전반으로 이메일 퍼미션 마케팅이 급속히 확산되고 있다.

● 5만 달러짜리 스포츠카를 매진시키는 방법 : 메르세데스 벤츠

벤츠는 스포츠카 출시 1년 전부터 적정한 잠재구매자를 선정해 대화를 시작하였다. 대화의 주제는 '스포츠카 디자인에 의견주세요' 였다. 설문지를 바탕으로 한 단계 더 나아가 고객의 의견을 수집하고 스포츠카 개발 진행상황을 알려주었다. 점차 고객은 메시지에 관심을 기울였고, 회사는 최종 참가 고객에게 다음과 같은 글귀와 함께 메르세데스 후드 장식을 선물로 제공하였다.

"귀하는 이 차의 디자인을 도와주신 분이므로 저희 회사는 마땅히 귀하를 이 신형 스포츠카의 일부라고 생각합니다." 한 대 5만 달러짜리 스포츠카는 출시되자마자 매진되었다.

● 내가 원하는 정보를 내가 원하는 스타일로: My Yahoo!

My Yahoo!에서는 "특별하고 새로운 것을 소개하기 위해 가끔 귀하와 연락하고 싶습니다"라는 메시지를 보내 이메일 주소를 문의하였다. 만약 고객이 이메일 주소를 알려주고 싶지 않으면 바로 그 옆의 '연락하지 마세요' 라는 버튼을 클릭할 수 있도록 하였다. 바로 네거티브 옵션

Negative Option이다.

이메일을 허락한 고객에게 직업, 주소, 취미, 좋아하는 음악과 스포츠 등을 물어보고 그것을 바탕으로 My Yahoo!의 디자인과 정보를 개별 고객 취향에 맞춰 서비스해주었다. 고객은 마음대로 원하는 정보를 첨가하거나 원하지 않는 정보를 제거할 수 있으며, 모든 섹션을 원하는 대로 조정할 수 있다.

● 이메일 퀴즈를 통해 새로운 프리미엄 택스 서비스를 알림 : H & R Block

세계 최초의 절세용 정보 서비스인 프리미엄 택스Premium Tax는 자사 서비스를 알리기 위해 〈타임Time〉이나 〈유에스뉴스US News〉 같은 잡지에 광고를 내는 대신 "H&R Block과 상의하십시오. 우리가 당신 세금을 책임지겠습니다"라는 인터넷 배너광고를 시작하였다. 그러고 나서 이 배너광고를 클릭하고 프리미엄 택스 회원등록을 한 뒤 향후 10주간 이메일로 보내는 퀴즈에 응답하면 전년도 세금을 공제받을 수 있다고 안내하였다. 약 5만 명이 회원등록을 하였고, H&R Block은 10주 동안 격주로 프리미엄 택스에 관한 퀴즈, 개인별 점수현황을 이메일로 보냈다. 사람들은 이 퀴즈 정답을 찾기 위해 Block의 사이트를 방문하였고, 프리미엄 택스 서비스의 좋은 점에 대한 정보를 저절로 열심히 보게 되었다.

이메일 응답률은 36% 이상이었고 H&R Block의 사이트 방문율도 급증하였다. H&R Block은 퀴즈 캠페인이 끝난 후 다음 세 계층을 대상으로 프리미엄 택스 서비스에 대한 선다형 문제 테스트를 해보았다.

그 결과 계층별로 정답률이 다음과 같이 크게 차이를 보였다

1그룹 : 등록하지 않은 일반 인터넷 사용자 20%

2그룹 : 등록해서 참가는 했으나 응답은 하지 않은 사람 34%

3그룹 : 등록도 하고 정기적으로 응답도 한 사람 54%

결국 H&R Block은 고객의 허락을 받고 이메일 퀴즈를 실시한 결과 프리미엄 택스 서비스에 대해 잘 아는 로열 고객을 다수 확보할 수 있었다.

길게 이어진 퍼미션 마케팅에 대한 발표가 끝나자 조용히 듣기만 하던 교수님이 비로소 입을 열었다.

"여러분의 발표 잘 들었습니다. 모두 준비하느라 애썼습니다. 여러분이 발표한 내용을 보충하는 선에서 퍼미션 마케팅 강의를 마무리해도 될 것 같습니다. 퍼미션 마케팅의 또 다른 예로 단골고객을 들 수 있습니다. 충성심 높은 단골고객이야말로 더 많이 팔 수 있는 대상이죠. 구매자의 5분의 1이 판매량의 5분의 4를 차지한다는 연구결과가 있습니다. 이 20%에 해당하는 소비자를 슈퍼 컨슈머라고 합니다.

마케터들은 대부분 슈퍼 컨슈머를 유지하기에 급급해서 VIP전략을 제안하지만 기업 성장 전략의 핵심이라고는 생각하지 않을 것입니다. 이미 이들의 구매 수준이 최대치를 넘어섰으므로 더 많은 구매 전략을 써도 팔리지 않을 것이라는 고정관념이 있을 것입니다. 하지만 단골고객의 관심을 끌어 더 높은 소비로 유도하기 위해 전략을 구사할 수 있고 이것은 소비재 상품만이 아닌 다양한 산업에 적용될 수 있습니다.

우리나라에서는 스테이플러를 종류별로 8개가 넘게 구매하는 사람들이 있습니다. 스테이플러의 다양한 모양이 서류 모양에 못지않게 중요하다고 생각하는 사람들입니다. 이 제품을 하나 사서 망가질 때까지 쓰는 소비자를 기다리는 것보다 8개를 사는 충성고객들에게 다양한 제품을 파는 것이 효과적임을 이 예로 알 수 있습니다.

헤비유저와 슈퍼 컨슈머가 다른 점은 브랜드에 대한 충성도입니다. 헤비유저는 단순히 상품을 대량 구매만 하지만 슈퍼 컨슈머는 브

헤비유저와 슈퍼 컨슈머는 상품 브랜드에 대한 충성도에서 차이가 난다. 헤비유저는 단순히 상품을 대량 구매하지만 슈퍼 컨슈머는 신뢰하는 브랜드만 선택하여 구매한다.

랜드와 기업 문화에 대한 충성도가 남다릅니다. 이들은 가격 면에서는 덜 민감하고 접근하기도 쉽습니다.

새로운 고객층은 광고, 판촉 활동을 꾸준히 하여 인지도를 높이고 구매로 이어질 수 있도록 유도하는 노력이 필요하지만 슈퍼 컨슈머는 이미 그 브랜드에 충성심이 있기 때문에 마케팅을 적극적으로 펼칠 필요가 없습니다. 즉 많은 비용을 들여 관심 없는 고객층에 어필하는 것보다는 기존 고객에게 양질의 마케팅을 제공하자는 것입니다. 이들은 신제품 개발에 참여시켜 보면 반짝거리는 아이디어를 갖고 있는 경우가 많습니다. 제품과 브랜드에 대한 애착이 강해서 제품의 강점과 약점을 누구보다 잘 알고 있기 때문입니다. 기업은 가장 큰 사랑을 보여

준 소비자에게 더 많은 사랑을 보냄으로써 번창할 수 있는 거지요.<sub>(이상</sub>



우리는 지금 여러 가지 마케팅에 대해 공부하고 있습니다. 현대사회를 사는 우리에게 마케팅이란 말은 생소하거나 새로운 말로 들리지는 않습니다. 그렇지만 실제로 마케팅이란 용어를 들었을 뿐이지 그것이 구체적으로 어떤 뜻인지는 모르는 경우가 많습니다. 그래서 경제용어로 마케팅이 무엇인지 짚고 넘어가겠습니다.

마케팅 Marketing은 상품과 용역을 생산자에게서 소비자에게로 원활히 이전하기 위한 비즈니스 활동을 말합니다. 소비자로서는 필요한 여러 가지 상품을 바라는 가격으로, 바람직한 방법에 따라, 바라는 시기에 제공받기를 원합니다.

한편, 생산자로서는 대량생산에 따라 표준화된 많은 상품을 낮은 비용으로 빨리 공급하는 것이 바람직합니다. 이와 같은 생산자와 소비자의 희망을 결합해 능률적으로 공급하는 것을 마케팅이라고 합니다. 이것을 위한 활동으로 시장조사, 상품화 계획, 판매촉진, 선전광고 등이 있습니다. 이런 마케팅은 한마디로 여러 가지 상황과 조건에 맞도록 해서 소비자들에게 소비하도록 하는 것이지요.

여러분이 충분히 알고 있는 내용을 괜히 반복한 건가요? 기본을 다지는 차원이라고 생각하세요. 하하! 퍼미션 마케팅 강의는 이것으로 마무리하겠습니다."

## 파레토의 법칙 vs 롱테일 법칙 중 인터넷상 승자는

경제학자이자 사회학자인 빌프레도 파레토Vilfredo Pareto의 관심은 소득분배에 있었다. '소득분배의 불균형'을 설명하기 위해 여기에서 한 발 더 나아간 것이 파레토의 법칙(Pareto's law)이다. 파레토는 "이탈리아 인구의 20%가 이탈리아 전체 부의 80%를 갖고 있다('승자독식 현상')"고 주장했다. 역사적으로, 어느 사회에서도 비슷한 형태의 분배법칙이 존재한다면 그것은 결과물의 80%를 상위계층 20%가 생산한다는 것이다. 상위 20%가 80%의 결과를 창출하고, 은행 예금의 80%는 상위 20%가 예치한 돈으로 구성되어 있다. 또한 어떤 형태의 매출이든 80%가 20%의 핵심 고객에 좌우된다는 것이다.

'파레토의 법칙'보다 부의 쏠림 현상이 더 심할 때도 있다. 톱스타들은 드라마 한 편에 몇억 원이 넘는 돈을 가져가지만 무명배우들은 한 달에 50만 원을 벌기도 힘든 것으로 알려졌다. 이처럼 승자독식 사회에서는 약간의 능력 차이가 엄청난 소득 격차로 이어진다. 승자독식 현상이 연예계나 스포츠계, 법조계, 의료계의 노동시장에서만 벌어지는 것은 아니다. 요즘은 대기업 간에도 임금 격차가 커지고 있다. 같은 대기업이라도 최고경영자(CEO)의 연봉 격차가 수십억 원에 달하기도 한다.

파레토의 법칙

반면 롱테일 법칙(Long Tail Theory)은 80%의 '사소한 다수'가 20%의 '핵심 소수'보다 훨씬 가치 있는 결과를 창출한다는 이론이다. 롱테일 법칙은 2004년 미국의 인터넷 비즈니스 잡지 〈와이어드Wired〉의 편집장 크리스 앤더슨Chris Anderson이 처음 사용했다. 앤더슨에 따르면, 어떤 기업이나 상점이 판매하는 상품을 많이 팔리는 순서대로 가로축에 늘어놓고, 각각의 판매량을 세로축에 표시하여 선으로 연결한 결과 많이 팔리는 상품들을 연결한 선은 급경사를 이루며 짧게 이어지지만 적게 팔리는 상품들을 연결한 선은 마치 공룡의 '긴 꼬리(Long Tail)'처럼 낮지만 길게 이어

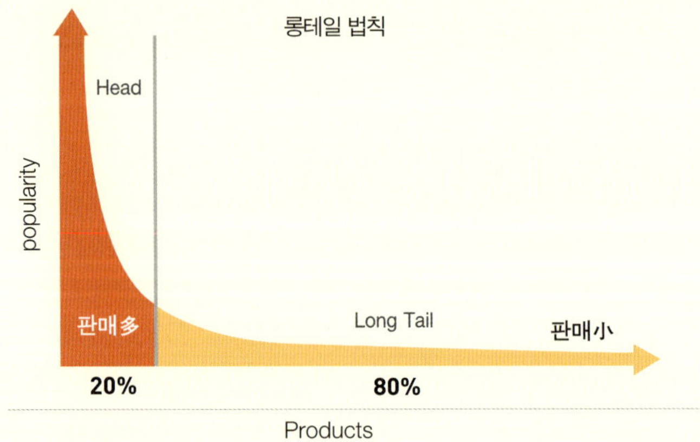


진다는 것이다. 이렇게 꼬리 부분을 연결한 총매출은 많이 팔리는 부분을 연결한 선보다 많다는 결과가 나왔다.

일반 오프라인 매장과 달리 인터넷 쇼핑몰에서는 광범위한 지역의 비핵심 소비자·희귀상품이 주류다. 즉 틈새시장을 노린 인터넷 매장을 합친 총매출이 크다는 얘기다. 인터넷 서점 아마존닷컴의 전체 수익 가운데 절반 이상은 오프라인에는 없는 비주류 단행본, 희귀본 등 이른바 '팔리지 않는 책'들에서 축적되고, 인터넷 포털 구글의 주요 수익원은 〈포춘〉에서 500대 기업으로 선정한 '거대 기업'들이 아니라 꽃배달업체나 제과점 등 '자잘한' 광고주라고 한다. 인터넷 세상에서는 긴 꼬리 부분이 더 중요한 가치를 가진다.(출처: '마케팅 이론', 파레토의 법칙 vs 롱테일 법칙)

## 고객 획득 단계

### □ 판촉활동

판촉활동은 이미지와 제품을 중시하는 제품보다는 기능을 중시하는 기능성 제품의 판촉활동에 더욱 효과적이다. 또 가격 민감도가 낮은 고객보다는 높은 고객에게서 더 큰 효과를 볼 수 있다. 판촉 방법에는 여러 가지가 있다. 가격을 이용한 판촉으로는 리베이트, 할인, 쿠폰 등이 있는데 이는 소비자의 즉각적 반응으로 이어진다. 다른 유형의 판촉으로는 체험, 샘플, 대여, 경품 제공 등이 있다. 이 유형의 판촉은 소비자들의 체험을 중시하고 제품과 서비스에 대한 가치를 증대해 주는 활동이다.

### □ 무료 체험

애플은 전 세계적으로 애플 체험센터를 마련해 사람들이 직접 제품을 구경하고 만져보고 체험하고 사용해본 뒤 구입할 수 있도록 했다. 애플은 고가격이라는 소비자의 선입견에도

애플 체험센터

체험을 통해 애플 제품들의 가치를 증대함으로써 고객 충성도 90%, 1위의 경쟁력 있는 브랜드로 자리매김했다.

### □ 무료 대여

무료 대여의 경우 고객이 일정 기간 그 제품을 사용하면 제품에 대한 소유욕 때문에 구매로 이어지게 하는 방법이다. 컬러웨이골프는 2014년 3월부터 무료 블럽 렌탈 프로그램을 실시했다. 컬러웨이골프는 아이언, 드라이버, 하이드리브까지 체험할 수 있도록 프로그램을 확대 운영했고 골퍼들의 뜨거운 호응을 얻었다. 무료 렌탈로 큰 성공을 거둔 다른 예는 웅진코웨이의 무료 렌탈 사업이 있다. 웅진코웨이는 2008년 공기청정기, 비데, 연수기, 음식물처리기 등 환경 가전제품을 고객이 무료로 사용할 수 있도록 하는 프리페이free pay 마케팅을 도입했다. 이는 기존 고객의 이탈을 막고 신규 고객의 유치를 늘려 성공적인 마케팅으로 자리 잡았다.

### □ 무료 샘플

무료 샘플은 신제품에 대한 고객의 불안을 해소해주고 인지도를 높여주는 확실한 방법이다. 제품을 구매하기 전에 사용해볼 수 있는 기회를 제공하는 일종의 체험 마케팅으로, 가격과 품질을 꼼꼼히 따져보고 구매하는 스마트 소비자가 늘고 있는 추세에 많이 쓰이는 방법이다. 이로써 제품에 대한 소비자의 친숙도와 선호도가 높아지고 신규 고객 유치로 이어질 수 있다.

최근 들어 화장품업체들이 샘플 마케팅에 주력하고 있다. 온라인에서 제품을 테스트해보고 구매하는 깐깐한 소비자들이 늘면서 많은 화장품업체가 사용하는 방법이다. FAB은 베스트셀러 제품인 울트라 리페어 크림 홈페이지에 회원 가입을 하면 무료 샘플을 배송하는 이벤트를 열었고 참존화장품도 "샘플만 써봐도 알아요"라는 광고로 샘플 마케팅에 주력하고 있다.

## 고객 지속 단계

많은 연구결과에 따르면 신규 고객을 유치하는 비용은 기존 충성고객을 유지하는 비용보다 5~7배 많이 든다고 한다. 따라서 기존 고객의 이탈을 막고 유지율을 높이는 효과적인 관계 마케팅 전략을 세워야 한다. 기존 고객들은 현재의 제품이나 서비스의 기회비용을 끊임없이 비교할 것이다. 기존 제품의 비용 대비 혜택이 경쟁사와 비교된다면 고객 이탈 가능성이 높아지는데, 이때 다른 브랜드로 전환하는 비용이 높아지면 고객 이탈을 막을 수 있다. 전환 비용에 포함되는 요소는 다른 브랜드로 전환하는 데 드는 비용과 시간, 노력이 포함될 것이다. 비용에는 다른 브랜드로 전환하는 데 드는 불확실성에 대한 위험 비용, 새 제품에 대한 정보를 탐색하고 익히는 데 드는 비용, 기존 브랜드의 포인트와 혜택을 포기해야 하는 상실 비용, 처음 가입할 때 드는 가입 비용 등이 있다. 여기서 기존 고객의 이탈을 막기 위해 전환 장벽을 높이고 신규 고객을 위한 진입 장벽을 낮추면 성공적인 관계 마케팅을 할 수 있다는 것을 알 수 있다.

## 고객 회복 단계

이 단계에서는 실패 원인과 고객 이탈의 원인을 찾고 불만 고객을 관리해 복구하는 노력을 해야 한다. 만약 불만 고객의 수가 증가하고 매출이 떨어지며 경쟁 브랜드로 고객 이탈이 시작된다면 고객 회복 단계에서 관계 마케팅을 적용해야 한다.

### □ 고객 이탈 현상 관리

고객 이탈 현상이 생겨나는 첫 번째 이유로는 제품의 품질과 만족도, 혜택 대비 비용이 있다. 만약 고객이 이러한 문제 때문에 불만 고객이 된다면 원인을 철저히 분석해 고객 만족을 높이려고 노력해야 한다. 두 번째 요인으로는 타 브랜드 제품이 자사 제품보다 혜택이 더 많거나 매력적이기 때문이다. 이 상황에서는 자사 브랜드에 문제가 없어도 고객 이탈이 일어날 수 있다. 그러므로 전환 장벽을 높이거나 장기 계약을 하는 등 대책이 필요하다.

### □ 불만 고객 관리

불만 고객은 대부분 서비스나 제품에 불만족했을 때 의견을 표출하지 않는다. 많은 경우 그 상황을 무시하거나 적극적으로 대응하지 않는다. 그래서 회사는 고객들의 의견을 묻는 데 많은 시간을 투자해야 한다. 다양한 방법으로 고객의 의견을 듣고 고객 참여를 유도해야만 고객의 속마음을 알 수 있다. 그리고 피해 정도에 따라 물질적인 보상과 함께 정신적인 보상도 하는 체계적인 관리가 필요하다.

충성도 높은 고객을 확보하기 위해서는 고객의 의견을 끊임없이 살펴야 한다.

처음에는 고객의 불만이 무엇인지 표출하는 작업이 필요하다. 이메일이나 수신자부담 전화, 설문조사 등으로 고객의 작은 소리까지도 귀기울이는 노력을 하면 고객의 불만은 줄어들어 회복률이 높아진다고 한다.

## 1. 귀족 마케팅은 왜 생겨났나

1998년 IMF 외환위기 이후 소비 양극화라는 표현이 빈번히 등장하였는데 외환위기에 따른 고금리로 예금자산이 많은 사회계층이 고가 제품을 중심으로 소비 활동을 활발히 한 반면, 실업과 수입 감소 등에 따라 중산층 소비는 저가 기능성 제품으로 크게 위축되었다. 극심한 소비 위축기에도 고소득층을 대상으로 한 마케팅 활동은 상당히 성공적이었으며, 다른 부분보다 빠른 회복·성장세를 보였다. 중산층을 대상으로 한 백화점, 중형 승용차, 중간형 아파트의 판매부진과 대조적으로 고급백화점의 상대적인 매출액 유지, 고급 승용차와 대형 아파트의 두드러진 판매 성과 등은 이의 좋은 예이며, 고소득층을 대상으로 한 마케팅 활동으로 귀족 마케팅이 생겨나게 되었다.

## 2. 귀족 마케팅은 무엇인가

귀족 마케팅은 고소득층·사회계층(socio-economic status) 중 상류층과 중상류층을 대상으로 이들이 빈번히 구입하는 제품류를 마케팅하는 것을 말하며, 리치 마케팅으로도 불린다. 빈번히 구입한다는 것은 특정 제품류 중에서 이들 계층의 구매 비중이 다른 계층보다 월등히 높다는 것으로, 이른바 20:80 법칙, 즉 20%의 제품 구매자가 전체 제품 소비량의 80%를 소비한다는 경험적인 볼륨 세그멘테이션volume segmentation 법칙이 지켜지는 경우다. 이때 마케터는 1명의 대량 구매자를 얻는 것이 16명의 소량 구매자를 얻는 것보다 이익이며, 대량 구매자들이 판매에 기여하는 수준에 상응하는 서비스를 제공할 수 있다. 이들 구매자가 고소득층이라는 의미에서 이들에 대한 마케팅 활동에 귀족이라는 수식어가 붙었다.

볼륨 세그멘테이션이 가능한 제품에 대해 소득을 바탕으로 표적시장을 설정한다는 점에서 귀족 마케팅은 직업, 소득, 교육 정도에 기초한 사회계층에 따른 시장 세분화 마케팅과 개념적인 차이가 있다. 하지만 사회계층상 최상층과 중상류층이 통상적인 고소득자라는 것을 제외하면 실질적 차이는 없다. 즉 사회의 계층구조를 구분할 때 최상층과 중상류층의 구분인 세습된 부의 유무라는 변수를 무시하고 현재 축적된 부나 소득이 시장 세분화의 기준변수가 되는 것이다. 그러므로 귀족 마케팅의 대상은 대부분 부를 세습한 최상층과 자수성가한 중상류층이다.

# 3. 귀족 마케팅의 예

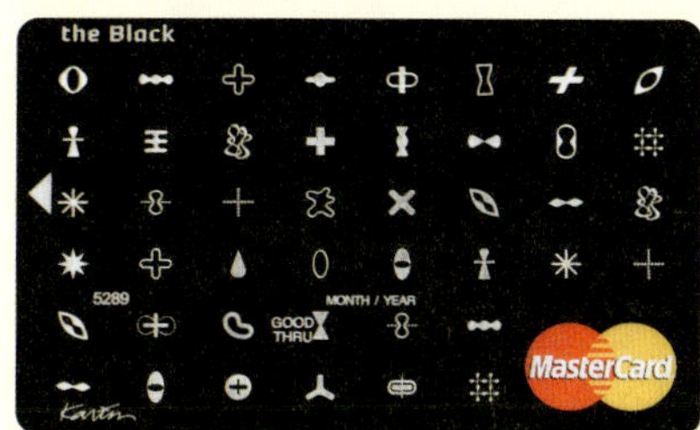

VIP 고객을 대상으로 한정 발급되는 현대카드의 더 블랙과 아메리칸익스프레스 카드

## ■ 금융 서비스

신한은행, 하나은행, 국민은행 등은 프라이빗 뱅킹 센터, VIP클럽 같은 고급스러운 분위기의 고액예금자 전용매장을 두고 있다. 이들 매장에서는 일반 은행매장 거래의 번거로움 없이 간편하고 효율적으로 고급스럽게 모든 은행 업무를 원스톱으로 처리할 수 있다. 또 종합예금관리, 세무와 법률상담, 재테크 강연 등 부대 서비스가 제공되며, 일부 은행에서는 골프 클리닉같이 은행업무와 직접적으로 상관없는 서비스도 제공한다. 이와 같은 은행의 서비스도 고액 예금자 한 명이 일반 예금자 수십 명, 경우에 따라서는 수백 명보다 은행에 기여하는 바가 크다는 경험에 근거한 것이다.

신용카드업계는 전체 고객의 약 1% 이내의 고객에게 서비스 이용한도 월 400~500만 원, 신용구매한도 월 수천만 원대 플래티넘카드를 발급한다. 발급대상자는 연체가 없는 고액사용자이며, 희소성이 높은 만큼 외국 공항의 전용라운지 이용, 유명 호텔 할인, 각종 편의 서비스와 프리미엄 여행 상해보험 등과 같은 부대 서비스를 제공한다.

## ■ 주거시설

고소득층의 두드러진 소비행태 중 하나가 주거시설이다. 이와 같은 고소득층의 특징을 파악한 건설업체들이 뉴욕 맨해튼의 고급 아파트를 본뜬 초호화 아파트들을 고소득층 대상으로 짓고 있다. 이들 아파트들은 297제곱미터(90평)에서 410제곱미터(125평) 규모로 3.3제곱미터당 1,000만 원 이상에 분양되며, 40억 원이 넘는 아파트도 있다. 이 아파트들은 최고급 인테리어로 장식될 뿐만 아니라 아파트 주변 환경과 부대시설도 고급 호텔 수준으로 구성되었다. 이 아파트들은 대단위인 경우를 제외하면 적극적인 마케팅 노력을 하지 않아도 구전으로 분양되는 경우가 많다고 한다.

현대자동차의 최고급 세단 에쿠스

## ■ 자동차

고급 승용차 시장도 귀족 마케팅이 빈번히 쓰이는 곳이다. 현대자동차의 최고급 세단 에쿠스의 경우 고소득 전문가집단 3만 명가량을 표적고객으로 하여 이들을 대상으로 VIP클럽을 운영하며, 이들에게 고급 문화정보를 제공한다. 에쿠스 구매자에게는 3년 6만 킬로미터의 무보수 정비 프로그램, 정비 주치의 등을 제공하며, 정비한 뒤 세차까지 해서 고객에게 인도하는 등 고품질 서비스를 제공한다. 이와 같은 고품질 서비스는 정비 서비스가 상대적으로 약한 수입 고급 승용차들과 차별화함과 동시에 좀 더 고급스러움과 세심함을 보이기 위한 것이다.

## ■ 문화상품

롯데나 갤러리아같이 고소득층 고객을 많이 확보한 고급 백화점에서는 최고급 수입의류, 디자이너 브랜드, 모피 등으로 꾸며진 명품관을 고액 구매자를 대상으로 유지하는데, 명품관은 백화점의 상대적 품격을 나타내는 기준으로 여겨지기도 한다.

# 마라톤과 같이 마케팅하자!

"요즘 기업이 가장 열광하는 마케팅이 무엇인지 아십니까?"

교수님은 강의실에 들어오자마자 질문부터 던지셨다. 갑작스러운 질문에 아무도 대답을 하지 못하자 교수님은 칠판에 크게 쓰셨다.

'요즘 기업은 마라톤 마케팅에 열광한다.'

"일본 니케이비즈니스 연구 보고에 따르면 기업의 수명이 30년도 채 안 되며 특히나 IT 정보화 사회에 이르러 기업의 생존 주기는 더욱 짧아지고 있다고 합니다. 지금 이 순간에도 수많은 기업과 업체가 생겨나고 사라지고 있습니다. 수많은 기업은 이러한 세계에서 생존하기 위하여 다양한 전략을 세우고 있으며 그중 하나가 마케팅 전략입니다.

이것은 비즈니스 환경의 글로벌화, 소비자 구매 패턴의 변화, 정보 기술의 발달, 처리 시간 단축, 교역·채널 복잡성 증가, 구매 힘의 균형 이동, 소비자 요구 증대 등에 기업들이 민감하게 반응하며, 기업이 생존하기 위한 경쟁이 점차 치열해지고 있음을 의미합니다.

과거에는 좋은 상품을 만들어 홍보만 잘하면 팔 수 있었죠. 하지만 지금은 여러분도 잘 알다시피 결코 그렇지 않습니다. 짧은 제품 수명 주기와 다양한 고객 니즈의 변화와 더불어 전통적 상거래 방식에서 벗어나 소비자 주도의 시장 환경 변화에 맞추는 마케팅 전략이 한층 강조되고 있습니다. 그중 최근 기업이 열광하고 있는 것이 바로 마라톤 마케팅입니다. 그럼 기업이 이처럼 마라톤 마케팅에 열광하는 이유는 무엇일까요? 세 가지로 생각할 수 있습니다.

첫째, 열광한다는 것은 가치를 느끼는 것과 같은 의미입니다. 기업에서는 소비자들에게 제품을 팔아 지속적으로 그리고 장기적으로 수익 원천을 얻는 것이 완벽한 사업 모델일 것입니다. 마라톤 마케팅에서는 소비자들과 롱런하는 관계 속에서 수익의 베이스가 견고해질 수 있습니다. 즉 매출과 수익의 기본이 흔들리지 않기 때문에 전체 마케팅 비용이 줄어들 수 있습니다. 보통 기업들은 신규 시장을 개척할 때 마케팅 비용을 많이 지출하는데, 마라톤 마케팅의 결과 충성고객들을 통해 매출과 수익을 지속적으로 올릴 수 있기 때문에 신상품이 나와도 신규 마케팅 비용이 줄어들 수 있습니다.

둘째, 마라톤 마케팅을 통해 얻은 고객과의 지속적인 관계는 충성고객을 만들어냅니다. 이 충성고객들은 다음 제품을 개발할 때 신상품을 테스트할 수 있는 잠재적 테스트베드가 될 수 있습니다. 제품 개발과 양산에 참여하는 프로슈머들은 기업의 브랜드와 제품에 대해 우호적인 태도를 이미 가지고 있기 때문에 장기적 관점에서 마라톤 마케팅의 긍정적 결과라고 할 수 있지요.

기업은 충성고객을 많이 확보할수록 지속적인 매출증대와 수익창출을 이룰 수 있다. 또한 새로운 상품을 시장에 내놓을 때 충성고객들에 의해 마케팅 비용을 줄일 수 있다.

셋째, 기업은 마라톤 마케팅을 통해 페이스를 조절할 수 있습니다. 단거리 경기보다 마라톤에서 선수들이 페이스메이커를 보며 페이스를 잘 조절할 수 있듯이 기업에서는 마라톤 마케팅이 이러한 역할을 해주는 것이지요. 기업은 마라톤 마케팅을 통해 가용 자원을 적절히 배분함으로써 균형을 찾아갈 수 있습니다. 기업의 자원은 한정적이기 때문에 균형을 찾는 것은 상당히 중요하며 그 자원을 적재적기에 사용해야 합니다. 이를 통해 시장을 먼저 점령할 수 있고 다른 기업들과 차별화할 수 있으니까요. 이것이 시장에서 강자로 살아남는 방법입니다.

마라톤 마케팅 진행에서 주의해야 할 점은 어떤 것이 있을까요? 마라토너는 감정적 대응을 하지 않는다는 것입니다. 경쟁자가 자신을

마라톤 마케팅의 성공 포인트는 시장과 환경의 변화를 면밀히 분석하고, 치밀한 전략을 수립해서 차별화된 콘셉트로 핵심 역량을 키우는 것이다.

추월한다고 해서 오버스텝을 해버리면 지쳐서 끝까지 못 뛰게 됩니다. 따라서 절대로 오버스텝을 하지 않아야 합니다.

기업의 마케팅 전략은 마라톤과 같은 장기적 전략의 관점이 필요합니다. 먼저 마라톤의 장기 전략에 대해 살펴볼까요. 42.195킬로미터 마라톤의 승부 전략은 무엇일까요? 단순히 마라토너의 역량을 키우는 것일까요? 아니면 끊임없는 연습과 도전일까요? 물론 이러한 것도 필요하겠지만 마라톤은 장기적 관점에서 전략을 짜는 것이 중요합니다. 경쟁의식이 지나쳐 처음부터 욕심을 내서 속도 조절에 실패하거나 무리하면 완주할 수 없습니다.

완주하려면 구간별로 철저한 전략이 필요합니다. 먼저 코스와 기후(시장과 환경 변화) 등의 다양한 변수를 염두에 두고 전략을 짜야 하지요. 평소에 갈고닦은 체력(상품성 등 차별화 역량)으로 페이스를 조절하며 선두 그룹에 속하도록 노력했다가 마지막 순간에 모든 힘을 쏟아야 합니다.

마라톤 마케팅의 성공 포인트에는 세 가지가 있습니다. 코스와 기후에 대한 분석, 즉 시장과 환경의 변화를 면밀히 분석하는 것이 첫 번째입니다. 코스와 기후 분석이 사전에 안 된 상태에서는 본인의 역량과 에너지를 언제 어떻게 집중해야 할지 모르거나 최고 컨디션 상태에서 역량을 발휘하지 못합니다.

두 번째는 페이스 조절, 즉 치밀한 전략을 수립해야 합니다. 마라톤에는 페이스메이커가 있습니다. 페이스메이커는 마라톤에서 선두그룹과 달리면서 선두그룹의 속도를 더 내게 만드는 임무를 맡고 있습니다. 단순히 속도를 빨리 내게 하는 목적보다는 구간별로 페이스를 맞춰주는 역할을 하는 선수들입니다. 즉, 메인 마라토너가 최고의 컨디션으로 최고 성과를 낼 수 있도록 전략적으로 지원하는 역할을 하는 것입니다.

마라톤과 같이 기업에서도 장기적 전략을 가지고 마케팅 전략을 수립해야 합니다. 때론 페이스메이커와 같이 시장 환경과 변화를 예측하여 페이스를 조절하고 기업이 최고 성과를 낼 수 있게 하는 장기적 관점의 마케팅 전략이 필요합니다.

세 번째는 마라토너의 차별화된 역량입니다. 이는 기업에서는 차별화된 콘셉트와 핵심역량이라고 볼 수 있지요. 아무리 좋은 전략을 가지고 있고 시장과 환경에 대해 면밀히 분석하였다 하더라도 다른 기업과 차별화된 역량과 콘셉트를 가지고 있지 않으면 결국 생존할 수 없습니다.

다만 장기적으로 보고 가는 대신 결정적인 순간에 소비자들에게 최종적으로 선택할 수 있게 하는 그 무언가가 반드시 있어야 합니다. 그것이 바로 '차별화 역량'이지요. 차별화 역량 없이는 기업도 마라토너도 최후의 순간에 승리의 기쁨을 맛볼 수 없습니다.

마라톤 마케팅에서는 고객과 장기적인 관계를 맺어야 합니다. 미래의 잠재고객을 발굴하고 지속적인 투자와 함께 시장을 형성해나가는 것이 중요하며, 기존 고객을 브랜드 충성고객으로 만드는 것도 물론 중요합니다. 이것은 마케팅의 최근 트렌드이기도 하지요. 과거보다 현재는 소비자와의 관계 중심 마케팅 위주로 가는데 이것은 철저한 고객 중심 마케팅이자 체험과 쌍방향, 다차원적 관리입니다. 즉 제품을 통해 일방적으로 전달하기보다는 소비자 중심의 상호 의존도가 높아졌습니다. 이렇게 장기적으로 관계를 맺은 고객은 단기 고객보다 구매액이 10~15배 많아요.

마라톤 마케팅을 하면서 얻을 수 있는 가장 큰 효용성은 기업의 전체 계획을 거시적으로 볼 수 있다는 것입니다. 여기에 기업의 정체성까지 들여다볼 수 있기 때문에 기업과 구성원 전체의 통찰력을 가져올 수 있고요. 마라토너들이 긴 호흡으로 뛰기 때문에 자신에 대해 생각해볼 시간이 있듯이 기업의 사업 분야에 대해 포지셔닝하는 통찰력을 얻을 수 있습니다.

준비된 기업들에는 분명히 최종 스퍼트를 할 시간이 찾아옵니다.

마지막 순간에 그간 갈고닦은 열정을 쏟아부을 수 있고, 마지막 필살기가 있는 기업이라면 도태되지 않고 한 단계 더 성장할 수 있습니다.

마라톤 마케팅을 얘기하다 보니 강의를 마라톤하듯 했다는 생각이 드네요. 여러분도 지치지 않고 저와 같이 잘 달렸습니까? 오늘은 여기까지 하고 다음 시간에 뵙겠습니다."

강의가 마라톤하듯 진행되었어도 이해하는 데 어려움이 없었다. 실제 마라톤하는 장면을 그리면서 강의를 들으니 교수님 말씀이 쏙쏙 머릿속에 들어왔다. 마케팅 강의가 갈수록 재미있어지는 걸 보면 내가 드디어 마케팅과 사랑에 빠진 것 같다는 생각이 들었다.

## 스토리 마케팅 – SK텔레콤

아줌마는 대강 입는다.
아줌마는 부끄러움을 타지 않는다.
아줌마는 벌레쯤은 그냥 잡는다.
아줌마는 저녁잠이 많다.
아줌마는 힘이 세다.

그 아줌마의 다른 이름은
우리 엄마다.

SK텔레콤이 함께합니다.

5

Lecture

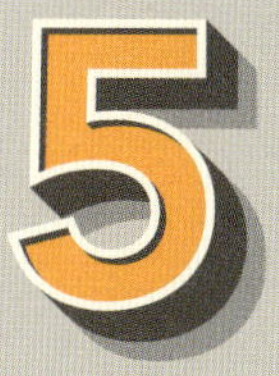

# 이제는 온라인 마케팅이다!

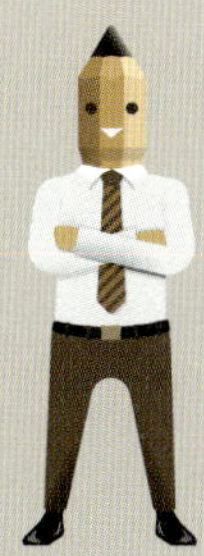

## 혼자서 할 수 없다면 전략적 제휴를 맺어야 합니다

인터넷 전자상거래 시장은 오직 1등만이 살아남는
수확체증의 법칙이 적용되는 정글 같은 세상입니다.
확고한 주도권을 잡기 위한 파워를 지니기 위해서는
각 기업 간의 전략적 제휴가 중요합니다.
나 혼자 할 수 없다면 나보다 나은 곳과
전략적 제휴를 맺어야 합니다.

# 기존과 차원이 다른
# 마케팅 전략

마케팅에 점점 심취해가면서 조세현 교수님과 함께하는 시간이 자연스럽게 많아졌다. 교수님은 강의실에서는 배울 수 없는 실질적인 얘기를 많이 들려주셨다. 특히 교수님은 여러 기업체를 자문할 기회가 자주 생긴다고 하셨는데, 최근에는 스마트폰이 폭넓게 보급되고 LTE 통신망 시대가 열리면서 온라인 마케팅에 대한 기업과 기관의 니즈가 급속도로 늘었다고 하셨다. 이러한 시대를 예측하셨는지 온라인 마케팅에 대한 연구와 테스트를 다년간 진행해왔고 그 결과가 지금 빛을 발하고 있다고 하셨다. 교수님은 오늘 바로 그 온라인 마케팅에 대해 강의하셨다.

"최근에 온라인 마케팅 시장이 각광을 받고 있습니다. 컴퓨터, 휴대전화, 스마트폰이 없는 세상은 이제 상상도 못할 정도입니다. 삼성전자에서 갤럭시 노트와 갤럭시 엣지에 대한 언팩unpack 행사를 했고, 애플의 아이폰6, 중국의 샤오미 오픈 행사가 이어지면서 온라인 시장

삼성은 2014년 9월 3일 독일 베를린에서 모바일 언팩행사를 개최하였다. 이날 삼성 갤럭시 노트4와 갤럭시 엣지가 공개됐다.

에서 전쟁이 일어나고 있습니다. 우리 생활과 밀접한 관계가 있고 전 세계 사람들이 주목할 만한 콘텐츠 시장으로 변화되고 있습니다. 인터넷 시장 자체는 차이점을 많이 가지고 있습니다. 따라서 기존 마케팅과는 다른 전략이 필요합니다. 그러면 온라인 마케팅은 어떤 전략을 가지고 진행해야 할까요?

여러분에게 온라인 마케팅의 개념을 조금만 설명하겠습니다. 마케팅의 기본 개념은 같지만 실질적으로 이용되는 수단이 인터넷이나 스마트폰 또는 태블릿 피시라는 점에서 큰 차이가 있습니다. 온라인 마케팅이란 컴퓨터 네트워크 사이에 생기는 가상의 공간에서 마케팅을 진행하는 주체와 소비자가 커뮤니케이션해서 개인적 또는 조직적 목적을 달성하기 위해 상품과 서비스에 효율적이고 경제적으로 도움이 될 수 있게 하는 수단과 방법이라고 할 수 있습니다."

인터넷 가상공간을 매일 접하는데도 교수님이 이론적으로 설명하니 감이 잘 오지 않았다.

"교수님, 너무 어려워요!"

"그런가요? 하지만 개념은 같습니다. 온라인 마케팅은 개인의 정보를 바탕으로 일대일 마케팅 중심으로 이루어집니다. 그 밖에 다양한 마케팅도 진행되고 있습니다. 예전에는 기업체들이 마케팅을 한다고 생각했는데 요즘에는 누구든 컴퓨터나 휴대전화로 어디서든 마케팅을 할 수 있습니다. 온라인은 여러 가지 장점이 있죠. 유통단계를 축소하거나 기업과 소비자 또는 생산자와 소비자를 직접 연결합니다. 보이지 않지만 와이파이가 있는 곳이라면 어디서도 상품을 사고팔 수 있습니다. 결국 물리적인 장소가 필요 없고 보이지 않는 가상공간에서 이러한 플랫폼이 형성되고 상행위가 이뤄집니다. 존재하기는 하지만 과거의 물리적 장소가 필요 없고, 기존의 상권을 쇠퇴시키거나 새로운 시장을 만듭니다. 시장 장벽도 무너집니다. 과거 유통시장은 아침 9시에 문을 열고 저녁 7시에 문을 닫는 등 시간 제약이 있었지만 온라인에서는 시공간의 제약이 사라집니다. 전 세계 모든 사람이 언어적인 소통이 되고 이것을 극복할 수 있는 플랫폼이 구축되어 있다면 어디서든 쉽게 가격정보를 비교하고 거래할 수 있습니다."

누나가 하는 온라인 사업을 생각해보니 교수님 설명이 좀 더 쉽게 다가오는 것 같았다. 마케팅의 'ㅁ'도 모르던 누나가 지금은 온라인 마케팅의 대가가 되어 마케팅 수업 첫 과제를 할 때 도움을 많이 준 것을 생각하면 내 누나지만 기특하기도 했다. 지금도 한명 한명의 상품평에 댓글을 달며 고객을 관리하는 누나를 볼 때면 CRM을 잘할 줄 아는 사람이구나 싶었다.

"여러분! 제가 오늘 온라인 마케팅에 대해 전반적으로 설명했지만 앞으로 온라인 마케팅을 빼고는 기업들이 살아남을 수 없을 정도로 큰 시장이 되었기 때문에 여러분의 자발적인 공부가 필요합니다. 이 시간이 끝나도 계속해서 온라인 마케팅에 관해 공부하시길 바랍니다."

철부지 노처녀로만 생각했던 누나도 이제 보니 좋은 스승이 될 것 같다는 기분 좋은 예감이 들었다.

## 온라인 마케팅의 요소에는 무엇이 있나

전통적 마케팅 믹스Marketing Mix의 4P전략은 어떤 상품(Product)을, 어떤 가격(Price)에, 어떤 촉진(Promotion)방법을 이용해, 어떤 유통(Place)채널을 통해 소비자에게 가치를 제공하여 구매를 이끌 것인가에 대한 의사결정을 의미했다. 그러나 인터넷이 마케팅 도구로 사용되는 온라인 마케팅에서 마케팅 믹스는 전통적인 마케팅 4P와 내용에서 큰 차이가 있다. 온라인 마케팅 믹스전략은 크게 6P+1로 나눌 수 있는데 그 내용은 다음과 같다.

### ■ 제품(Product)

먼저 판매할 제품의 특성을 파악해야 하는데 판매할 제품 유형이 인터넷상에서 유통이 가능한 무형상품인지, 유형상품인지를 파악하는 것이 중요하다. 예를 들어, 디지털화가 용이한 제품인지 그래서 어느 채널에서 구입해도 동일한 품질을 보장받을 수 있는 표준화된 제품인지, 고객이 제품을 직접 보고 구입해야만 하는 제품인지 결정해야 한다. 이때 인터넷의 장점을 적극 활용할 수 있는 제품을 선정하는 것이 효과적이다.

### ■ 가격(Price)

소비자가 인터넷에서 물건을 구입하는 가장 근본적인 이유는 기존 상거래보다 저렴한 가격으로 원하는 물품을 편리하게 구입할 수 있기 때문이다. 따라서 경쟁업체보다 저렴한 가격으로 제품을 제공하는 능력이 중요하다. 하지만 인터넷 기술이 발전하면서 각사 제품을 비교하는 에이전트나 검색엔진이 등장함으로써 가격경쟁은 더욱 중요한 변수로 작용하게 되었다.

### ■ 판매촉진(Promotion)

사이트 인지도를 높게 구축하라. 어느 비즈니스 모델을 선택하든 자사 사이트의 브랜드 인지도를 높이기 위해 초기단계에 모든 커뮤니케이션 채널을 이용해야 한다. URL(인터넷 주소)을 알리기 위해 버스광고와 지하철광고도 불사해야 한다.
인터넷 주소(URL)는 소비자들이 쉽게 기억하고 선호할 수 있도록 해야 하고 하고자 하는 사업의 특성과 제품의 개성을 한눈에 알 수 있도록 정해야 한다.

### ■ 유통(Place)

무형의 제품(digital product)을 판매하는 경우에는 재고관리, 유통문제를 고려할 필요가 없지만, 유

온라인 마케팅이 성공하기 위해서는 안정된 네트워크 인프라를 구축하고 고객이 쉽고 편리하게 이용할 수 있도록 온라인 접점마다 세심하게 설계해야 한다.

형의 제품(physical product)을 판매하는 경우에는 재고관리, 유통문제는 여전히 매우 중요한 문제다. 실제로 인터넷 쇼핑몰에서 물건을 구입한 많은 고객은 구입한 제품이 원하는 장소와 시간에 배달되지 않아 불만을 토로하고 있다.

주문을 신속하고 정확하게 처리할 수 있는 재고 시스템과 물류·배송 시스템을 구축하기 위해서는 초기에 투자비용이 많이 들기 때문에 기업특성과 경영전략을 고려하여 물류 전문업체에 아웃소싱하는 방안 등을 고려하는 것이 효과적이다.

### ■ 파트너십(Partnership)

인터넷 전자상거래에서는 1등만 살아남는 수확체증의 법칙이 적용되기 때문에 주도권을 가지려면 각 기업 간 전략적 제휴가 매우 중요하다. 혼자 할 수 없다면 잘하는 곳과 전략적 제휴를 적극적으로 맺어 서로 도움을 받는 것이 필요하다. 인터넷 전자상거래에서는 동일한 고객 계층에게 서로 보완적인 서비스를 제공하는 통합된 서비스가 매우 중요한데 호텔, 여행사, 여행 안내책자 출판사와 자동차 대여업체들이 소비자들에게 여행에 필요한 모든 것을 제공하는 협력망을 구축하는 것이 그 한 예다.

공통의 관심사로 서로 모일 수 있는 가상공동체(virtual community)를 만들고 고객과 활발하게 양방향 의사소통을 하라. 인터넷상의 카페와 페이스북, 또 모바일상의 벤드와 카카오톡, 카카오스토리를 이용하는 것을 적극 권한다. 가상공동체는 인터넷으로 연결되어 물리적·시간적 제약에 영향을 받지 않고 공동관심사를 논하는 동호단체로, 이를 통해 회원들의 결속력을 높이고 제품과 기업에 대한 충성도를 구축하는 것을 가상공동체 구축이라 한다.

국내 인터넷 비즈니스업체에 성공한 사이트가 드문 이유는 제품판매에만 치중하여 고객 친밀도를 기반으로 하는 가상공동체를 제대로 활용하지 못하기 때문이다.

양방향 커뮤니케이션은 다른 매체가 갖지 못한 인터넷만의 장점으로 고객의 신뢰도와 만족도를 높이는 역할을 하기 때문에 인터넷 마케팅을 성공하기 위해서는 매우 중요하다.



편리하고 즐거운 쇼핑을 제공하기 위한 정보시스템 인프라를 구축하라. 인터넷 전자상거래를 성공적으로 도입하기 위해서는 안정된 정보시스템 인프라를 구축하고 고객이 언제 어디서나 빠른 속도로 접속하고 쉽게 의사소통할 수 있게 개방형 네트워크로 고객을 편안하게 해주어야 한다.

# 기업에서 배우다,
# 대학생 영마케터 체험기

　전문적인 마케터가 되려고 보니 할 게 많아서 자투리 시간까지 아껴야겠다는 생각이 들었다. 화, 목 오전에 수업이 없는데 이 시간을 헛되이 보내지 않으려고 영마케터가 되기로 했다. 삼송은 30년간 IT업계 1위 자리를 굳건히 지키며 서비스 우수기업으로 선정된 적도 있는 나름대로 알찬 기업이다. 그래서인지 영마케터가 되는 것도 쉽지 않았다. 취업문이 좁아지면서 기업에서 인턴이나 아르바이트를 함으로써 조금이라도 스펙을 쌓으려는 학생들이 수두룩했다. 그런 속에서 선배들을 제치고 1학년인 내게 기회가 올 줄은 몰랐다. 나 자신이 감사하고 자랑스러웠다. 앞으로 영마케터로 일하면서 전문적인 마케터로 성장할 발판을 마련해야겠다는 다짐을 하면서 영마케터 오리엔테이션에 참석했다. 먼저 자신을 이은설 대리라고 소개한 선배가 나와서 인사를 했다.

　"안녕하세요. 여러분! 영마케터가 되신 것을 축하드립니다. 저는 이은설 대리라고 합니다. 저는 삼송의 마케팅 부서에서 3년차 대리로 일하고 있고 주로 온라인 마케팅과 영마케터 팀을 관리하고 있습니다. 앞으로 여러분이 활동하면서 조언을 구할 일이 있거나 제 도움이 필요하면 언제든 말씀하세요. 영마케터는 3년 정도 역사를 가지고 영마케터 10기를 운영하고 있습니다. 영마케터를 진행하는 취지는 젊은 대학생이 우리 회사의 강점과 핵심가치, 우수한 상품 등을 체험해보고 생각과 느낌을 온라인이나 바이럴 시장에 홍보하게 하는 것입니다. 그리고 나중에 입사할 때 평가서를 바탕으로 우수자들에게 혜택과 포상을 드리려고 합니다.

무지 높은 10:1이라는 경쟁률을 뚫고 오신 여러분에게 진심으로 감사드리고요. 영마케터 활동이 앞으로 여러분이 전문가가 되는데 좋은 밑거름이 되기를 바라면서 항상 응원하는 선배가 되겠습니다. 여러분, 파이팅! 오늘은 오리엔테이션이 끝난 뒤 개별 과제를 내드릴 겁니다. 너무 부담 갖지 말고 좋은 경험이라고 생각하고 임해주길 바랍니다. 여기 제 옆에 있는 패널 보드에는 여러분이 팀을 이룰 멤버들과 멘토들을 배정해두었습니다. 각자 자기 이름을 확인하고 팀의 멘토들과 자유로이 대화 나누시기 바랍니다."

"안녕하세요! 삼송의 마케팅 부서에 10년차로 있는 과장 김산휘입니다. 저는 서울에 살고 있지만 저희 가족은 모두 거제도에 있습니다. 한마디로 기러기 아빠죠. 저는 마케팅 부서에서 CRM과 판촉 업무를 담당하고 있습니다. 사람들은 저더러 워커홀릭이라고 하지만 마케팅은 제 삶에 없어서는 안 될 존재입니다. 여러분과 같은 학생시절부터 매일

밤을 새워 공부할 정도로 마케팅에 무한한 매력을 느꼈습니다. 삼송의 영마케터로 뽑히신 이상 여러분도 저와 같은 마음일 거라고 생각합니다. 하지만 저는 여러분이 마케팅을 공부라고 생각하지 않았으면 합니다. 마케팅은 생활입니다. 생활 속에서 접하고 배울 수 있는 것들이 무척 많습니다. 영마케터로 활동하면서 이렇게 생활 속에서 쉽게 접할 수 있는 실용적인 마케팅을 잘 활용하고 찾아보시길 바랍니다."

그런데 영마케터 가운데 아는 얼굴이 있었다. 참 대단한 인연이라는 생각이 들었는데 그 사람은 바로 연주였다. 알고 보니 김산휘 과장님이 연주의 삼촌이셨다.

"제가 마케팅 일을 10년 넘게 해오면서 느낀 것은 학교에서 배운 이론을 익히는 것도 중요하지만 실전에 적용하지 않으면 죽은 학문이라는 것입니다. 제가 배운 마케팅 이론의 실전 적용은 이 회사에 입사하면서 시작됐으니까요. 그래서 이러한 자리가 더욱 의미 있고 여러분은 행운을 거머쥔 것이라고 봅니다. 대학에서 이론 공부를 하면서 바로 실전에 적용할 기회를 이미 얻었기 때문이죠."

앞으로 마케터로 성장하는 데 좋은 분들을 멘토로 둬서 참 든든하다는 생각을 하면서 더욱 열심히 해서 이론과 실전을 겸비한 알토란같은 전문가가 되어야겠다고 다짐했다.

이은설 대리님이 모든 영마케터에게 질문을 던졌다.

"여러분, 우리가 기업에서 영마케터 활동을 하는 이유가 뭘까요?"

연주가 손을 번쩍 들었다.

"대학생도 하나의 소비자이니 그러한 소비자들이 회사의 상품이나 서비스를 체험해보고 만족도나 경험을 고객 처지에서 홍보하고 광고할 수 있는 가장 효과적인 수단이기 때문입니다. 즉, 고객 체험형이자 고객 참여형 마케팅인 거죠. 20~30대는 휴대전화나 스마트 폰에 익숙하므로 영마케터는 교육과 실행이 따로 필요 없는 세대이기 때문입니다."

"맞습니다. 그래서 여러분이 우리 회사에 아주 중요합니다. 우리 회사를 대표하는 고객 체험단으로서 자부심을 가지고 임해주시길 바랍니다."

이렇게 5분간 프레젠테이션을 마쳤다. 주변을 잠깐 둘러보니 다른 학교에서 온 학생들을 포함해 의외로 많은 사람이 나와 같이 오전 시간을 투자했다는 생각이 들었다. 그리고 이 사람들보다 열심히 해야겠다는 결심을 했다. 경쟁심도 마구 치솟았다.

나는 연주와 나의 멘토로, 실무를 10년 이상 해온 김산휘 과장님의 경험이 궁금해서 연주와 함께 과장님을 만났다.

"과장님, 기업체의 마케팅은 어떻게 다른가요?"

"기업체의 마케팅에도 실제 이론이 많이 쓰이기는 해. 예를 들면 BCG 매트릭스 전략이라든지 SWOT · STP 분석, 가치곡선 등이 실질적 · 기본적으로 사용되고 있고 마케팅 관련 조사를 진행할 때도 사용되지. 또 기업에서는 이러한 자료들을 동의를 얻고 수집해서 마케팅 활동에 반영하는 CRM을 적극 활용하기도 하지."

"CRM이요?"

"응! 영준이는 CRM이 뭔 줄 아니?"

연주가 당돌하게 내가 대답할 기회를 빼앗았다.

"CRM은 Customer Relationship Management의 줄임말이고요. 고객관계관리라는 뜻입니다."

"맞아! 연주야, 그럼 기업들이 왜 CRM을 그렇게 중요하게 생각하는 것일까?"

이번에는 연주가 말하기 전에 얼른 내가 대답했다.

"아무래도 시장 환경이 예전보다 일정치 않고 변수가 많으면서 고객들도 입맛이 까다로워지다 보니 좀 더 치밀한 마케팅 전략이 필요해서 그렇지 않을까요? 기업들은 CRM을 통해 고객들의 정보를 수집해서 잘 활용하고 이로써 매출증대와 기존 고객의 유지관리, 신규 고객 확보 등을 할 수 있습니다."

"맞아! 영준이가 잘 설명했네! 이것이 등장한 배경은 크게 네 가지로 나눌 수 있어. 간략히 설명할 테니 자세한 사항은 도서관에서 자료를 찾아보렴!

첫 번째는 기술의 발달이야. 정보통신의 발달과 인터넷의 확산은 CRM을 더 효율적으로 관리할 수 있는 배경이 됐어! 정보통신이 발달하기 전보다 고객 관리 비용이 약 43% 줄어드니 기업들로서는 일대일 마케팅과 CRM을 실현 가능하게 해줬지. 다음으로는 어떤 요소들이 있을까? 연주가 말해볼래?"

"아까 잠깐 말씀하셨듯이 고객들의 입맛이 좀 더 세분화되고 까다로워진 것을 들 수 있지 않을까요? 정보통신기술의 발전으로 전 세계가 단일 시장이 됐잖아요. 그래서 고객들은 상품의 질과 가격을 언제 어디서나 비교·선택할 수 있어서 차별화된 마케팅 전략으로 기업들이 살아남으려고 노력하는 거고요. 그래서 CRM이 꼭 필요해요.”

“응, 그것도 중요한 CRM의 탄생 배경 중 하나지. 이렇게 정보통신 기술이 발전하면서 기업들은 경쟁이 더 심화됐어. 고객들이 훤히 제품을 비교·분석할 수 있으니 연주가 얘기했던 것처럼 차별화된 마케팅 전략으로 승부를 거는 거지. 근데 이런 것만이 살아남을 수 있는 방법은 아니야. 기업은 이윤을 극대화하는 것이 최고 목표이기 때문에 이윤을 극대화하기 위해서는 비용 절감이 절실하겠지. 기업들로서는 신규 고객을 창출하는 것도 중요하지만 원가를 절감하려면 CRM을 통해 기존 고객들을 유지하는 것이 비용이 훨씬 덜 든다는 사실을 깨달았어. 기존 고객과의 우호적인 관계유지가 기업의 수익을 창출하는 데 커다란 역할을 하는 거지.”

“역시 삼촌은 대단해요. 이렇게 미니 강의를 들으니까 훨씬 머리에 쏙쏙 잘 들어오고 좋은데요?”

“그래? 앞으로도 영준이와 연주에게 미니 강의를 하는 시간을 자주 내야겠구나. 마지막으로 마케팅 커뮤니케이션의 변화를 들 수 있어. 앞서 말한 것처럼 기존에는 기업들이 텔레비전이나 신문 같은 매체로 정해지지 않은 대중과 커뮤니케이션했다면 인터넷의 발달로 마케팅의 타깃 고객을 아주 세부적으로 정할 수 있고 심지어 일대일 마케팅이 가능해진 거지. 그래서 CRM의 중요성이 더욱 부각된 거란다.”

“네, 이제 왜 우리가 CRM을 자세히 공부하고 적용해야 하는지 그 이유를 명확하게 알았어요. 삼촌이 말씀하신 대로 좀 더 자세한 자료를 찾아봐야겠어요."

"그래, 그럼 잠시 쉬었다가 온라인 마케팅 전략의 방향에 대해서 자세하게 얘기해보자꾸나."


잠시 쉬면서 스트레칭도 하고 바깥 공기도 쏘이면서 한숨 돌린 뒤 다시 과장님과 마주앉았다.

"요즘에는 인터넷 상거래가 1년에 몇십 조가 넘어갈 만큼 온라인 마케팅을 빼면 마케팅에 대해 이야기할 게 없어. 그래서 온라인 마케팅에 대해 얘기해보려고 해. 너희도 영마케터로서 인터넷에서 많은 활동을 하게 될 거야. 그럼 기존 마케팅과 온라인 마케팅의 차이점은 어떤 게 있을까?"

"사실 제 누나가 온라인 쇼핑몰을 몇 년째 운영하고 있어서 쭉 봐온 바로는 쇼핑몰에서 고객에게 상품과 서비스를 판매하려는 마케터들은 기존의 오프라인 마케팅과는 다른 마인드를 가지고 일해야 한다는 생각이 들었습니다. 인터넷은 철저하게 수요자 중심의 미디어이기 때문에 일방적으로 상품을 판매하려다 보면 살아남기 어려울 것 같습니다. 저희 누나도 초기에는 타깃 소비자 분석도 하지 않고 자기 생각대로만 판매자 시선으로 본 상품을 주로 판매해서 크게 실패했습니다. 만약 누나가 처음부터 고객의 니즈를 정확하게 판단하고 고객 맞춤형으로 콘텐츠와 서비스를 제공했다면 그렇게 크게 망하지는 않았을 것입니다. 또 한 가지, 고객이 능동적으로 참여할 수 있는 게시판이나 벼룩시장 같은 시스템을 아예 만들어놓지 않았다는 것입니다. 이러한 시

스템을 통해 고객의 불만과 개선사항 등을 알 수 있었을 텐데 그렇지 않아서 아쉬웠습니다."

"영준이 말이 맞아. 온라인 마케팅의 키포인트는 바로 쌍방향 소통이지. 불특정 다수로 했던 마케팅보다는 일대일로 하는 인터넷이라는 강점이 오히려 판매자로서는 신경 써야 할 부분이 예전보다 더 많아졌다고 생각할지 모르지만, 뒤집어 생각해보면 이러한 점을 이용한다면 더 많은 고객과 시장을 확보할 수 있다는 강점이 있어."

연주가 곰곰이 생각하더니 한 가지를 덧붙였다.

"고객이 홈페이지 회원에 가입하면서 제공하는 정보에 대해서는 적절한 보상을 해줘야 하지 않을까요? 인터넷 사업에서 회원정보는 매우 중요한 요소라고 생각해요. 앞서 말씀하신 CRM의 중요성이 예전보다 더 커진 이유죠. 만약 민감한 회원정보에 대해 적절히 보상하지 못한다면 고객에게 외면당할 수도 있어요. 제 생각에는 수단과 방법을 가리지 않고 고객 마음을 사로잡아야 한다고 생각합니다. 뉴스 서비스, 무료 메일 서비스, 할인 혜택 등 여러 방법이 있을 수 있겠죠. 회원정보를 사이트마다 쉽게 입력하다 보니 고객들은 내 정보가 다른 데로 유출되지는 않는지 불안할 수도 있습니다. 이러한 것을 방지하기 위해서 고객 정보가 유출됐을 때를 대비해 보험에 들 수 있도록 고객에게 선택의 여지를 주는 것이 중요합니다. 이것들은 제가 온라인 쇼핑을 하면서 느낀 것을 이야기한 것입니다.”

역시 연주는 똑 부러졌다. 연주의 얘기를 듣다 보니 한 가지가 꼬리를 물고 생각났다.

“고객이 제공한 정보를 광고 유치나 기업 가치 확대에 사용하지 말고 진정으로 고객이 원하는 것이 무엇인지 파악하는 데 사용해야 합니다.”

“맞아. 영준이와 연주가 내가 하고 싶은 얘기를 딱 짚어서 했네. 요즘 회원 정보가 유출되어 악용되는 바람에 많은 사람이 정보 노출을 꺼리는데 사전과 사후에 적절한 보상과 대책이 필요해. 인터넷은 보안이 생명이잖아. 사실 온라인 공간은 보안이 취약하다는 것을 누구나 알고 있어. 이를 위해 기술적으로나 제도적으로 철저히 준비해야 하지. 특히 보안 사고에 대해서는 피해 보상 규정을 명시해서 고객에게 신뢰감을 주어야 고객들이 안심하고 온라인 쇼핑몰을 이용할 수 있어.”

인터넷 사업가인 누나를 옆에서 봐서인지 여러 생각이 마구 떠올

온라인 사이트를 이용하는 고객은 누구나 자신의 정보가 유출되지 않을까 불안해한다. 보안 사고에 대비 피해 보상 규정을 명시해서 고객에게 신뢰를 주는 것이 중요하다.

랐다.

"제가 한 가지 더 보태면, 인터넷상에서 물건을 판매하는 것은 판매자가 직접 나서서 물건을 설명해주는 것이 아닙니다. 따라서 상품과 서비스에 대한 정보를 제공할 때 그것을 가장 잘 나타낼 수 있는 수단과 방법을 선택하고 효과적인 정보를 제공하는 것이 중요하다고 생각합니다. 또 고객이 쉽게 이해할 수 있도록 작성해야 합니다."

연주가 바로 말을 이었다.

"저는 인터넷 쇼핑몰을 자주 이용하는 편인데 제가 눈으로 직접 보고 사지 않는 이상 저를 안심시킬 수 있는 무언가가 있으면 그 판매자와 쇼핑몰에 신뢰가 가는 편이에요. 예를 들면 제품 할인과 정확한 배송 날짜, 철저한 애프터서비스를 내세우고 실제로 그것을 지키면 굳이 오프라인을 이용해야 하나? 이렇게 서비스가 더 좋은데 하는 생각이 들더라고요. 온라인 쇼핑몰은 오프라인과 차별화해야 한다고 생각합니다. 만약 제품에 하자가 있거나 광고 내용이 제품과 다를 경우 이를 처리할 수 있는 상품 환불 시스템이 갖춰져 있어야 고객이 발길을 끊지 않고 다시 방문할 거라고 생각합니다."

"너희가 다 얘기해서 내가 덧붙일 게 없네."

김산휘 과장님의 칭찬이 이어졌다.

"영준이 말처럼 인터넷은 쌍방향 소통이고 마케팅이기 때문에 고객들과 소통할 수 있는 게시판이나 장을 많이 마련해야 하고 고객이 원하는 방향으로 사이트를 계속해서 업그레이드해야 해. 사이트를 업그레이드해야 할 때 수요자 입장에서 그들이 원하는 요소를 정확히 파악해서 구체적으로 반영해야 하는 것도 잊어서는 안 될 중요한 전략이고. 또 어떤 것들이 있을까?"

연주가 뭔가 생각났다는 듯이 말했다.

"온라인상에서는 브랜드를 잘 관리해야 합니다. 오프라인과 온라인을 모두 운영한다면 표준치를 마련해서 오프라인에서 쌓아온 브랜드의 이미지와 상품의 질 등이 온라인에도 똑같이 적용될 수 있도록 해야 합니다. 만약 제가 정말 좋아하는 오프라인 의류 브랜드를 믿고 온라인에서 구입했는데 기대에 못 미치게 상품이 배송되거나 하자가 있다면, 저는 다시는 그 온라인 쇼핑몰을 이용하지 않을 것 같습니다. 또 인터넷의 가장 큰 이점인 빠른 주문과 반응, 배송 등을 잘 이용해야 합니다. 인터넷 기업은 오프라인의 거대 조직보다는 유연하고 빠른 조직 구조를 갖고 있기 때문에 절대 행동이 느려서는 안 되며 고객 요구에 신속하게 대응해야 온라인 상거래의 이점을 잘 활용한 거라고 볼 수 있습니다."

"연주 말이 맞아. 온라인 경제는 빠르고 유연한 조직구조를 가지고 있어. 하지만 오프라인보다 경제 주기가 매우 짧기 때문에 시장의 변화를 주의 깊게 살펴보고 이에 대처할 수 있는 능력을 기르는 것이 무엇보다 중요해."

# 온라인 마케팅, 성공하고 싶다면

삼송에서 영마케터 오리엔테이션을 할 때 연주의 삼촌인 김산휘 과장님과 온라인 마케팅에 대해 많은 얘기를 나누었는데 오늘 조 교수님께서도 온라인 마케팅에 관해 강의를 하셨다.

"자, 여러분. 다들 온라인 마케팅에 대해 예습해왔겠지만 온라인 마케팅에서 성공하는 방법을 얘기해보겠습니다. 온라인 마케팅 성공 방법에는 대략 이런 것들이 있습니다."

조 교수님은 칠판에 다음과 같이 적은 다음 하나하나 설명하셨다.

- 젊은 사람들을 타깃으로 하라!
- 고객의 경험에 집중하는 것이 핵심이다.
- 고객의 니즈파악 및 이해가 가장 중요하다.
- 고객 경험에 초점을 둔 마케팅이 브랜드를 구축하는 열쇠다.
- 고객의 편리와 함께 고객 정보보호를 목숨과 같이하라.

- 사용자들은 매우 상호작용적이고 멀티미디어 같은 풍부한 접근을 좋아한다.
- 일이관지—以貫之! 온라인에서 고객의 경험은 하나로 일관성을 지녀야 한다.
- 오프라인 매장 오픈은 신중하게 생각한다.
- 온라인 상점이 폐쇄적 태도를 갖는 것은 고객이탈의 지름길이다.

### 젊은 사람들을 타깃으로 하라

이것은 인터넷이라는 신기술을 받아들이는 것에서 젊은 사람들이 빠르다는 생각에서 생긴 믿음입니다. 하지만 실제 상황은 전체 인구로

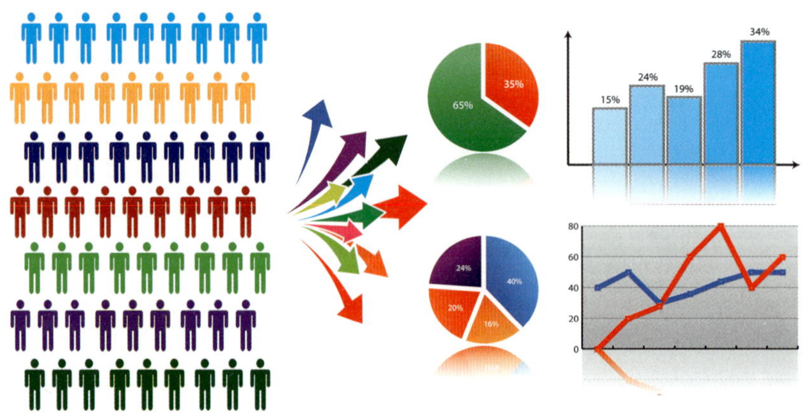

온라인 마케팅에서 성공하려면 고객의 정보를 잘 활용해야 한다. 인구통계정보를 세분화하여 고객의 니즈를 정확히 파악하는 것이 매우 중요하다.

보았을 때 10%가 전체 구매의 70%를 담당합니다. 실제 온라인에서 많이 구매하는 사람의 44%가 35세 이상이고, 또 다른 36%가 25세 이상입니다. 따라서 사용자를 많이 모으고 트래픽을 많이 발생시키는 것이 아니라 사람들의 구매력에 초점을 맞추어야 합니다.

### 고객의 경험에 집중하는 것이 핵심이다

온라인에서 명성과 인지도를 강력하게 쌓기 위해서 엄청난 비용을 투입합니다. 하지만 실제 온라인에서 구매하는 많은 사람은 온라인 브랜드가 얼마나 친숙한가에 따른 영향이 낮은 것으로 나타났어요. 따라서 광고에 지나치게 돈을 쓰기보다는 고객들의 경험을 향상시키는 데 주력해야 합니다.

### 고객의 니즈파악 및 이해가 가장 중요하다

고객을 세분화하라고 얘기할 때 제일 먼저 인구통계정보에 따른 세분화를 생각합니다. 실제 수집할 수 있는 가장 객관적 정보라는 판단에서 그럴 것입니다. 하지만 실제 고객을 차별화할 때는 나이, 성별, 소득 같은 정보보다는 니즈가 훨씬 중요합니다. 고객에게 남다른 경험을 제공하기 위한 니즈 파악과 이해가 핵심입니다.

### 고객 경험에 초점을 둔 마케팅이 브랜드를 구축하는 열쇠다

하지만 실제 웹사이트의 브랜드를 쌓는 데는 고객의 경험이 매우 중요합니다. 온라인 브랜드를 구축하는 데 고객들이 좋은 경험을 할 수 있게 하고, 세분화된 고객별로 이들에게 맞춘 고객 경험을 제시하는 것이 매우 필요합니다. 따라서 고객집단별로 적절한 경험의 흐름을 구축해내야 합니다.

### 고객의 편리와 함께 고객 정보보호를 목숨과 같이하라

온라인에서 구매를 많이 하면 할수록 개인정보가 잘못 사용될 수 있다는 우려도 커진다고 합니다. 이는 웹사이트가 고객의 정보를 고객 허락 없이 다른 업체에 판매한다면 이는 정말로 가치 있는 우량고객을 잃어버리는 결과를 초래할 수 있음을 말해줍니다.

모든 고객집단에 걸쳐 고객은 개인화와 함께 제공되는 개인정보를 여전히 걱정하는 것으로 나타났습니다. 따라서 개인정보를 수집한다면 이 정보를 자사 마케팅 활동에 이용할 때조차 매우 신중하고 조심스럽게 다루어야하는 것을 잊지 말아야 합니다.

### 사용자들은 매우 상호작용적이고 멀티미디어 같은 풍부한 접근을 좋아한다

상호작용은 10가지 요인 중 8번째를 차지했다고 합니다. 이는 인터넷 마케터는 풍부한 미디어에 의한 상호작용을 끌어내는 기술을 적용하는 것보다 다른 접근을 시도하는 것이 더 효율적일 수 있음을 말해줍니다.

실제 고급 기술을 사용하는 것보다 고객에게 더 높은 가치를 제공할 수 있는 속도와 사용의 편리성을 높이는 데 투자하는 것이 좋을 수 있습니다.

### 일이관지! 온라인에서 고객의 경험은 하나로 일관성을 지녀야 한다

실제 고객들은 세그멘트별로 서로 다른 니즈와 취향을 지니고 있어 서로 다른 경험을 요구합니다. 고객의 니즈는 산업에 따라 다르기도 합니다. 따라서 웹사이트에서 모든 고객에게 동일한 경험이 가능케 하는 것은 효과적이지 않습니다. 웹사이트는 고객별 니즈에 따라 고객을 나누고 이들 니즈를 가장 잘 충족할 수 있는 가치 있는 것을 제공해야 합니다.

### 오프라인 매장 오픈은 신중하게 생각한다

온라인 구매가 높은 소비자들은 특정한 브랜드가 오프라인에 있든 온라인에 있든 사실 별 상관을 하지 않습니다. 실제 온라인 소비자들은 온라인과 오프라인을 병행한다는 것에 대해 가장 낮은 비중을 두는 것으로 조사되었습니다. 이 조사가 시사하는 바는 온라인 기업이 오프라인에 매장을 만드는 것은 비용 낭비가 될 수 있음을 암시하는 것입니다.

### 쇼핑몰이 폐쇄적 태도를 갖는 것은 고객이탈의 지름길이다

고객들은 많은 브랜드 상품 중에서 선택할 수 있는 쇼핑의 자유를 모든 고객집단에서 중요한 요소 중 하나로 꼽았어요. 따라서 폐쇄적으로 운영하면서 다른 브랜드 제품을 제한하는 것보다는 서로 협력하면서 고객들에게 더 폭넓은 선택의 기회를 제공하는 것이 필요합니다.

"오프라인보다 온라인 활동이 더 활발한 요즘 온라인 마케팅의 중요성은 더욱 커지고 있습니다. 이런 점을 명심하길 바랍니다. 오늘 수업은 이것으로 마치고 다음 수업에서 뵙겠습니다."

### ■ 히트(Hits)

방문자가 웹사이트에 접속할 때 접하게 되는 파일 숫자를 말한다. 한 페이지 전송 시 그 안에 포함된 그래픽, HTML, 파일 등 모든 파일이 하나의 히트로 계산된다.

예를 들면 한 웹문서 내에 5개 그림 파일이 포함된 경우 히트 수는 6개(5개 그림 파일+1개 HTML)다.

### ■ 페이지 뷰(Page View)

하나의 HTML 문서를 보는 것을 말하며, 인터넷 광고 측정 개념으로 많이 쓰인다. 배너가 포함된 웹페이지가 전송된 경우 일단 광고가 방문자에게 노출된 것으로 간주하여 하나의 페이지 뷰로 기록하게 된다.

### ■ Duration Time

방문자가 특정 웹페이지에서 머무른 시간을 기록하고 이를 광고 효과의 기준으로 삼는 방법을 말한다. 인터넷 유저들이 여러 화면을 동시에 띄워놓고 작업하는 경우 정확도가 떨어진다는 단점이 있다.

### ■ Session(일명 Visit)

한 방문자가 특정 웹사이트에 접속해서 연속적으로 보게 되는 과정을 하나의 방문으로 기록하는 방법을 말하며 IP 어드레스를 통해 파악한다. 변동 IP 어드레스를 사용해 접속할 경우 서로 다른 방문자를 동일한 세션으로 인식할 우려가 있다.

### ■ Visitor

특정 웹사이트를 한 번 이상 접속한 사용자 수를 파악하는 방법이다.

# 판매촉진과 온라인 전략

영마케터 모임이 있어 다시 삼송에 갔다. 공식 모임이 끝나고 지난 번처럼 김산휘 과장님과 연주와 함께 얘기할 시간이 생겼다. 연주가 먼저 궁금한 것을 물었다.

"삼촌은 판촉 업무도 하신다고 했는데 판매촉진을 통해 기업을 어떤 식으로 홍보하고 고객을 확보하나요?"

"음… 그걸 지금 맨입으로 가르쳐달라는 거지?"

과장님이 어림없다는 표정으로 말씀하셨지만 그러면서도 얼굴에는 웃음이 번졌다. 나도 장난스럽게 말했다.

"과장님, 돈 없는 대학생이 커피 사드릴게요."

"아이고, 벼룩의 간을 내먹지. 됐다! 내가 그냥 알려줄테니 잘 들어봐. 온라인 마케팅 판매촉진으로 고객을 확보하는 방법에는 크게 무료제공 전략, 시장 키우기 전략, 버저닝 전략, 번들링 전략, 온라인 이벤트 제공 전략, 자사 URL 알리기 및 검색 사이트 등록 전략, 가상공동체 형성 전략, 제휴 마케팅 프로그램 전략 8가지가 있어. 최근에는 특히 제휴 마케팅에 관심이 많아졌지. 이렇게 8가지 전략이 사용되고 있는데 그 중요성이 점점 더 커지고 있는 것이 사실이야. 고객과 소통하고 기업의 가치를 중요시하는 분위기가 되어가고 있지. 자포스 Zappos를 예로 들면, 세계 최대 온라인 종합쇼핑몰 아마존은 역사가 짧은 온라인 신발 쇼핑몰인 자포스를 우리 돈으로 1조 5,000억 원이 넘는 금액에 인수해서 화제가 되었어. 그런데 아마존 회장의 자포스 인수 이유가 더 놀라웠지. 이 또한 바이럴 마케팅이 중요한 역할을 해서 아마존과 자포스라는 회사가 크게 이슈화되기도 했고. 그는 '우리는 고객서비스와 혁신적인 조직문화를 샀다'고 말했어. 이는 혁신적인 조직문화와 기업의 가치가 그만큼 중요하다는 얘기지."

아마존이 자포스를 인수했다는 기사는 나도 보았는데 그럼 자포스가 〈워싱턴포스트〉보다 더 비싸게 팔렸다는 얘기였다. 나중에 집에 와서 관련 기사를 다시 검색해보았다. 세계 최대 온라인 종합쇼핑몰 아마존은 2009년에 설립된 지 10년밖에 되지 않은 온라인 신발 쇼핑몰 자포스를 12억 달러(한화 약 1조 5,000억 원)에 인수했다. 자포스가 혁신적인 고객서비스로 각광받은 기업임은 틀림없지만, 아마존 사상 최대 금액으로 자포스를 인수한 것은 놀라운 뉴스였다. 더욱 놀라운 것은 인수 조건인데, 자포스의 경영진과 직원을 그대로 유지하면서 같은 경영방식으로 매출과 이익만 유지하면 된다는 것이었다. 심하게 표현하면 회사는 똑같이 운영하게 두면서 돈만 투자하는 꼴이었다. 게다가 제프 베조스 아마존 회장이 당시 매우 흥분된 목소리로 자포스 인수를

아마존닷컴은 2009년 신발판매 회사 자포스(Zappos)를 거액을 주고 인수했다. 자포스의 고객은 75%가 재구매를 한다고 해서 고객충성도가 매우 높은 회사로 업계에 유명했다.

감격스러워하는 모습이 유튜브를 통해 전 세계에 전해졌다.

"기업들이 직접 행하는 온라인 마케팅의 판매촉진과 고객확보 방법에 대해서 얘기해볼게. 우리 회사에서도 많이 쓰이는 방법이야. 첫 번째 전략은 무상제공이야. 고객 확보 방법으로는 최고라고 할 수 있지. 이 전략의 장점에는 어떤 것들이 있을까?"

"이 방법은 공짜니까 많은 사람이 마음을 열고 다가올 것입니다. 마케팅을 하는 공급자로서는 고객확보도 되고 고객 정보도 쉽게 얻을 수 있는 장점이 있지만 이렇게 모은 고객을 소홀히 대하지 않고 고객 점유율을 확보하기 위해 노력하는 것이 중요합니다."

"영준이 말이 맞아. 이러한 방법으로 고객을 확보했으면 유지할 수 있는 장기적 전략이 필요해. 두 번째는 시장 키우기 전략이야. 이렇게 처음에는 무료로 제공하고 고객이 체험한 후에는 가격을 받는 전략이지. 말하자면 우선 파이를 키우고 선별해 고객을 확보하는 전략이야."

과장님은 계속해서 나머지 전략에 대해 자세히 설명해주셨다. 많은 이론을 완전히 꿰고 계시는 과장님을 보면서 나도 10년쯤 후에는 저렇게 할 수 있을까 생각해보았다. 다음은 과장님이 말씀하신 내용을 정리한 것이다.

### 시장 키우기 전략

다수 사용자에게 무료로 사용하게 해서 자신의 프로그램에 익숙해지도록 유도하고 시장을 키워 일정 시간이 지난 후 가격을 받는 전략이다. 비디오테이프가 처음 나왔을 때 일반인들은 보기가 어려웠다. 왜냐하면 VCR 값이 너무 비쌌기 때문에 VCR에 대한 수요가 없었고 이에 따라 비디오에 대한 수요도 없었기 때문이다. 하지만 비디오를 싸게 대여하기 시작한 이후 비디오와 VCR 수요는 폭발적으로 증가하였다. 인터넷에서도 마찬가지다. 인터넷에서 제공되는 프리웨어와 셰어웨어가 시장을 키우는 전략이라고 할 수 있다. 한 예로 바이러스 백신 프로그램이나 어플리케이션은 처음에는 무료로 제공되는 프리웨어였지만 시장을 확보한 후 유료서비스로 전환하고 있다.

### 버저닝(Versioning) 전략

버저닝이란 고객의 기호와 필요성에 따라 가장 적절한 버전Version을 선택해 구입하도록 하는 전략을 말한다(김진수, 1999). 이는 디지털 제품의 판매에서 유용한 전략이다. 버전 차별화는 마케팅의 기본적 전략인 가격 차별화를 구현하는 방법이다. 즉, 소비자들이 제품에 부여하는 가치 차이를 반영해서 가격을 달리한 다양한 버전을 만들어내는 것이다.

버전 차별화는 판매자로서는 개인별로 커스토마이즈customize된 제품을 제공함으로써 가격 차별화를 용이하게 하고, 불법복제를 통한 소비자 거래를 방지할 수 있으며, 생산할 필요가 없는 정보를 줄여준다. 소비자로서는 자신에게 꼭 필요한 정보만 선택할 수 있는 장점이 있다.

### 번들링(Bundling) 전략

번들링Bundling 전략이란 말 그대로 두 가지 이상 구분되는 제품을 단일가격에 한 묶음으로 공급하는 전략을 말한다(홍성준, 1999). 가령, 아무리 유명한 가수라 할지라도 한 음반에 히트곡은 2~3곡에 지나지 않는다. 그러나 대개 음반에 포함되어 있는 곡은 8~10곡에 이른다. 판매자로서는 소비자에게 알리고자 하는 제품이나 서비스를 부가적으로 하나의 패키지로 묶어 판매함으로써 제품이나 서비스에 대한 부가적인 고객의 정보 인지 또는 사용을 유도할 수 있다. 마이크로소프트의 경우 워드, 엑셀, 파워포인트를 통합한 마이크로소프트 오피스Microsoft Office를 판매하고 있다.

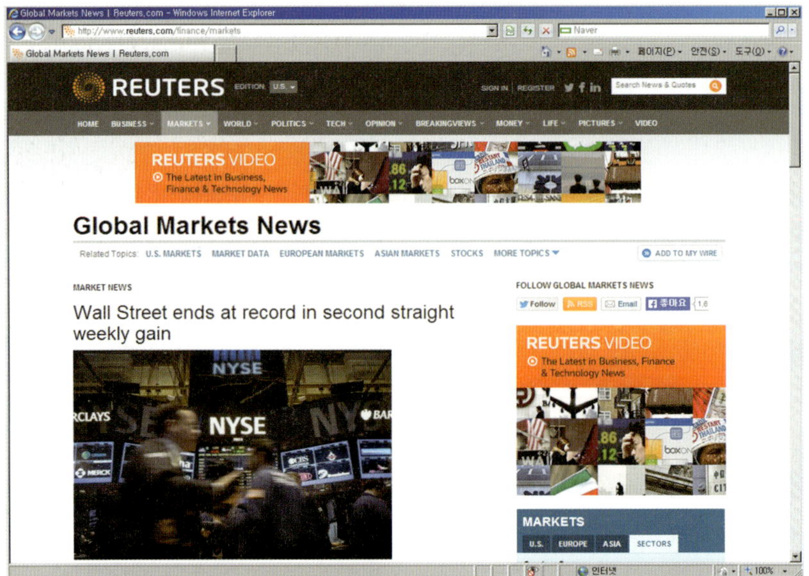

로이터통신사의 홈페이지(www.reuters.com). 로이터통신사는 외환, 금융, 선박 등 뉴스 정보를 고객들에게 알맞게 선별·가공하여 제공하는 차별화 마케팅 전략을 쓰고 있다.

번들링 전략에서 커스토마이즈에 의한 번들링은 마케팅 전략의 활용에 많은 어플리케이션을 줄 수 있다. 정보에 대한 지나친 과부하로 제대로 정보를 스크리닝screening하지 못하는 고객들에게 커스토마이즈에 의한 번들링은 고객이 높게 평가하는 정보에 대한 여과기능, 정렬기능을 제공할 수 있다. 한 예로 로이터통신사(www.reuters.com)는 외환, 금융, 선박 등 여러 분야의 뉴스 정보를 고객들에게 알맞게 선별·가공하여 제공함으로써 다른 기업이 제공하는 정보와 차별화할 수 있었다.

### 온라인 이벤트 제공 전략

기업들은 잠재된 고객 확보 측면에서, 신상품의 광고·홍보 등의 판매촉진 측면에서, 기존 고객의 로열티 강화 등 고객 유지·관리 측면에서 인터넷을 통한 무료 온라인 이벤트를 벌여 경품을 제공하는 전략을 펼 수 있다. (주)옥션(www.auction.co.kr)의 경우 스타와의 데이트 이벤트 또는 바둑의 최고수와 일반인의 대전을 주선해주는 이벤트를 마련함으로써 많은 고객을 확보할 수 있었다.

### 자사 URL 알리기와 검색사이트 등록 전략

인터넷 비즈니스 시스템을 알리고 많은 고객이 찾아오도록 만드는 좋은 방법 중 하나가 회사와 관련된 모든 곳에 홈페이지 URL을 프린트하는 것이다. 명함이나 안내장, 모든 텔레비전 또는 라디오 광고에도 자사 URL을 알리도록 노력해야 한다(Net Results). 이러한 노력으로 자사 홈페이지 주소를 고객에게 더 친숙하게 다가갈 수 있도록 하는 것이 중요하다.

검색사이트에 등록하는 것 또한 좋은 마케팅 방법이다. 대다수 네티즌이 자신이 원하는 정보를 찾기 위해 검색엔진을 이용하기 때문이다. 네티즌은 검색된 리스트 중 처음 20여 개 정도만 참조하기 때문에 회사의 검색엔진 랭킹을 어떻게 하면 올릴 수 있을지 생각해볼 필요가 있다(Net Results). 이러한 랭킹을 올릴 수 있는 한 가지 좋은 수단은 가장 기본적인 회사 정보를 20단어, 50단어, 100단어 등 여러 텍스트로 마련하는 것이다.

### 가상공동체(Community) 형성 전략

가상공동체란 "네트워크로 연결되어 물리적·시각적 제약에 영향을 받지 않는 공동 관심사를 가진 동호 단체"를 말한다(서길수, 1998). 기업 입장에서 가상공동체를 운영하면 소비자 탐색 비용을 절감할 수 있다. 시간적·공간적 제약 때문에 접근하지 못했던 시장도 인터넷상에서는 얼마든지 가능하다. 이 때문에 인터넷이 가지고 있는 구전효과는 실로 크다고 할 수 있다(김진우, 1999). 이러한 구전효과를 적절히 활용함으로써 기업의 웹사이트를 알리거나 고객을 확보하는 데 이용할 수 있다.

### 제휴 마케팅 프로그램 전략

제휴 마케팅이란 서로 다른 인터넷 비즈니스 시스템 사이에 광고를 해주고 해당 시스템을 통하여 고객이 자사 시스템에 접속한 경우 추천 비용을 제공하는 것이다(김진우, 1999). 아마존(www.amazon.com)의 아마존 어소시에이션Amazon Associates이라는 제휴 마케팅 프로그램은 약 25만 개 사이트와 제휴를 맺고 있는 것으로 알려져 있다. 국내의 헬로우 서울(www.helloseoul.co.kr) 또한 하나의 회원 아이디로 멤버 사이트인 인터넷 롯데백화점, 종로서적, 뮤직랜드, 티존컴퓨터, 카렉스, 아이참 등을 모두 이용할 수 있는 제휴 마케팅을 적극 펼치고 있다.

이러한 제휴 마케팅 프로그램은 판매를 촉진하기 위한 유용한 마케팅 전략이지만 고객확보 전략 측면에서도 아주 유용하다. 제휴사 간의 고객 정보 공유를 통한 고객확보는 추후 기업 마케팅 활동에서 양자 모두 윈윈하는 큰 자산이 될 수 있다.

## 1. 경영자부터 정보화 마인드를 갖춰라

온라인 마케팅은 인터넷 시장의 잠재력과 중요성을 깨달은 극소수 몇몇이 시작해서 운용되고 있다. 소수 담당자가 어렵게 시작한 온라인 마케팅이 경영자에게까지 올라가는 과정에서 축소되고 변형되어 최초 의도와는 상당히 변질되는 경우를 가장 큰 어려움으로 들 수 있다. 설혹 경영자들이 중요성을 충분히 인식하고 전폭적으로 지지한다 하더라도 경영자와 조직 내의 이해 부족으로 처음 의도와는 다른 방향으로 가는 경우가 허다하다. 이런 문제점은 결과적으로 돈을 많이 들이고도 효율적인 온라인 마케팅이 되지 못하는 결과를 낳고 있다.

이와 같이, 기회 의도와는 다른 운용과 이해 부족의 가장 큰 요인은 정보화 마인드의 부족이다. 기업의 정보화 마인드는 매일같이 쏟아져나오는 새로운 정보들 중에서 어떤 것이 자신에게 필요한지 파악하고 그 정보를 그 기업의 것으로 만드는 능력을 말한다.

## 2. 온라인 마케팅을 위해 미리 준비하라

온라인 마케팅을 가능하게 한 정보기술의 급격한 발전은 관계 마케팅(relationship marketing)과 일대일 마케팅(one-one marketing)을 가속화해 마케팅의 패러다임 전환(paradigm shift)을 촉진하고 있다. 특히 빅데이터의 발전은 매우 좁은 시장을 표적으로 차별화된 상품을 개발하여 판매할 수 있게 되었으며, 급기야 고객 한 사람 한 사람을 대상으로 하는 마케팅이 가능하게 되었다.

이처럼 급변하는 정보기술과 이와 관련하여 급성장하는 새로운 시장을 맞아 온라인 마케팅의 전략을 성공적으로 수행하려면 별도로 기업 차원에서 준비해야 할 점들이 여전히 남아 있다. 온라인 마케팅을 위한 기업의 준비로는 다음과 같은 것이 있다.

- 급변하는 시장 분석
- 변화하는 시장에 걸맞은 조직
- 인재 발굴과 육성
- 미래를 내다보는 전략적 관점
- 고객 가치와 기호의 변화

## 3. 온라인 마케팅은 마케팅이다

온라인 마케팅을 생각하는 사람들은 대부분 인터넷의 기술적 요소를 먼저 생각하고 웹마스터부터 찾는다.

그러나 마케팅의 개념이 없는 온라인 마케팅이 무슨 의미가 있을까. 거기에는 인터넷이라는 하부구조만 남을 뿐이다. 인터넷에 홈페이지를 만들기만 하면 최종 목적이 달성된 것처럼 여기는 분위기는 많은 비용 낭비를 초래하고 있다. 일반 기업들은 이러한 도구를 어떻게 마케팅적으로 활용해 최대 효과를 거둘지를 궁극적 관심을 가지고 연구해야 한다. 게임의 핵심은 웹사이트 구축에 있는 것이 아니라 그 활용에 있다.

인터넷에서 시스템의 구축과 유지는 온라인 마케팅을 하기 위한 필요조건이지 그 자체가 궁극적 목적은 아니다. 온라인 마케팅을 성공적으로 하고자 한다면 기술적으로 접근하기보다는 전략적으로 접근해야 한다. 잘 짠 마케팅 전략에 따라 이를 실행하기 위한 방법으로 기술적인 접근을 시도하는 것이 바른 순서다.

## 4. 부가서비스를 제공하라

웹사이트가 아무리 훌륭한 정보를 제공한다 하더라도 그것이 다분히 주관적이거나 지루하면 이용자들의 호응을 얻을 수 없다. 이를 극복하기 위해서는 주관적인 자료 혹은 2차 자료를 많이 사용하는 것이 좋으며 내용 면에서도 좀 더 다양하고 심도 깊게 꾸며질 수 있도록 하는 것이 좋다. 웹사이트가 정보제공자 역할을 하기 위해서는 자체 사이트가 제공하는 정보 이상으로 다른 주요 사이트와 링크되어 제공하는 객관적 정보가 중요한 역할을 한다. 또 외부의 다른 인기 사이트들로부터 자신의 사이트로 하이퍼링크될 수 있도록 상호 협력하는 것도 좋은 방법이 될 수 있다. 때로 기업의 웹사이트가 좋은 정보제공자가 될 경우, 다른 웹사이트들이 그 기업의 웹사이트들과 하이퍼링크되도록 하기 때문에 기업광고와 웹사이트 홍보의 이중효과를 얻을 수 있다.

웹사이트와 별도로 브랜드 블로그와 브랜드 페이스북을 열어 고객과 소통하는 것도 대단히 좋은 방법이다.

## 5. 많이 주어야 얻을 수 있다

돈을 들여 웹사이트를 만들어놓고 부가서비스를 무료로 제공하는 것은 고객을 만족시키고자 하는 목적이다. 또 자사 목적도 달성하겠다는 마케팅 개념이 인터넷 마케팅의 바탕이 되어야 한다. 꼭 웹사이트에서 물건을 팔지 않더라도 비용을 절감할 수 있고 이미지를 높일 수 있으며 무엇보다 소비자와 직접 상호작용하고 그들에게서 정보를 얻을 수 있다. 인터넷이라는 도구를 통하여 누구도 그 크기를 함부로 말할 수 없는 어마어마한 잠재시장과 미리 만날 수 있다.

## 6. 온라인 마케팅은 단순한 광고가 아니다

인터넷을 통하여 자신의 회사나 제품을 알리고 제작 과정에서 광고적인 요소가 많이 삽입되는 것이 사실이긴 하지만 인터넷을 단순히 광고 매체로만 볼 수는 없다. 인터넷에 웹사이트를 올려 놓았다는 그 자체가 총체적인 기업 활동이 가능하다는 것을 의미하기 때문이다. 광고도 할 수 있고, 소비자 서비스도 할 수 있으며 판매도 할 수 있고, 사무실이 없이도 인터넷을 이용해 비즈니스를 할 수도 있다. 인터넷을 광고 매체로만 볼 경우에는 할 수 있는 많은 다른 것을 놓치게 된다.

## 7. 웹사이트는 누구나 이용하기 쉽게 만들어야 한다

웹사이트는 구조상 사용이 편리하여 원하는 웹사이트로 쉽게 이동할 수 있고, 제목만 보아도 어떤 내용이 들어 있는지 알 수 있어야 한다. 구조가 너무 복잡하고 방대하여 도대체 어디를 어떻게 방문했는지 기억할 수 없거나 어지럽게 꾸미지 말고 심플하게 만들어야 한다.

## 8. 독특한 사이트를 만들어라

인터넷에는 수많은 웹사이트가 있다. 이 중에서 우리 회사의 웹사이트가 눈에 띄기는 매우 어렵다. 설사 눈에 띈다고 하더라도 다른 웹사이트와 구조나 모양이 비슷해 그냥 지나쳐 가버리는 웹사이트가 된다면 웹사이트 구축의 의미가 없을 것이다. 구조의 편리성과 함께 디자인의 질 또한 중요하다고 생각되는 이유는 바로 이것 때문이다. www는 문자, 음향, 그림, 동영상 등 다양한 기술적 응용이 가능하기 때문에 이들을 적절히 활용한 디자인 설계가 필요하다.

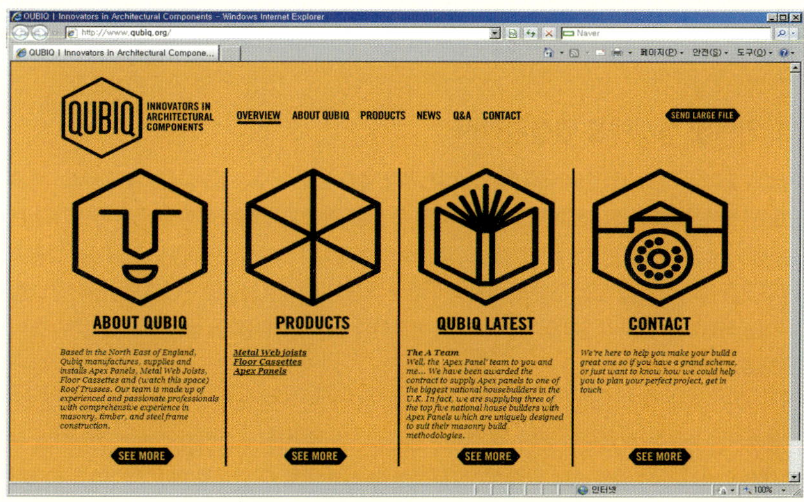

심플함이 특징인 영국 Qubiq사의 웹사이트

## 9. 기술과 디자인을 조화시켜라

홈페이지 구축에서 내용이나 구조상 문제만큼이나 중요한 것이 기술상 문제다. 앞에서 언급된 대로 눈에 띄는 디자인과 다양한 구조, 내용을 위해서 여러 가지 높은 기술을 이용한 동영상, 음향, 그래픽을 제공할 때는 이것을 이용하는 소비자의 컴퓨터 환경까지도 고려하여야 한다. 기업에서 우수한 컴퓨터 기술과 자재를 동원하여 아무리 좋은 화면을 제공한다고 하더라도 그것이 소비자의 컴퓨터 환경에 비해 월등히 뛰어나 효율적으로 이용할 수 없다면 좋은 웹사이트가 될 수 없다. 즉, 웹사이트 접속이나 동영상과 음향을 즐기기 위해 많은 시간을 기다려야 한다거나 아예 이런 서비스를 이용할 수 없게 해서는 안 된다. 그래서 많은 웹사이트는 보편적인 컴퓨터 환경에서 사용할 수 있는 문자나 그림 위주의 웹사이트를 준비해두고 동영상이나 음향의 경우 가능한 한 이용자가 별도로 이용할 수 있도록 준비해두고 있다.

인터넷의 쌍방향을 응용하여 소비자에게서 받는 피드백에 즉각적인 응답이 가능하도록 한다든지, 소비자 피드백이나 회원등록을 통하여 얻은 각종 정보를 근거로 데이터베이스 마케팅을 할 수 있는 기술적 배려가 함께 있어야 한다.

## 10. 인터넷 관여도를 높여라

대중매체를 통하여 자사 홈페이지 주소를 알린다든지, 인터넷상에서 콘테스트나 퀴즈를 통해 소비자들의 관심을 인터넷으로 끌어들일 수 있다. 또 다른 매체를 이용하여 인터넷에 대한 소비자들의 관여도(involvement)를 높임으로써 시너지를 창출할 수 있다. 이는 궁극적으로 인터넷 시장의 확대에도 상당히 기여할 것으로 보인다.

자사의 홈페이지 주소를 홍보하는 방법 중 좋은 방법은 브랜드 블로그와 페이스북, 카카오 채널 등에 이슈화된 이벤트를 기획해보면 홈페이지 방문자 수가 폭증할 수 있다.

## 11. 인터넷 상거래를 활성화하라

기업의 홈페이지나 쇼핑몰이 대중에게 알려지면서 점차 방문자 수가 증가하면 기업에서는 이를 이용해 판매를 증가시킬 다양한 전략을 구사할 수 있을 것이다. 그러나 인터넷 쇼핑에서 가장 큰 걸림돌이자 중요한 점은 소비자와 기업의 의사소통 문제이다. 실제 오프라인 쇼핑에서는 점원에게 질문을 하거나 전화 등을 통해 소비자의 의견을 직접 기업에게 전달할 수 있지만, 인터넷 쇼핑에서는 직접적인 접촉이 불가능하므로 이를 해결하기 위해 소비자와의 쌍방향 커뮤니케이션이 무엇보다 필요하다.

전자상거래에서 주문이 성립되고 대금결제 방법이 결정되면 배달과정이 마지막으로 남게 된다. 기본적으로 배달은 빠를수록 좋다. 주문받은 물건을 되도록 빠르게 소비자의 손에 전달하기 위해서는 소비자 주문 즉시 배달 관련 부서에 주문내용이 전달될 수 있도록 하는 시스템과 체계적

인터넷을 통해 온라인 거래가 체결되면 마지막 단계로 주문받은 상품의 배달과정이 남게 된다. 주문받은 상품을 신속히 배달하기 위해서는 체계적인 배송시스템을 구축해야 한다.

인 배송시스템이 필요하다. 초기 업체는 회사 규모상 자체 배송시스템 구축이 어려울 경우 일반 배송매체를 이용하는 것도 방법이 될 수 있다.

## 12. 온라인 마케팅의 단점을 상기하라

인터넷은 기존의 모든 마케팅 도구의 장점을 능가하는 가능성과 장점을 지녔다. 그러나 이런 수많은 온라인 마케팅의 장점에도 인터넷은 다른 매체에서 찾을 수 없는 특별한 단점들을 갖고 있다.

첫째, 앞에서 언급한 대로 인터넷 이용자들은 표적화되지 않은 광고를 싫어할 뿐만 아니라 표적집단에 대한 광고에서도 여전히 호의적이지는 않다. 때로는 기업으로부터 들어오는 이메일을 성가시게 느끼고 심지어 다른 사람에게까지 성가신 이메일에 대해 부정적 구전을 함으로써 기업 이미지가 실추되는 경우도 있다.

둘째, 인터넷에 자유롭게 게재되는 자사 제품에 대한 부정적 정보 때문에 회사가 손해를 입는 경우가 있다. 경쟁자의 참고자료에서 신뢰성과 합리성을 더 느낀다면 좀 더 치명적인 결과를 낳을 수도 있다. 기존 광고가 자사의 장점만 부각하는 일방적 커뮤니케이션이었던 데 반하여, 인터넷상에서 소비자들은 그들의 목소리를 얼마든지 높일 수 있다. 이때는 통제가 어렵기 때문에 평상시 고객소통에 특별한 관심을 가지고 노력해 나가야 한다.

셋째, 인터넷의 보안성 문제다. 이것은 인터넷으로 비즈니스하려고 할 때, 언제나 가장 먼저 부딪치는 큰 문제다. 보안문제가 인터넷을 사용하는 모든 기업과 개인에게 적용되는 문제인 반면, 온라인 마케팅을 하는 기업들이 직면하게 되는 문제는 바로 내 마케팅 활동의 누출이다.

마케팅을 잘하는 회사로 알려진, 이른바 잘나가는 회사 중에도 제대로 잘된 온라인 마케팅 활동을 하는 기업을 찾는다는 것은 아직은 쉬운 일이 아니다.

온라인 마케팅은 이제 막 걸음마를 뗀 아이와 같다. 섣불리 많은 것을 기대할 수는 없지만 어떻게 키우고 발전시키느냐에 따라 무한한 성장 가능성을 지닌 매력적인 마케팅 방식임에는 틀림없다. 더욱 활성화되고 있는 글로벌 정보화 시대에는, 글로벌의 특성과 정보의 특징을 동시에 포괄하는 온라인 마케팅이 경쟁우위를 결정짓는 새로운 패러다임이 될 것으로 믿는다. 이런 매력적인 마케팅 도구를 이용하고 발전시키는 것은 마케터들의 몫이다.

# 카페, 브랜드 블로그, 파워블로거

연주와 함께 웨딩업체와 소상공인을 상대로 성공적인 온라인 사업을 하고 있는 온라인 마케팅 회사를 방문했다. 이곳은 효준 형이 입사했고 조세현 교수님이 이론이 아닌 실전으로 마케팅의 진수를 보여주고자 야심찬 포부로 만드신 온라인 마케팅 회사다. 이곳이라면 이번 과제 사례를 충분히 조사할 수 있을 것 같았다. 그래서 효준 형에게 먼저 연락했다. 마침 형은 자리에 있었는지 금방 나왔다. 오랜만에 형 얼굴을 보니 무척 반가웠다.

"형, 잘 지냈어요? 이번 과제는 온라인 마케팅에 관한 세부적이고 실질적인 자료조사인데 선배가 생각나서 전화했어요."

"아주 잘했다. 온라인 마케팅이라면 지금 내가 다니는 온라인 마케팅 회사가 최고봉이라고 할 수 있지."

"선배님, 그럼 회사 소개부터 간략하게 들을 수 있을까요? 저희가 마케팅을 공부하다 보니 온라인 마케팅 회사에도 관심이 가요."

"물론이지! 우리 회사는 '고객의 이익을 책임지는 사람들'이라는 슬로건으로 2010년 설립됐어. 조세현 교수님이 대표이사로 계시고 사업 분야는 블로그 리뷰 캠페인, 종합 마케팅 컨설팅, 콘텐츠 사업, 홈페이지 구축, 모바일 홈페이지 개발, 앱개발 등이 있지. 설립 4년 만에 60여 개가 넘는 많은 거래처와 거래하고 있어."

"오늘 우리가 수행해야 할 과제에 딱 맞네요, 형!"

"나도 교수님 수업을 들어서 어떤 내용인지 훤히 알고 있지! 카페, 브랜드 블로그, 파워블로거의 예는 자료를 충분히 줄게. 우리 회사가 앱개발이나 콘텐츠 개발, 홈페이지 구축 등의 온라인 사업도 활발히 벌이지만 지금 중점을 두고 있는 것은 바이럴 마케팅이야. 우선 바이럴 마케팅의 각종 채널에 대해서 알아볼까?"

"네, 바이럴 마케팅에는 블로그 마케팅(브랜드 블로그), 카페 마케팅, 언론홍보, SNS 마케팅, 모바일 마케팅, 동영상(유튜브) 마케팅 등이 있어요! 맞죠, 선배?"

"맞아! 각각의 채널에 대해서 자료를 줄 테니 연구해보고 둘이 팀 리포트를 내렴."

"선배님, 좋은 말씀 감사합니다."

연주와 나는 꾸벅 인사를 했다.

카페, 브랜드 블로그, 파워블로거의 각각의 특성과 예 조사하기

## 브랜드 블로그

### ■ 브랜드 블로그의 특성

- 홈페이지는 정보제공이 제한적이나 블로그는 다양하고 체계적인 정보 제공이 가능(사진, 동영상 등을 자유롭게 업로드할 수 있고, 하이퍼링크 등을 쉽게 설정 가능)

- 블로그 유저들(이웃, 서로이웃) 간의 소통이 핵심

- 남·녀, 직업군별 타깃 설정이 용이

- 꾸준하게 업로드되는 양질의 콘텐츠는 방문자수의 증가와 매출로 이어짐

- 포스팅 상위 노출로 직간접적인 홍보 효과 가능

- 기업의 각종 이벤트와 연계하여 진행할 때 더 큰 효과를 볼 수 있는 장점이 있음

### ■ 브랜드 블로그의 실행 프로세스

- 고객의 요청 수용: 기업에서 추구하는 방향 인지

- 고객의 바이럴 마케팅 현황 분석: 동종업계 현황 분석과 강점, 약점 파악

- 마케팅 기획과 콘텐츠 제작

- 블로그 세팅과 마케팅 시작: 고객의 콘셉트에 맞는 이미지를 활용한

스킨 제작 / 타이틀, 덧글 공감 이미지 제작, 업체와 관련 정보성 카
테고리 세팅, 주력 · 세부 키워드 설정

● 보고와 피드백, 방향 재설정

가든 파이브 웨딩홀과
마실한정식의 브랜드 블
로그 사례

## 파워블로거

### ■ 파워블로거의 특징

● 일 방문자수 최소 5,000명 이상의 키워드 상위 노출형 블로거: 브랜
드 블로그와 결합하여 진행할 때 홍보효과가 큼(키워드 상위 노출/ 일 방문

누적 방문자수가 900만 명에 이르는 맛집 소개 파워블로거의 블로그

자 수 월등히 많음)

- 기존의 온라인 마케팅보다 한 단계 발전한 형태의 마케팅 방식으로 블로거들의 체험 후기를 통한 바이럴 마케팅과 키워드 검색 시 콘텐츠를 점유하는 형태
- 인터넷을 통한 무조건적 홍보 형태에서 블로그를 구독해 원하는 정보를 찾는 고객들에게 공감과 참여를 이끌어냄
- 자연스럽게 입소문이 퍼지게 하는 장점

■ 파워블로거 마케팅 진행 프로세스

- 활동영역별 블로거 섭외: 맛집, 공연, 뷰티, 의류, 웨딩
- 고객이 원하는 키워드 배정: 강남웨딩홀, 올림픽공원 맛집, 건대 피부관리 등

- 업체·매장과 제품 사용 후 느낀 점 포스팅
- 해당 키워드 상위 노출 확인과 피드백

## 카페 마케팅

### ■ 카페 마케팅의 특징

- 네이버에 개설된 카페활용(및 회원수, 방문자수 많은 카페 중심)
- 카페 성격과 카테고리에 가장 적절한 정보를 제공해 회원들의 공감 유도
- 남과 여, 직업군별, 관심사별 타깃 설정이 유효
- 카페 게시글로 인한 호기심 유발로 홈페이지, 브랜드 블로그로 유입량이 증가되는 효과
- 카페 게시글의 상위 노출로 직간접적인 홍보 효과

예비신부들이 많이 방문하는 레몬 테라스

### ■ 카페 마케팅 진행 프로세스 – 웨딩의 경우

- 고객의 마케팅 취지에 부합되는 카페 가입 : 웨딩업체(결혼, 파티, 혼수, 허니문 등에 관심이 많은 사람들이 많이 모이는 카페를 타깃팅)
- 고객이 강조하는 콘셉트의 글 선정 : 뷔페가 맛있는 웨딩홀, 교통이 편리한 웨딩홀
- 후기형, 질문형 중 글쓰기 형식 선택 : 웨딩카페 중심으로 질문형 게시글 작성, 결혼 앞둔 예비신부들에게 답을 줌으로써 공감 유도
- 연령, 나이, 직업 등을 설정한 후 글 작성
- 글 작성 시에는 고객의 프로모션 등 정보를 제공할 수 있도록 작성
- 후기형 글 작성 시 사진은 필수

## 언론홍보 마케팅

### ■ 언론홍보 마케팅의 특징

- 원하는 타깃에 맞춘 키워드 설정으로 검색 노출도 높임
- 대기업만이 할 수 있는 거창한 것이 아니라 비용이 저렴한 효과적인 홍보수단
- 언론사의 공신력으로 광고에 대한 거부감 줄임 : 기사를 접하는 소비자들은 광고로 인식하지 않고 신뢰성 있는 정보라고 인식하는 경우가 많아 기업의 이미지 제고에 큰 영향을 줌
- 개인 미디어(블로그, 카페, SNS)로 2차 확산효과 : 특히 정보성 기사의 경우, 개인 미디어를 통해 확산되는 파급효과가 있음
- 지속적인 검색기능으로 업체의 브랜딩&신뢰도 구축 : 한 번 노출된

기사는 사회적 문제가 되지 않는 이상 포털 내에서 절대 삭제되지 않음, 지속적 기사 노출로 신뢰도 상승

■ 언론홍보 마케팅 진행 프로세스

- 고객의 의뢰
- 기초자료 제공받음(회사 소개자료, 이벤트 소개자료, 이미지)
- 매체 선정
- 언론보도 기사 작성과 확인(고객 컨펌)
- 언론보도 기사 송출
- 주력 키워드 송출 확인 → 상위 노출 확인
- 고객에게 결과보고서 제출

## SNS 마케팅

■ SNS 마케팅의 이해

- SNS를 활용하지 않는 기업은 뒤처졌다고 할 정도로 마케팅의 주요 수단으로 자리 잡음
- SNS의 종류: 카카오스토리, 인스타그램, 트위터, 페이스북 등
- SNS 마케팅의 장점 활용
- 쌍방향 실시간으로 소통 가능
- 공통 관심사를 가진 사람들을 모아 기업의 충성도 높임
- 고객의 니즈를 빠르고 쉽게 파악하면서 서비스 개선

■ SNS 마케팅의 성공비법 여섯 가지

- 공감, 공익, 공유 등 소비자 감성을 자극할 콘텐츠를 지속적으로 발신함으로써 소비자와 긍정적 관계 구축에 주력해야 한다.

- SNS를 통해 사람들의 소통 욕구를 자극할 신선하고 센스 있는 콘텐츠는 대기업보다 중소기업 풍토에서 탄생할 확률이 높다.

- SNS 활용 시 '입(정보발신)'과 '귀(정보수신)' 둘 다 중요하지만, 소비자의 의견을 낮은 자세로 청취한다는 '소통 중시' 이미지를 심어주기 위해서는 '입'보다 '귀'가 좀 더 중요하다.

- 소비자의 '입'을 빌린 마케팅이 효과적이다. 소비자는 SNS를 통해 제품 출시 전의 전망, 출시 후의 상품평 등을 발신하는 등 과거 기업이 전담했던 마케팅 업무를 자발적으로 대신하고 있다. 기업은 소비자에게 더 큰 마케팅 권한과 능력을 부여하되, 기업 브랜드에 유리한 방향으로 진행되는지 관리해야 한다.

- 제품과 서비스의 특징을 효과적으로 보여줄 매체를 활용해야 하는데, 비소비재의 경우 유튜브 마케팅, 소비재의 경우 페이스북 마케팅의 성과가 크다.

- SNS는 매출 증대를 위한 판매 루트가 아니라 소비자와의 커뮤니케이션 도구임을 명심, 소비자와의 친밀도 제고 등 기업 위상 강화를 지향해야 한다.

# 모바일 마케팅

## ■ 모바일 마케팅의 이해

● 스마트폰 가입자와 이용시간 증가

● 국내 모바일 광고시장의 확대

(단위 : 명)

| 구분 | 2011.12 | 2012.12 | 2013.12 | 2014. 3 |
|------|---------|---------|---------|---------|
| SKT | 11,085,192 | 15,978,717 | 18,286,407 | 18,816,233 |
| KT | 7,653,303 | 10,250,998 | 11,373,331 | 11,425,269 |
| LGU+ | 3,839,913 | 6,497,534 | 7,942,648 | 8,079,155 |
| 합계 | 22,578,408 | 32,727,249 | 37,516,572 | 38,320,657 |

국내 이동통신 3사 스마트폰 가입자 추이(방송통신위원회, 2014년 )

스마트폰 광고를 접한 경험자의 60% 이상이 광고를 접한 후 내용을 확인한 경험(69.5%) 또는 상품이나 서비스를 구매한 경험(62.3%)이 있는 것으로 조사됨

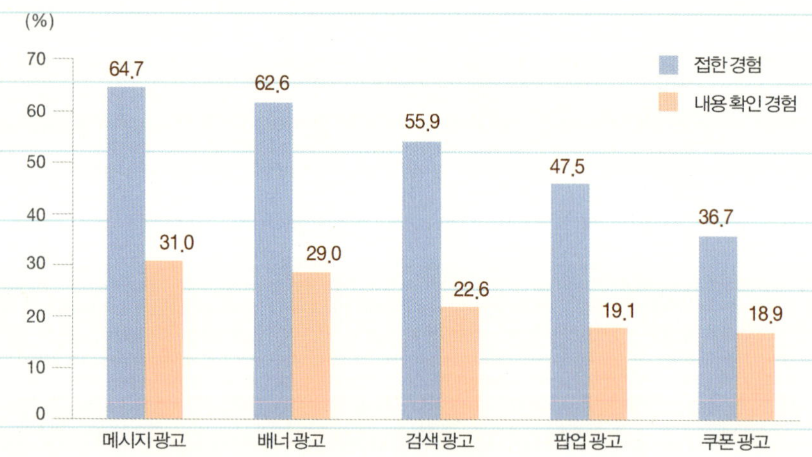


국내 모바일 광고 이용 현황(한국인터넷진흥원 자료, 2012년 8월 )

# 플랫폼의 대가를 만나다

입학식을 한 게 엊그제 같은데 벌써 여름방학이 되었다. 방학 때 무얼 할까 고민하다가 제주도에 계시는 삼촌을 만나러 가기로 했다. 장사의 달인으로 소문난 삼촌은 IT업계의 귀재로 제주도에 본사를 두고 있는 (주)나눔의 대표이사로 계신다. (주)나눔은 우리나라 포털 사이트와 SNS 메신저를 가지고 있는 회사다. 삼촌은 한국대학교 컴퓨터공학과를 졸업하고 해외로 떠나서 방랑생활을 하다가 IT회사를 차렸다는 소식을 들었다.

어릴 적 삼촌과 같이한 시간이 많지 않아 약간 어색하기도 했지만 이런저런 얘기를 하면서 조금씩 가까워졌다. 삼촌 얘기를 듣다 보니 삼촌네 회사가 생각보다 훨씬 크다는 사실에 놀랐다. 방랑객에다 시간만 나면 게임하는 삼촌 모습에서는 찾아볼 수 없었던 진지한 모습에 자극을 받은 나는 부모님의 허락을 받고서 한 달 동안 삼촌 곁에서 뭐든 배우기로 했다.

제주도에 도착한 첫날, 저녁을 먹고 나서 삼촌과 마주앉아 삼촌이 직접 담근 귤차를 마시며 얘기를 나누었다.

"내가 한국을 떠날 때 어린아이였던 네가 대학생이 되어 나를 찾아오다니 참 신기하구나. 너는 어릴 때 나를 무척 따랐는데."

"저는 삼촌 모습이 어렴풋이만 생각나요. 놀이터에서 같이 놀아주던 기억도 있고요. 그런데 삼촌은 어떻게 해서 이런 회사를 세울 생각을 했어요? 경영학을 전공한 것도 아닌데 어떻게 이렇게 큰 회사를 세울 수 있었는지 궁금해요."

"대학교를 졸업하고 일 년간 전 세계를 여행하면서 평소 관심이 있던 회사를 방문하게 되었단다. 특히 실리콘밸리에 있는 IT회사를 보면서 마케팅과 경영학에 매력을 느꼈지. 시대가 빨리 변하고 있고 IT, 개인컴퓨터, 휴대전화, 인터넷 정보시스템의 발달로 새로운 시스템이 올 것이라는 확신이 들었다. 처음에는 컴퓨터공학 전공을 살려 소프트웨어 제작회사에 들어갔다가 비전을 못 느껴 애플리케이션 제조회사에 들어가기도 했어. 하지만 어느 순간 고객들과 세상 사람들이 만족하고 매력을 느껴서 찾아오는 어떤 장을 만들고 싶다는 생각을 하게 되었어. 일종의 플랫폼이지."

"플랫폼이 뭐예요?"

"흠, 이걸 정확하게 말할 수 있는 사람은 그리 많지 않을 거야. 플랫폼이라고 검색해보면 단어가 여러 개 나오지. 그중에는 우주정거장이라든지 기차역의 플랫폼이라든지 공장에서 쓰이는 각종 틀, 보디 등도 있지. 하지만 최근 IT업계에서 사용하는 개념은 너도 잘 알고 있는

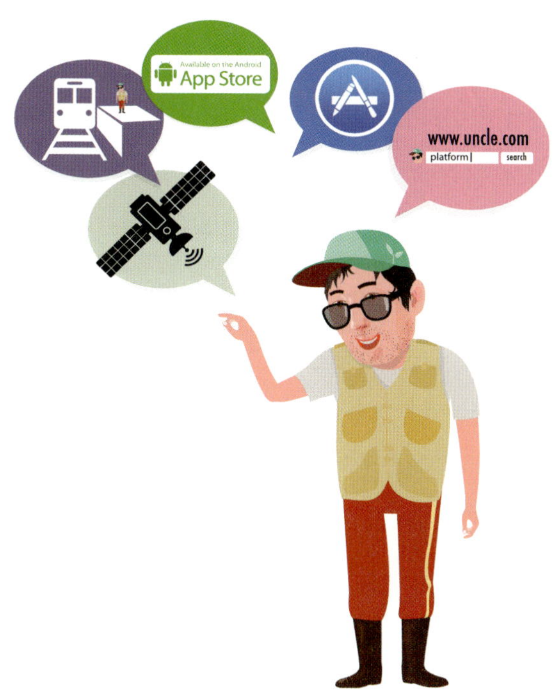


G마켓, 아마존 같은 온라인 쇼핑몰, 안드로이드 마켓과 애플의 앱스토어와 같이 필요한 어플리케이션을 다운받고 구매할 수 있는 시장을 말하기도 하고, 삼촌이 운영하는 포털 사이트같이 소비자가 얻고자 하는 정보를 검색하거나 그 사람들과 연결해주는 것도 플랫폼이라 할 수 있어.”

“그렇게 말씀하시니까 좀 이해되네요. 근데 IT산업에만 플랫폼이 있는 건가요?”

“그렇지 않아. 예전에 전통적인 시장과 마트, 주식시장이나 서점, 식당 아니면 요즘 현존하는 모든 기업이 사업을 플랫폼화할 수 있지. 소비자들이 모여서 다른 가치를 창출할 수 있는 장을 만드는 거지.”

"삼촌은 왜 플랫폼을 만들어야겠다고 생각하셨어요?"

"음… 산업이 발전하고 기업마다 내로라하는 값비싼 상품을 내놓으면서 돈도 없고 인력도 없는 상태에서 이러한 사업들은 내가 할 수 없을 뿐만 아니라 웹, 초고속 인터넷이 대중화된 IT 강국인 우리나라에서 이 점을 활용한다면 좋겠다고 생각했어. 최근에 스마트폰과 무신 네트워크가 확산되고 이런 정보 커뮤니케이션에 드는 비용이 급격하게 줄어들면서 삼촌도 이 사업을 해야겠다는 생각이 들었지. 그렇기 때문에 삼촌과 같이 생각했던 사람들도 많았고 경쟁자도 많아서 성공하기가 쉽지 않았어."

"그렇구나. 삼촌은 어떻게 여기까지 올 수 있었나요?"

"세계 1위의 플랫폼을 가만히 살펴봤어. 처음엔 잘 몰랐는데 몇 가지 특징이 보이더라고."

"그게 뭐예요?"

"그건 영준이 네가 한번 일을 하면서 찾아보렴. 네가 마케팅을 공부한다고 하니 잘할 거야. 내일 네가 조사한 것을 가지고 삼촌이랑 같이 이야기해보자꾸나."


다음 날 삼촌과 함께 낚시를 하러 나섰다. 삼촌은 심심할 때마다 낚시를 한다고 하셨다. 지금까지 낚시를 제대로 해본 적이 없는 나는 무척 설렜다.

"삼촌, 낚시하기에 여기가 좋아요, 저기가 좋아요?"

"어~ 여기가 좋지. 조용하고 경치도 좋고 볼거리도 많네. 여러 가지 플랫폼이 있지만 아무래도 매력 있는 플랫폼이 끌리는 거야.”

“매력 있는 플랫폼이라면?”

“첫 번째 관련 있는 여러 그룹과 개인을 플랫폼으로 오게 하고, 두 번째 다양한 기능과 이점을 제공하고, 세 번째 광고·판촉·검색 등의 비용을 줄여 네 번째 바이럴 같은 네트워크 효과를 창출하는 것, 그래서 결국 새로운 생태계를 구축하는 것이 플랫폼 마케팅이다.”

“그건 기존 기업과 뭐가 다른가요?”

“기존 기업은 원칙적으로 하나의 법인을 비즈니스 전략으로 봤다면 플랫폼은 그게 아니야. 새로운 플랫폼 비즈니스에서는 기업의 생산, 인사, 재무, 마케팅, R&D 전략 등 사업 비즈니스 전반의 혁신적인 변화가 필요하다고 볼 수 있지. 즉, 자본의 무한 투자가 아닌 고객과 관계, 차별화된 노하우, 지식, 관련된 인맥 등을 끌어들여 시작은 보잘 것없다 하더라도 장차 성공하는 전략이라고 할 수 있어. 여기서 중요한 건 투자한 어느 누구도 금전적 손해를 보는 것이 아니라 장기적으로 이익을 보게 해준다는 거야.”

“아, 플랫폼 전략이라는 것이 그런 것이군요. 어려워요! 그렇다면 이 전략을 이용한 사업을 다 하고 싶어할 텐데 그렇진 않죠?”

“이 플랫폼 사업을 구체적인 전략 없이 하게 되면 비슷한 경쟁에서 차별화되지 못하고 고객 컨트롤 능력마저 없으면 시장에 지배될 수도 있어. 결국 많은 기업이 실패하고 돌이킬 수 없는 결과를 낳는 거야.”

## 카카오페이지 사례 (출처 : kakao page introduction)

### ○ 웹과 모바일의 콘텐츠 비즈니스 환경 차이

**웹** : 검색 중심 포털, 정보 접근을 하기 쉽다. 데이터베이스로서 콘텐츠를 가지고 있고 유료보다는 무료인 경우가 많다.

**모바일** : 관계 중심 SNS, 정보 접근, 활용이 제한적이다. 상품으로서 콘텐츠가 위주이고 무료보다는 유료다.

### ○ 모바일 콘텐츠 비즈니스의 공통 문제

- 앱은 개발 비용도 문제지만 유지·보수에도 리소스가 많이 필요하다.
- 싱글 앱을 만들었다 하더라도 게임이나 유틸리티만큼 마케팅 비용을 사용하기는 쉽지 않다.
- 콘텐츠 상품을 유로로 사고파는 마땅한 마켓이 마련되어 있지 않다.
- 콘텐츠의 2차, 3차 확산을 관계 중심으로 꾀할 수 있는 장치가 필요하다.

### ○ 모바일 콘텐츠 유통 카카오

앱을 개발하지 않고 게임, 유틸리티와 직접 경쟁하지 않으며 콘텐츠 상품을 만들어 유로로 사고팔며 소셜 네트워크로 확산할 수 있는 오픈 마켓 플랫폼

### ○ 카카오페이지 서비스 구조

**추천, 확산** : 유료 콘텐츠 자체가 추천, 확산되도록 하는 네트워크 구조

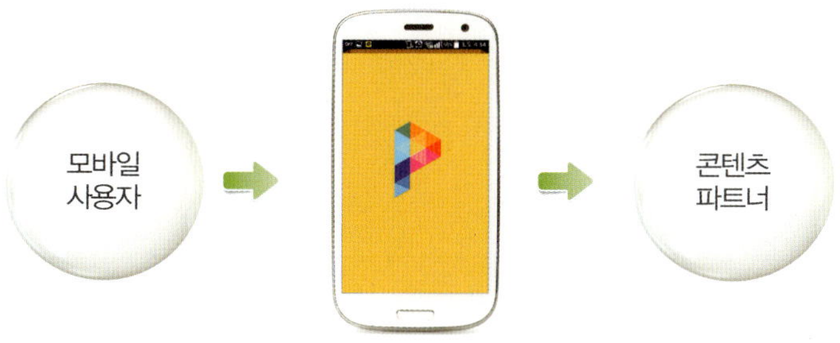



카카오페이지의 서비스 구조

## ○ 카카오의 소셜 그래프

친구 관계에 기반을 두고 발생하는 채팅, 댓글, 추천, 선물하기 등의 소셜 네트워크 구조, 콘텐츠 바이럴 확산과 다양한 발견 포인트 생성 가능

## ○ 론칭 스펙

**카카오스토리 포스팅**: 카톡 친구와 같이 보기, 추천하면 무료 등

## ○ 목적

- 롱테일의 다양한 콘텐츠가 의미 있는 사용자에게 소개되고 비즈니스가 될 수 있는 생태계
- 콘텐츠는 무료로 노출하고 트래픽을 모아 광고 비용을 책정하며 콘텐츠로 돈을 버는 것이 아닌 콘텐츠 저작권자가 상품을 만들어 유저들과 직접 만나 거래하는 콘텐츠가 돈을 버는 모습을 기대

## 플랫폼 전략이란?

플랫폼 전략이란 둘 이상의 집단을 연결하여 거래될 수 있도록 하는 것으로 산업 전반에 걸쳐 나타난다. 우리가 쉽게 접할 수 있는 판매자와 구매자가 만나는 장소인 백화점, 남대문시장, 증권시장 등이 있다. 플랫폼의 역할은 구매자와 판매자가 서로 만날 수 있는 장을 만들어주는 것이다. 더 쉽게 예를 들면 우리가 흔히 알고 있는 결혼정보업체나 소개팅, 맞선 등을 주선해주는 업체가 있다. 이성을 만나고 싶어하는 많은 남녀의 정보를 가진 결혼정보업체는 쌍방이 만날 수 있는 장인 플랫폼을 제공해주고 서로 교류할 기회를 주는 것이다. 즉, 어떤 장에 관심이 있는 그룹들을 모아서 그들의 니즈를 충족해주고 마케팅 비용을 줄여 바이럴 같은 시너지효과를 기대하는 전략이라고 할 수 있다.

SNS에서 예를 들면 매우 많다. 우리가 흔히 알고 있는 트위터와 페이스북, 구글, 카카오톡, 에버노트 등이 있다. 카카오톡의 경우 플랫폼 역할을 톡톡히 하고 있다. 카카오톡이라는 장을 통해 캔디팡, 애니팡, 드래곤 플라이트 등의 게임이 유저들에게 소개되고, 이 유저들은 자신과 연결된 친구들을 계속해서 초대함으로써 바이럴 마케팅 효과를 자동으로 보고 있다.

쇼핑몰에서 대표적인 예를 들면 G마켓이 있다. G마켓은 각종 서비스를 제공하는 여러 서비스 사업자들과 그것을 이용하는 사용자들을 연결하는 플랫폼 역할을 한다. 이것은 멀티 사이드 플랫폼으로 다수 대 다수라는 의미다. 이 플랫폼 사업에는 세 가지 모델이 있다.

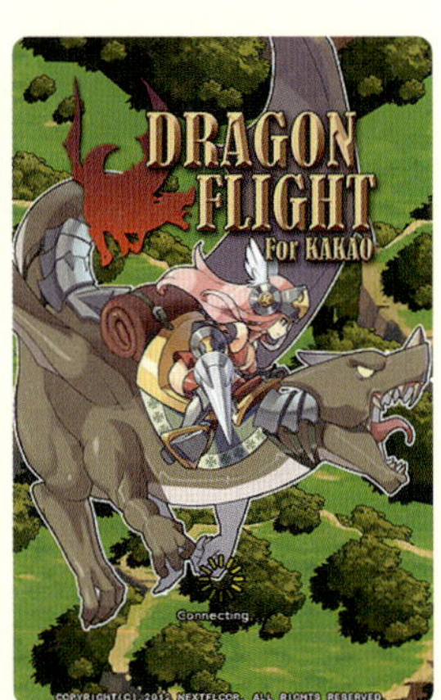

카카오톡의 모바일 게임 캔디팡, 애니팡, 드래곤 플라이트

① 싱글사이드 플랫폼: 중간에 다른 회사와 제휴하지 않고 단독으로 사업 진행

② 투사이드 플랫폼: 결혼정보업체처럼 두 그룹을 연결하는 플랫폼

③ 멀티사이드 플랫폼: 오픈 마켓처럼 각종 서비스를 제공하는 여러 서비스 사업자와 많은 사용자를 연결하는 플랫폼

### ■ 플랫폼의 4가지 기능

① 양 그룹을 연결해 교류의 장을 마련한다.

② 플랫폼이 없을 때보다 비용이 감소한다. 양 그룹의 시간과 비용을 줄여준다.

③ 서로 입소문으로 신뢰가 형성되고 네트워크 효과까지 누릴 수 있다.

④ 입소문을 통한 네트워크 형성은 다른 그룹들에게 믿음과 신뢰를 주고 다른 서비스의 검색비용을 절감한다.

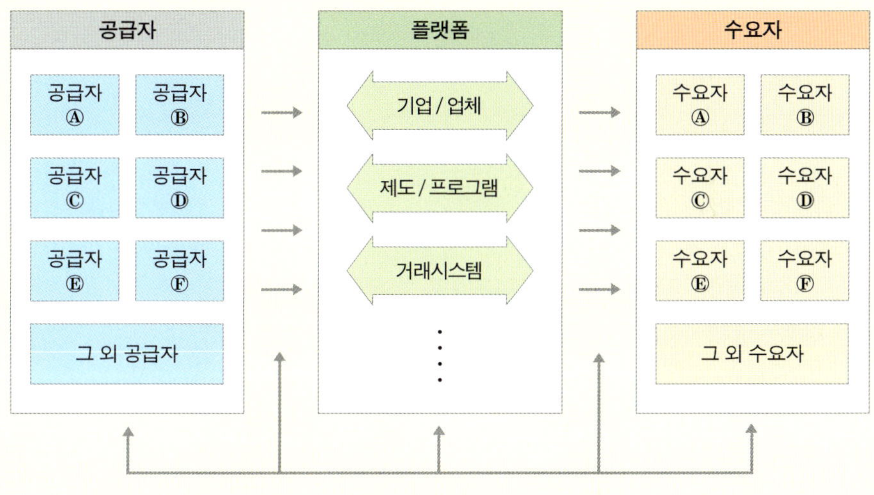


플랫폼과 플랫폼 전략

## 스토리 마케팅 – 핫식스

어느 대학 동아리방
컴퓨터 앞에서 열심히 리포트를 작성 중이다.
"다 됐어요?"
두 후배가 초조한 얼굴로 선배에게 묻는다.
"다 됐어."
그러다 서둘러 저장 버튼을 누른다는 것이
그만 취소 버튼을 누르고 만다.
선배와 후배는 동시에 놀라 소리를 지른다.
"으악!"

정신 차렷! 핫식스

6

Lecture

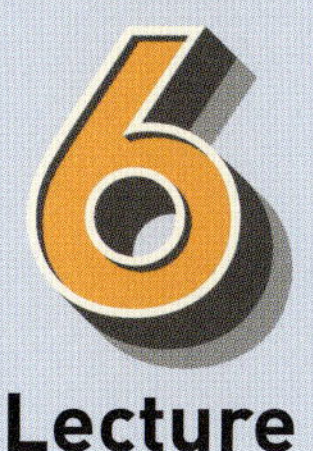

# 소통과 혁신 마케팅

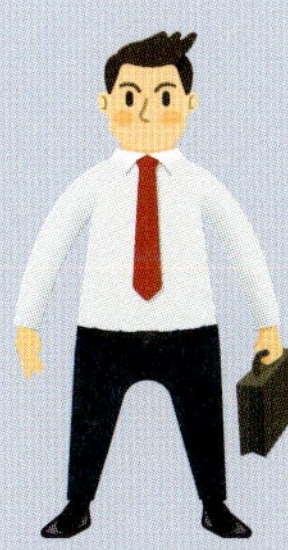

## 혁신은 제도와 방식을 고쳐 새롭게 하는 것입니다

가치 혁신은 기존 시장에서 구매자의 가치를 높이고
새로운 시장 창출이 가능한 유틸리티를 만들어내
경쟁 자체를 무의미하게 만드는 것입니다.
새로운 수요를 창출하는 전략적 사고 접근법입니다.
기술 혁신, 경영관리 혁신, 고객가치 혁신이
함께 이루어지는 것이 바로 가치 혁신입니다.

# 소비자와 진심으로
# 이야기하라

제주도에서 삼촌과 마케팅과 관련해 시야도 넓히고 아름다운 자연 속에서 여유롭게 지내다 보니 한 달이 금방 갔다. 아쉽기는 했지만 다음에 또 찾아뵙기로 하고 집으로 돌아왔다. 개강이 며칠 남지 않아 그동안 소홀히 한 마케팅 이론 공부를 하며 보냈다.

오랜만에 학교에 나왔다. 과 친구들이 서로서로 반갑게 인사를 나누고 밀린 얘기를 하느라 강의실 안이 시끌시끌했다. 볼 일이 있어 들른 학과 사무실 앞에 공고가 붙어 있었다.

마케팅학과 가을 엠티 갑니다.
엠티 주제는 '소통과 혁신'입니다.
세미나와 강의, 그리고 조세현 교수님의 특강이 있을 예정이니
학우 여러분은 모두 참석하기 바랍니다.
…

2013년 유튜브에서 '신도림역 영숙이'란 동영상으로 커다란 화제가 되었던 '좋은연애연구소' 김지윤 소장의 강연 모습

숙소에 도착해 짐을 풀자마자 강당으로 모이라고 했다. 교수님과 막역한 친구라는 유명강사 분이 '소통'에 대해 강의를 해주신다고 했다. 그분은 최근 소통과 공감이라는 주제로 텔레비전과 각종 매체에 나오면서 난리가 났던 분이었다. 푸른 바다와 백사장은 없더라도 시원하게 맥주도 한잔하고 족구도 하며 신나게 놀 줄 알았는데…. 우리는 헐~ 하는 눈빛을 주고받으며 강의를 기다렸다.

드디어 유명강사인 그분이 들어오고 강의가 시작되었다. 그런데 강의 내용이 생각보다 재미있고 공감되는 부분이 많았다. 특히 남녀 간의 생각 차이에서 오는 불통 사례로 한때 페이스북, 유튜브에서 화제가 된 '신도림역 영숙이' 사례 영상을 같이 보았는데 공감 가는 내용이었고 재미도 있었다. 그리고 남녀 사이에는 생각 차이와 소통 차이가 있다는 것을 더 확실히 알 수 있었다.

소통은 남녀 사이뿐만 아니라 기업과 소비자 사이에도 반드시 필요하다는 말, 서로 견해 차이가 있기 때문에 역지사지의 마음으로 소통하려고 노력해야 한다는 말도 공감이 되었다. 늘 상대방 처지에서 생각해야겠다고 생각하면서 옆자리에서 웃고 있는 연주를 흘깃 쳐다보았는데 그것이 쉽지 않을 수도 있겠다는 생각이 들었다.

강사 분의 강의가 끝나고 조 교수님이 특강을 해주셨다. 특강 주제는 '소통 마케팅, 소비자와 진심으로 이야기해라!'였다.

"여러분에게 잠시 소통 마케팅에 대해 이야기하고 준비한 저녁을 먹겠습니다! 마케팅에서 커뮤니케이션은 가장 중요한 부분입니다. 생산자와 소비자 간의 커뮤니케이션은 판매와 구매에 가장 크게 영향을 미치기 때문입니다. 한 번 생각해보세요. 생산자와 소비자 사이에 어떠한 소통, 즉 커뮤니케이션이 없다면 어떻게 물건을 팔고 살지를 말입니다! 마케팅에서 커뮤니케이션은 생산자와 소비자뿐만 아니라 생산자와 생산자, 소비자와 소비자의 관계에서도 필요합니다. 그럼 상품을 개선하고, 상품에 대한 적절한 가격과 서비스를 결정하는 등 모든 과정에서 가장 중요한 역할을 하는 커뮤니케이션에 대해 알아보겠습니다.

커뮤니케이션communication의 어원은 '공통되는(common)' 또는 '공유하다(share)'라는 뜻의 라틴어 'communis'에서 유래했습니다. 또한 '공동체' 또는 '지역사회'라는 뜻을 지닌 영어의 'community'라는 단어와 유래가 같은데 현재의 사전적 의미는 언어·몸짓이나 화상 등 물질적 기호를 매개수단으로 하는 정신적·심리적인 전달 교류를 말합니다. 포괄적인 의미로 커뮤니케이션은 '정보의 흐름을 통해 한 개체와 다른 개체가 의미를 공유하는 과정'이라고 할 수 있습니다.

'의사소통'이라고 번역되는 커뮤니케이션은 메시지 전달자와 수신자가 '의미를 공유'하게 되면 커뮤니케이션이 잘되었다고 생각할 수 있습니다. 이런 점을 마케팅에 적용해보면 판매자(전달자)와 소비자(수신자) 간의 소통이 원활하며, 소통하는 내용은 상품과 관련된 모든 내용을 포함합니다. 즉 마케팅에서 커뮤니케이션이 잘될 때 상품에 대한 모든 의미, 가치 등을 서로 공유하면서 상품생산, 상품구입까지 이뤄집니다.

그럼 커뮤니케이션은 어떤 방법으로 이뤄질까요? 커뮤니케이션은 다양한 채널을 통해 이뤄지게 됩니다. 전달자와 수신자 사이에서 주고받는 메시지를 연결해주는 모든 수단이 커뮤니케이션의 채널이라고 할 수 있습니다. 이번에는 커뮤니케이션의 채널에 대해 간략하게 얘기 나눠보겠습니다.

| 커뮤니케이션 영역 | 사용하는 채널 |
| --- | --- |
| 개인 내 커뮤니케이션 | 일기장, 앨범, 컴퓨터를 이용한 일기와 사진 정리 |
| 대인 커뮤니케이션 | 전화, 편지, 메모, 이메일, 컴퓨터 매개 커뮤니케이션 |
| 소집단 커뮤니케이션 | 채팅룸, 전자 그룹, 포커스 그룹, CMC |
| 조직 커뮤니케이션 | 네크워크, CMC, 화상회의, 공문서, 회의 시 노트북 이용, 기획안, 결재서류, 단체 이메일, 메모, 게시판 |
| 공공 커뮤니케이션 | 구두 표현에만 의존하던 방식에서 탈피하여 유인물, OHP, 파워포인트, 파일 제시용 빔 프로젝트 같은 각종 시청각 미디어 |
| 매스 커뮤니케이션 | TV, 신문, 라디오, 책, 잡지, 인터넷 신문, 인터넷 방송 등 |

커뮤니케이션이 마케팅에 활용되는 것을 이해하려면 커뮤니케이션이 마케팅의 일부가 되는 과정을 먼저 이해해야 합니다. 변화하는 시대에 맞추어 마케팅의 정의가 새로워지게 되는데 최근에는 고객에

게 가치를 창안해 성공적으로 커뮤니케이션하는 것과, 조직과 그 관계자들이 편익을 얻을 수 있는 방법으로 고객 관계를 관리하기 위한 조직적 기능이자 일련의 과정을 말합니다. 다시 말해서, 마케팅의 첫걸음이 커뮤니케이션이라는 것입니다.

이러한 정의는 관계와 가치에 비중을 두고 있는데 개인 소비자와 상호호혜를 위한 장기적 관계를 창출·유지·발전시켜야 한다고 보는 것입니다. 가치는 제품이나 서비스를 획득하고 소비하는 비용에 견주어 편익에 대한 고객의 지각입니다. 편익은 기능적(제품의 성능)일 수도 있고, 경험적(제품을 사용한 것처럼 느끼는)일 수도 있고, 심리적(특정 브랜드 소유에 대한 자존감 등)일 수도 있습니다. 고객이 지불한 비용에는 제품 비용은 물론 서비스, 정보 획득, 구매 결정, 사용 방법의 습득, 유지 관리와 처리 등과 같은 여러 요인이 포함됩니다.

기업은 통합 마케팅 커뮤니케이션 프로그램으로 이동하기 시작했는데, 이는 고객과 커뮤니케이션하기 위한 여러 마케팅 활동과 다양한 프로모션 믹스를 조화시키는 것입니다. 즉 광고대행사에 의한 매스미디어 광고에 의존하기보다는 다양한 프로모션 프로그램을 활용하기 시작한 것입니다.

광고대행사는 프로모션 수단들의 시너지효과에 대한 기업의 요청에 응했습니다. 그리하여 새로운 광고, 조정, 단절이 없는 커뮤니케이션과 같은 용어들이 통합(integration)이라는 개념을 기술하기 위해 사용되었습니다. 미국 광고대행사협회는 통합 마케팅 커뮤니케이션을 이렇게 정의하였습니다. "다양한 커뮤니케이션 분야의 전략적 역할을 평가하고 명료성과 일관성, 그리고 최대의 커뮤니케이션 효과를 가지도록 커뮤니케이션 분야를 결합하는 마케팅 커뮤니케이션 계획을 말한다."

이 정의는 최대 커뮤니케이션 효과를 달성하기 위해 모든 형태의 프로모션을 이용하는 과정을 강조했습니다. 통합 마케팅 커뮤니케이션 접근법은 기업이 말하고 행하는 모든 것이 일관된 주제를 전달하고 포지셔닝할 수 있도록 집중된 메시지로, 기능이 필요합니다. 기업에 통합은 다양한 마케팅과 프로모션 믹스들을 개별 활동으로 취급했던 전통적 방법을 넘어서는 발전을 의미합니다.

돈 슐츠Don E. Schultz 교수는 통합 마케팅 커뮤니케이션의 정의를 좀 더 진전시켜 다음과 같이 정리했습니다.

"통합 마케팅 커뮤니케이션이란 소비자, 고객, 예상 고객, 종업원, 협회 그리고 기타 내·외부 표적 수용자들을 대상으로 조화되고, 측정 가능하며, 설득적인 브랜드 커뮤니케이션 프로그램을 지속적으로 계획·개발·실행하고 평가하는 전략적 업무 과정이다."

이 정의의 중요한 측면은 통합 마케팅 커뮤니케이션을 단순한 전술적 통합이 아니라 지속적으로 진행되는 전략적 업무 과정으로 본다는 것입니다. 슐츠 교수는 이 정의가 결과에 대한 책임과 측정에 대한 요구를 점점 더 강조하고 있음을 지적했습니다.

그렇다면 통합 마케팅 커뮤니케이션이 각광받는 이유는 무엇일까요? 첫째, 가장 근본적인 이유는 각각의 커뮤니케이션 기능이 전략적으로 통합되면 훨씬 큰 효과를 볼 수 있다는 것을 인식했기 때문입니

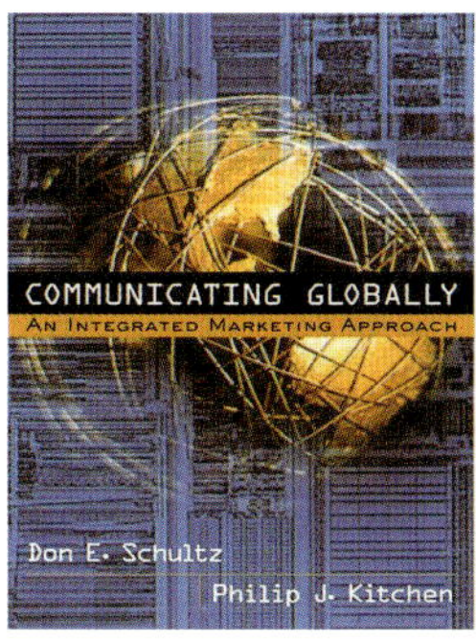

IMC의 대가 미국 노스웨스턴 대학교의 돈 슐츠 교수와 글로벌 마케팅 커뮤니케이션을 다룬 그의 저서 《Communicating Globally》.

다. 즉 투자 대비 효율을 극대화할 수 있는 쉬운 방법 가운데 하나라고 주장합니다.

둘째, 전통적인 미디어가 쇠퇴하거나 세분화되고 있기 때문입니다. 즉 미디어 기술의 발전으로 마케팅 담당자들의 관심은 대중 마케팅에서 마이크로 마케팅으로 이동하여, 소비자 혹은 업계 지향의 프로모션과 같은 다른 형태로 옮겨가고 있습니다. 또한 매스미디어를 강조했던 기존의 접근에서 벗어나 커뮤니케이션 문제를 해결하려는 움직임이 나타났습니다. 즉 표적이 분명한 커뮤니케이션 수단을 선호하는 것입니다.

셋째, 시장 권력이 생산자에서 소매상으로 옮겨가고 있으며 넷째, 데이터베이스 마케팅이 고속으로 성장하고 발전하고 있습니다. 다섯째, 광고대행사의 책임이 더 커지고 광고대행사에 대한 보상 방식도

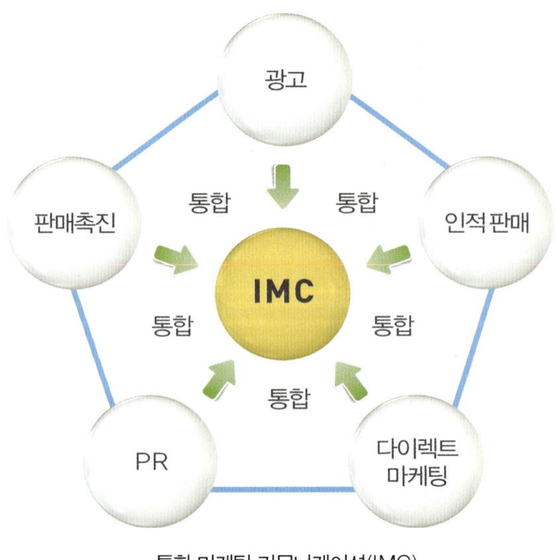



통합 마케팅 커뮤니케이션(IMC)

인센티브 시스템으로 바뀌고 있습니다. 쉽게 말해 효과가 확실하고 저렴한 곳을 찾아다닌다는 말입니다. 여섯째, 인터넷의 급속한 성장으로 기업의 경영 방식이 바뀌고 기업과 소비자 간의 커뮤니케이션과 상호 접촉 방식도 변하고 있습니다.

선택할 시간이 별로 없는 소비자의 눈길을 끌기 위해서 경쟁하는 제품과 서비스들이 점점 더 많아짐에 따라 잘 알려진 브랜드들은 오늘날 시장에서 경쟁우위를 갖고 있습니다. 브랜드 정체성과 자산을 구축하고 관리하기 위해서는 소비자 마음속에 호의적이고, 강력하며, 독특한 연상을 불러일으키는 브랜드를 창안해내야 합니다. 그래야 살아남는 시대가 되었기 때문입니다.

브랜드 정체성은 소비자가 하나의 브랜드를 생각할 때 떠오르는 이미지 혹은 연상 외에도 제품이나 서비스의 이름, 로고, 상징, 디자인,

포장 그리고 성능을 포함하는 많은 요소의 조합입니다. 또한, 기업에 대한 소비자의 인지도, 지식, 이미지의 모든 스펙트럼을 포함합니다.

또 한 가지 말씀드릴 것은 프로모션 믹스인 IMC 도구입니다. 프로모션은 제품이나 서비스를 판매하거나 아이디어를 진작하기 위해 정보와 설득 경로를 구축할 목적으로 판매자가 주체적으로 기울이는 모든 노력의 조정으로 정의됩니다. 조직의 커뮤니케이션 목표들을 달성하기 위해 이용되는 기본적인 도구들을 흔히 프로모션 믹스라고 합니다. 프로모션 믹스의 구성요소에는 광고, 직접 마케팅, 쌍방향/인터넷 마케팅, 판매 프로모션, 퍼블리시티/PR, 대인판매가 포함됩니다.

그럼 구체적인 사례로 '코카콜라의 커뮤니케이션'과 '박카스의 커뮤니케이션'에 대해 알아보겠습니다.

### 코카콜라의 커뮤니케이션

코카콜라는 2010년 SNS를 이용하여 커뮤니케이션을 성공적으로 해냈습니다. '코카콜라의 Expedition 206' 캠페인은 대략 이렇게 진행되었습니다.

처음엔 젊은 청년 셋이 코카콜라 행복대사(Happiness Ambassadors)가 되어 "코카콜라가 판매되는 전 세계 206개국을 탐험하며 행복의 비밀을 찾는다"는 테마로 여행을 떠납니다. 이후에 캠페인 일정이 SNS를 통해 알려지면서 세계적으로 수많은 젊은이가 행복대사에 참여하고자 했고 일반인과 팬들을 참여시켜 더욱 대중적인 캠페인이 되었던 거죠. 이 과정에서 선발된 행복대사들은 2010년 1월 1일 스페인의 마드리드

코카콜라가 판매되는 전 세계 206개 나라를 탐험하며 행복의 비밀을 찾아내는 '코카콜라 Expedition 206' 캠페인은 수많은 이슈와 화제로 소비자와 소통하는 커뮤니케이션을 이끌어냈다.

에서 출발하여 최대 1년간 이루어진 이 원정길에 이들에게 제공된 캠코더, 노트북, 스마트폰 등 디지털기기를 통해 많은 사람과 쉽게 소통할 수 있었습니다. 이들은 45만여 킬로미터, 190여 개국을 365일 여행하면서 겪은 일을 Expedition 206 공식 사이트와 트위터, 페이스북 같은 SNS 사이트에 남겼고, 팬들과 팔로워로부터 실시간 답변과 응원의 메시지를 받았습니다.

캠페인이 종료된 후에도 유튜브 동영상은 많은 조횟수를 기록하였고, 페이스북 브랜드 홈페이지의 3,400만의 좋아요 숫자는 캠페인 확산과 그에 따른 커뮤니케이션이 성공적이었음을 보여줬습니다. 행사에 참여한 행복대사들이 코카콜라의 약속인 'fun, freedom, spirit'

메시지를 SNS에 남기고 공유함으로써 전 세계적으로 브랜드 자산 강화에도 큰 도움을 줬다고 할 수 있습니다.

그렇다면 이 캠페인에서 우리가 배울 점은 무엇일까요? 우선 온·오프라인에서 추진해온 'Open Happiness'라는 브랜드 메시지를 일관성 있게 유지할 수 있는 토대가 되었으며, 인지도와 연상 모두 강화되었습니다. 수많은 기업이 뚜렷한 전략 없이 '소셜 미디어'에만 집착하다 브랜딩을 놓치는 경우가 많은데 '글로벌'과 '행복'이라는 브랜딩 메시지에 '소셜 미디어' 캠페인을 통해 전략적으로 다가간 이 캠페인은 많은 코카콜라인의 마음을 뜨겁게 달궈준 하나의 소통이 되었다고 볼 수 있습니다. 다시 말해서 코카콜라를 사랑하는 사람들과 '행복'이라는 메시지로 소통할 수 있는 캠페인이었다고 할 수 있겠습니다.

### 박카스의 커뮤니케이션

대한민국에서 피로 하면 가장 많이 떠오르는 제품은 아마 동아제약의 박카스일 것입니다. 박카스 사례는 의약 식품으로써 소비자와 훌륭하게 커뮤니케이션하여 최고 브랜드를 구축한 사례라 할 수 있습니다. 소비자가 쉽게 공감하고 이해할 수 있는 이야기로 소비자의 참여와 소통을 유도해 재미를 얻고, 소비자의 삶 속에서 교훈을 전파하는 성공적인 커뮤니케이션을 진행했습니다.

소비자들이 직접 피로에 관한 이야기를 소재로 하여 박카스 광고 동영상을 만들 수 있도록 커뮤니케이션 채널을 통해 자연스러운 마케팅을 이뤄냈습니다. 소비자들이 만든 동영상을 커뮤니케이션 각 채널

'그날의 피로는 그날에 푼다'는 광고 콘셉트와 함께 박카스를 들고 있는 부모님의 낡은 사진을 소재로 한 박카스 광고는 친근하면서도 소비자가 쉽게 공감할 수 있었다.

을 통해 전파될 수 있게 활용한 점도 박카스의 커뮤니케이션 활용으로 볼 수 있겠습니다.

그렇다면 이러한 마케팅 사례에서 우리가 배울 점은 무엇일까요? 온·오프라인에서 추진해온 '그날의 피로는 그날에 푼다'라는 브랜드 메시지를 일관성 있게 전달하면서, 소비자들이 피로 한 상황을 대입하는 수많은 패러디를 만들어 사람이 살면서 피로한 모든 것을 박카스 브랜드에 대입할 수 있었던 것입니다. 또한, 소비자들이 직접 박카스의 마케팅을 만들면서 브랜드의 친숙함을 높였으며 자연스럽고 저렴한 비용으로 브랜드를 마케팅을 진행한 점이 우수하다고 볼 수 있습니다.

커뮤니케이션과 마케팅 성공 사례에 대한 교수님의 한 시간 강의는 순식간에 지나갔지만 마케팅에서 소통과 공감의 중요성을 명확히 알 수 있는 시간이었다.

"긴 시간 강의 듣느라 애쓰셨습니다. 오늘 들려준 내용이 여러분이 마케팅을 공부하는 데 도움이 되었을 거라 생각합니다. 이제 밖으로 나가 저녁을 먹은 뒤 자유롭게 보내기 바랍니다."

공감에 대한 교수님 특강을 들은 뒤 마케팅학과 선후배들이 함께 바비큐 파티를 하면서 비로소 엠티를 온 것 같은 기분을 만끽했다. 소통과 공감에 대해 강의를 들어서 그런지 말 한마디, 한마디에 더욱 귀 기울이게 되고 서로 더 공감하는 즐거운 시간을 보냈다.

# 작은 것부터
# 소중하게 시작하라

엠티 둘째 날 아침이 밝았다. 아침 8시에 모든 학생을 기상시킨 조 교수님은 인근의 산으로 트레킹을 가자고 하셨다. 어젯밤 술을 마시며 밤늦게까지 얘기하느라 새벽녘에야 잠든 나는 간신히 일어나기는 했지만 몸이 천근만근이었다. 나뿐 아니라 많은 학생이 힘들어서 헉헉거리며 산을 오르고 있었다. 일행 꽁무니에서 겨우겨우 얼마를 가니 그늘진 숲 속에 넓은 강의장이 눈에 들어왔다. 나보다 먼저 온 학생들이 그곳에서 휴식을 취하고 있었다. 뒤처졌던 학생들이 모두 모여들자 교수님이 말씀하셨다.

"여러분, 오랜만에 걸으니 많이 힘든가요? 힘든 얘기를 하니까 혁신 마케팅 얘기를 하고 싶어집니다."

교수님은 지치지 않는 에너자이저 같으셨다. 교수님은 마케팅에도 혁신이 필요하다는 말로 숲 속 강의를 시작하셨다.

"보통 사람들은 혁신이라는 단어를 듣는 순간 어렵다는 느낌을 받을 것입니다. 혁신은 왠지 평범하지 않은 사람만이 할 수 있는 전유물처럼 다가오기 때문이죠. 하지만 전혀 그렇지 않아요! 아주 작은 변화가 큰 변화를 이뤄내는 혁신이 될 수 있습니다. 2014년 4월 개봉한 현빈 주연의 〈역린〉이라는 영화를 보면 혁신에 대해 잘 표현하고 있습니다.

중용 23장에는 "작은 일도 무시하지 않고 최선을 다해야 한다. 작은 일에도 최선을 다하면 정성스럽게 된다. 정성스럽게 되면 겉에 배어 나오고 겉에 배어 나오면 겉으로 드러나고 겉으로 드러나면 이내 밝아지고 밝아지면 남을 감동시키고 남을 감동시키면 이내 변하게 되고 변하면 생육된다. 그러니 오직 세상에서 지극히 정성을 다하는 사람만이 나와 세상을 변하게 할 수 있는 것이다"라고 했습니다. 이처럼 혁신은 작은 일도 무시하지 않고 최선을 다하다 보면 자연스럽게 이루어집니다.

### 혁신의 시대적 배경

20세기 진보시대는 개선과 효율 위주의 진보 이데올로기가 지배하였으며 꿀벌처럼 주어진 일을 열심히 하고 조금씩 개선하는 시대였습니다. 계획과 목표 관리로 삶과 일을 꾸려나가던 산업시대였습니다. 진보시대의 전략논리는 점진적인 변화를 통해 경쟁사를 공격하는 데 초점을 두었으며 산업의 조건은 주어진 것이었습니다. 전략의 초점은 경쟁에서 이기는 것이었고 시장을 세분화해 기존의 고객을 유지하고 확

| 20세기 : 진보의 시대 | 21세기 : 혁신의 시대 |
| --- | --- |
| 개선과 효율 위주의<br>진보 이데올로기가 지배 | 불연속적 · 비선형적 변화가 지배 |
| 꿀벌처럼 주어진 일을 열심히 하고<br>조금씩 개선하는 시대 | 게릴라처럼 변화의 급물살에 빠져<br>죽지 않고 서핑하면서 일해야 하는 시대 |
| 계획과 목표관리로<br>삶과 일을 꾸려나가던 산업시대 | 상상력, 창의력을 무기로 시대를 선도 |

20세기와 21세기의 시대 비교

장했습니다. 시장의 트렌드를 따라가는 전략으로 기존의 자산과 역량을 활용하는 데 주력하는 전략논리로 혁신이 불필요한 것이었습니다.

21세기 혁신시대는 불연속적 · 비선형적 변화가 지배하였으며 게릴라처럼 변화의 급물살에 빠져 죽지 않고 서핑하면서 일해야 하는 시대예요. 상상력과 창의력을 무기로 시대를 선도하는 것이죠. 혁신시대의 전략논리는 가치 혁신 논리로, 고객에게 제공하는 가치를 획기적으로 창조해 경쟁을 관련 없게 하며, 산업의 조건을 만들어나가야 합니다. 고객이 가치를 두는 공통점에 초점을 맞추고 대량소비 시장을 공략해야 합니다. 시장을 주도하는 전략으로 리드해야 하며 기존 역량에 제한받지 않고 새로운 역량을 창조하는 전략논리로 혁신이 필수적입니다.

### 혁신이란 무엇인가

혁신은 "일체의 낡은 제도와 방식을 고쳐 새롭게 하는 것"으로 정의됩니다. 지금까지 당연하게 여겨온 의식과 관행에서 벗어나 처음부터 다시 생각해보는 것입니다. '새로움'이라는 가치가 창출되어야 하며 기업의 목표를 기준으로 하지만 기업 내의 변화를 도모함으로써 기업 이익과 가치를 창출하는 것이 바로 혁신입니다.

가치 혁신은 기존 시장에서 구매자의 가치를 단시간에 현저히 높이고 새로운 시장 창출이 가능한 전례 없는 유틸리티를 만들어내 경쟁 자체를 무의미하게 만드는 것입니다. 가치 혁신은 구매자에게 제공되는 가치를 혁신해 새로운 수요를 창출하는 전략적 사고 접근법입니다. 기술 혁신, 경영관리 혁신, 고객가치 혁신이 함께 이루어지는 것이 바로 가치 혁신입니다.

### 기업 관점에서의 '새로움' 혁신

성공적인 기업은 제품의 새로움과 혁신을 세 가지 수준에서 판단합니다. 가장 적은 위험을 수반하는 가장 낮은 수준은 기업의 기존 제품에 대한 점진적 개선인 제품계열연장이죠. 농심 신라면에서 '신' 제품인 감자면을 만드는 것을 예로 들 수 있어요. 이것은 신규 고객을 확대하는 잠재적 이득이 있지만 비용 증가와 자기감식, 즉 기존 제품계열의 매출 감소라는 두 가지 위험을 가지고 있습니다. 다음으로는 일반 휴대전화에서 컴퓨터와 인터넷을 결합한 스마트폰의 변화와 같이 혁신이나 기술에서의 상당히 급격한 변화의 단계로 볼 수 있습니다. 마지막으로는 1976년에 소개된 최초의 애플 컴퓨터같이 정말 획기적인 것, 진정으로 혁신적인 신제품 개발과 같은 가장 높은 수준의 혁신의 단계라 볼 수 있습니다.

시대를 앞선 혁신적인 제품으로 평가받는 최초의 애플 컴퓨터(1976년)

### 고객 관점에서의 '새로움' 혁신

고객 관점에서의 새로움은 고객에게 미치는 영향의 관점에서 보는 것입니다. 고객이 요구하는 학습 정도에 따라 분류하는데 연속적 혁신, 동적으로 연속적 혁신, 불연속적 혁신으로 구분합니다.

● 연속적 혁신: 고객은 새로운 행동을 학습할 필요가 없습니다. 비누 제조사는 신제품이나 개량된 제품을 소개할 때 '피부 수분 기능', '한방 효과 비누' 같은 새로운 속성이나 특성을 추가할 수 있고, 그러나 새로운 비누에서 추가적인 특성은 구매자가 새로운 칫솔질을 배우도록 요구하지 않습니다. 따라서 이것은 연속적 혁신이고, 이 단순한 혁신의 좋은 점은 신제품에 대한 인지도를 높이는 것, 즉 널리 알리는

것이 마케팅의 과제이고 고객을 재교육할 필요가 없다는 점입니다.

- 동적으로 연속적 혁신: 고객의 행동에 최소한의 변화를 요구합니다. 예를 들면 일반 칫솔인데 자동으로 칫솔모가 회전하는 전동칫솔이 있습니다. 기존 칫솔처럼 사용 용도는 이를 닦는 것과 같지만 사용법에 대해 약간의 학습과 최소한의 행동 변화가 필요하게 됩니다. 여기서 마케팅 전략은 제품의 편익, 장점, 적절한 사용법을 잠재고객에게 교육하는 것입니다.

- 불연속적 혁신: 고객들이 제품을 사용하기 위해서 완전히 새로운 패턴을 배워야 합니다. 컴퓨터에 사용할 무선라우터를 샀다고 가정해봅시다. 구입은 하였지만 설치하기가 너무 복잡하여 결국 환불하거나 전문 설치자의 도움을 받아야만 합니다. 불연속적 혁신에 대한 마케팅 노력은 일반적으로 최초 소비자의 관심을 끄는 것뿐만 아니라 혁신 제품의 적절한 사용법과 혜택에 대하여 소비자들을 교육하는 것까지 포함되어야 합니다.

기업과 고객 관점에서의 혁신에 대해 살펴보았습니다. 그럼 어떻게 해야 우리가 혁신할 수 있을까요? 다음은 혁신 성공 프로세스 5단계입니다.

**1단계**: 혁신 분위기를 조성하라!

지나친 불안감은 해롭지만, 적당한 위기감을 유지하는 것은 개인의 활기찬 삶을 위해서도, 조직의 안정적 성장을 위해서도 반드시 필요하다. 항상 기업 내외 상황을 파악하고 아주 작은 것이라도 위험요소가 있다면 그때그때 민감하게 대처해야 한다. 그래야만 갑작스럽게 상황이 변화했을 때 적극적이고 슬기롭게 대응해갈 수 있다.

**2단계**: 비전을 만들어 전파 또 전파하라!

혁신의 필요성을 절감하고 있다 해도 비전이 없으면 당장 현재 고통을 감수해야 할 이유가 없다. 비전은 하나의 나침반 역할을 한다. 비전은 구성원들이 공감할 수 있는 방향을 제시함으로써 참여를 이끌어내고 구성원들의 삶에 의미를 부여한다. 매 순간 구성원들이 열정적이고 생동감 있게 행동하게 하려면 비전을 전파해야 한다.

**3단계**: 성공 사례를 만들어라!

성공 사례 공유는 혁신에 대한 자신감을 갖게 해준다. 그러므로 리더는 다양한 채널을 통해 성공 사례를 전파해 혁신에 대한 자신감을 심어주어야 한다. 따라서 정기적인 워크숍이나 혁신 아카데미 등을 활용하고 성공 사례와 기법을 매뉴얼화하여 성공 경험이 확산될 수 있도록 해야 한다.

**4단계**: 혁신활동을 활성화하라!

혁신 과정에서 단기적 성과가 없으면 활력을 잃을 위험이 있다. 구성원들은 성과를 구체적으로 느끼지 못하면 장기적 목표에 대해 회의를 갖거나 변화를 포기하게 됨으로 혁신활동의 활성화가 무엇보다 필요하다. 개별성과를 찾아내어 적극적으로 칭찬하고 포상해야 한다.

**5단계** : 지속적인 체계를 구축하라!

혁신을 완성하려면 혁신을 장려하는 제도적 장치와 조직의 문화를 마련하고 혁신에 방해가 되는 프로세스를 개선해야 한다. 또한 혁신에 대하여 일방적 지시가 아닌 상하 간 언제든 대화할 수 있는 채널을 만들어야 한다. 그래야 구성원들이 지속적으로 혁신의 필요성을 인정하고 위기감을 가질 수 있다.

지금까지 혁신을 이룰 수 있는 프로세스를 알아보았습니다. 그럼 조금 더 쉽게 어떻게 하면 혁신적인 마케팅을 할 수 있는지 예를 들어서 알아보겠습니다.

요즘에는 편의점이 정말로 많습니다. 하지만 그렇게 많은 편의점 속에서 특색 있고, 차별화된 편의점은 드뭅니다. 단지 편의점의 브랜드만 다를 뿐 편의점의 진열이나 상품에는 큰 차이가 없습니다. 그런 편의점 속에서 작은 혁신적 마케팅을 도입한 예가 있습니다.

### ■ 체험이 먼저다!

혁신을 이루고자 하는 부분에 대해 제일 먼저 직접 체험합니다. 체험하여 어느 부분이 부족하고, 불편한지 온몸으로 알아야 합니다.

먼저 편의점으로 달려가 편의점에서 하루 종일 아르바이트를 했습니다. 직접 손님을 상대해보고, 물건을 진열하고 판매하는 등 체험해보면서 편의점 안에서 어느 부분이 부족하고 불편한지 소비자와 운영자의 입장을 느껴보았습니다.

혁신을 이루기 위해서는 현장을 체험하고 고객을 직접 대하면서 고객의 입장을 이해해야 한다.

### ■ 고객 입장이 되어봐라!

체험을 해서 고객 입장이 되어 불만 요소를 지속적으로 찾아보고 어떻게 개선되면 좋을지 생각해야 합니다. 때로는 인터뷰도 진행해야 합니다. 그래야 혁신을 올바른 방향으로 설정할 수 있습니다.

편의점을 운영하는 입장에서 직접 체험을 하고 난 후, 바로 처지를 바꿔 고객이 되보는 것입니다. 평소 편의점을 이용하면서 느꼈던 점과 아울러 직원으로서 느꼈던 불편함을 인지한 상태에서 고객 입장이 되어 그 불편함이 고객에게 어떻게 전달되는지 알 수 있었고 몸소 체험할 수 있었습니다.

### ■ 작은 것부터 시작하라!

보통 혁신을 한다고 생각하면 큰 것부터 제대로 할 생각에 계획만 멋지게 세우고 실천을 하지 못하는 경우가 많습니다. 작은 것부터 하나하나 시작한다면 작은 변화가 곧 큰 혁신이 됩니다.

운영자에게 책임감과 운영의 재미를 주기 위해 꾸민 매대

운영자와 고객 입장이 되어 편의점 체험을 한 결과 제 머릿속에 떠오른 한 가지 불편함은 편의점에 감성과 공감이 부족하다는 것이었습니다. 운영자 입장에서는 작은 공간에서 일하는 것이 지루하며 불편했고, 소비자 입장에서는 편의점에 들어서기 전부터 이성적이기 때문에 머릿속에 살 것이 정해져 있어 필요한 물건만 빨리 사고 나가는 것이 전부였습니다.

어떻게 하면 운영자가 편의점에서 재미있게 일할 수 있고, 소비자는 편의점에서 오래 머무르면서 다른 품목까지 추가 구입하게 할 수 있을까요? 바로 편의점에 스토리텔링을 통한 감성을 입히는 것이었습니다. 예를 들면 가격과 상품명만 표기된 여러 종류의 커피음료에 그 음료만의 스토리를 입히는 작업을 하는 것입니다. 또한 운영자에게 책임과 재미를 주기 위해 자신을 소개하는 스토리를 만들어 편의점에 전시하게 하였습니다. 그 결과 운영자도 자기 일이라는 확신과 함께 더 재미있고 즐겁게 일하기 시작했으며 소비자들도 확 바뀐 편의점에 흥미와 감성을 느끼며 오래 머무르기 시작했고 자주 오기 시작했습니다.”

교수님 강의를 듣다 보니 여기가 숲 속인지 강의실인지 헷갈렸다. 그래도 피가 되고 살이 되는 마케팅 강의였다. 특히 혁신 마케팅의 성공 사례와 실패 사례가 기억에 남았기에 따로 정리해 보았다.

혁신 마케팅 성공 사례와 실패 사례

### ■ 혁신 마케팅의 성공 사례

– 니베아 태양광 충전용 전단지 캠페인, 혁신적인 니베아 선크림 프로모션

2013년 브라질에서 니베아가 진행했던 혁신적 프로모션이 있다. 누구나 한 번쯤 받아봤을 종이 전단지! 아직도 길거리에서는 전단지가 뿌려지고 이 전단지는 다시 쓰레기가 되는 아주 불필요하고 낭비적인 모습을 종종 본다. 내가 원하는 전단지도 아닌데 그것을 가방에 넣거나 들여다볼 필요는 없다. 그저 쓰레기통에 버려지게 될뿐이다. 그런데 그런 종이 전단지에 니베아는 혁신을 불러일으켰다.

여름휴가로 바닷가에 가면 보통 여분의 배터리를 가지고 간다고 해도 24시간 사용하기란 어렵다. 휴대전화 배터리를 충전하기 위해 고

휴대전화 배터리 충전이 가능한 니베아 선크림 광고 전단지

군분투하게 되고 불편함을 많이 느끼게 된다. 그런데 만약 바닷가에서 불편함 없이 무선으로 충전할 수 있다면 어떨까? 많은 사람이 좋아하지 않을까? 그런 혁신을 니베아가 마케팅에 적용하였다.

니베아는 무더운 여름 시즌을 맞아 바닷가를 찾아 선탠을 즐기는 여성들을 위해 태양광을 이용해 스마트폰을 충전할 수 있는 패널이 부착된 광고 전단을 제작했다. 니베아는 선탠을 즐기며 스마트폰으로 다양한 활동을 하는 여성들이 배터리 부족으로 스마트폰을 충전하기 위해 바닷가를 떠나지 않고, 오랜 시간 선탠을 즐길 수 있도록 한 것이다.

니베아 선크림을 사용하는 고객의 제품 사용 환경을 사용자 관점에서 분석하여 사용자에게 의미 있는 경험과 혜택을 제공함으로써 거부감을 해소하였고, 사용자에게 유용한 도구로 계속 활용할 수 있도록 했다. 즉 단순한 광고가 아니라 소비자에게 의미 있는 도구가 되게 한 것이다.

　돈을 주고 사라고 해도 살 것 같은 니베아 배터리 충전용 전단지, 오늘 하루 마음껏 사용하고 버리라고 해도 버리지 않을 것 같은 전단지! 소비자들에게 꼭 필요하고 자주 이용할 수밖에 없는 도구가 된 전단지. 거기에는 바닷가에서 필요한 선크림 제품이 소개되어 있다. 충전하게 되면 자연스럽게 니베아 전단지를 볼 수밖에 없는 것이다. 결국 한 번이 아닌 여러 번 전단지를 보게 되고 자연스럽게 사용자들에게 니베아 제품을 인식시키는 것이다. 즉 니베아의 브랜드가 각인된다. 바닷가 = 선크림 = 니베아의 공식이 성립하는 것이다.

　니베아 혁신 마케팅의 핵심은 자신들의 주력 상품인 선크림이 가장 많이 사용되는 바닷가에서 소비자에게 필요한 포인트를 잡아 마케팅을 전개한 것이다. 태양열로 충전되는 배터리를 소비자가 직접 눈으로 확인해가며 제품 사용의 필요성을 인식하게 했으며, 휴대전화 배터리가 나가면 충전하기 위해 바닷가를 떠나야 하는데, 이런 방해요소를 제거함으로써 소비자를 제품이 필요한 환경에 오래 노출되게 했다. 생활 속 작은 불편함을 제품의 본질과 연결해 멋지게 혁신적인 마케팅으로 이끌어낸 것이다.

　하지만 모든 혁신이 성공하는 것은 아니다. 실패한 사례도 적지 않다. 혁신은 한 번 해서 되는 것이 아니다. 실패하더라도 끊임없이 도전하고 시도해야 한다. 마케팅도 작은 아이디어 하나로 시작된다. 그런 작은 아이디어가 모이고 모여 혁신적 마케팅이 된다. 그렇다면 혁신이 실패한 이유는 무엇일까?

### ■ 혁신이 실패할 수밖에 없는 이유

차별 포인트가 작기 때문에 실패한다. 신제품은 사용자에게 독특한 혜택을 주는 우수한 특성이 있어야 하는데 이 독특함을 경쟁제품들을 물리칠 수 있는 가장 중요한 요소로 제시한다. 또한 일반적으로 품질이 좋다고 하더라도 한두 가지 결정적 문제가 제품을 망칠 수도 있다. 예를 들어 도로의 왼쪽을 달리는 일본에 독일 자동차는 왼쪽 운전대 자동차를 수출하였으나 미국은 왼쪽 운전대 모델을 수출하지 않아 일본에서 자동차 시장을 독일에 빼앗기게 되었다. 좋지 않은 시기도 혁신의 실패를 가져온다. 제품을 너무 빨리 또는 너무 늦게 소개하거나 소비자 취향이 급격히 바뀌었을 때 이런 일이 일어난다.

간단한 마케팅 조사로 문제를 파악해야 한다. 신제품 개발이 성공하는 것은 때론 운이 있어야 하지만, 그것보다는 신제품이 소비자 욕구를 충족하고 경쟁제품을 능가할 차별 포인트가 있어야 한다.

또한, 혁신 실패에서 조직 문제도 있다. '소비자 목소리'에 진정으로 귀 기울이지 않는 조직의 태도는 고객들이 아는 것보다 자신들이 더 안다는 착각을 하도록 만들곤 한다. 그 착각으로 혁신에 실패한다.

즉각적 수익을 발생시키기 위해 잘못 기획된 제품을 시장에 밀어붙이는 것도 실패의 한 원인이다. 빠른 수익만 좇다보면 물리적 제품을 지원하기 위해 필요한 서비스 네트워크를 간과하는 결과를 초래하게 된다. 과거의 실패로부터 중대한 교훈을 배우지 못한 것도 하나의 이유가 될 수 있다. 교훈은 혁신의 초기 과정에서 일어나는 현명한 실패에서 가장 쉽게 얻을 수 있다. 이 시점에서의 실패는 고객들의 필요와 욕구에 대한 이해를 즉각적으로 더 많이 할 수 있게 해준다.

### ■ 혁신 사례의 실패 예시 – 신라면 블랙

신라면 블랙은 신라면 탄생 25주년을 맞아 영양섭취 기준에 적합하도록 영양을 한층 강화한 라면이다. 한국인이 좋아하는 얼큰한 맛을 유지하면서 우리 민족 건강의 지혜가 담긴 설렁탕 국물의 담백하고 구수한 맛에 영양을 더했다. 그렇게 탄생한 명품 브랜드 프리미엄급 신라면 블랙의 핵심은 라면이 보양식사 가치를 정립하고 이상적 영양균형을 실현하는 데 있었다. 건더기 스프에는 우골스프와 가장 잘 어울리는 마늘과 우거지, 배추, 표고버섯 등을 듬뿍 담아 영양 흡수율을 높여 현대인에게 부족한 비타민 등 영양소를 보충했다.

신라면의 분말은 양념 분말과 야채 분말만 있는 데 비해 신라면 블랙의 분말은 3개로 늘어났고 그에 맞추듯 가격은 기존 신라면의 두 배에 달하는 1,320원으로 했다. 이 역시 기존 라면과 차별화하기 위해 가격을 두 배 올린 프리미엄 마케팅을 진행한 것이다. 이 마케팅은 초기에는 성공할 것으로 보였다. 출시 한 달 만에 매출량은 100만 개에 달했고 프리미엄 라면이라는 데에 호기심을 가진 소비자들이 너도나도 구매했기 때문이다. 그렇다면 어째서 신라면 블랙이 실패 사례로 소개되는 걸까?

‘프리미엄 라면’이란 콘셉트 아래 고급화 마케팅을 시도했던 신라면 블랙은 포지셔닝의 실패로 소비자에게 외면받고 말았다.

### ■ 포지셔닝의 실패

신라면 블랙이 표방한 라면은 ‘건강에 좋은 라면’이었다. 하지만 비싸더라도 건강에 좋은 라면이라는 개념이 일반 소비자들에게 어필하지 못했다. 라면을 밥상 건강과 연계하는 사람은 많지 않다. 라면은 건강에 나쁘더라도 먹고 싶은 식품이고, 편의성에 따라 먹는 간편식이라는 것이다. 게다가 신라면 블랙의 나트륨 함량이 1,950밀리그램으로 알려지면서 건강의 이미지가 퇴색되기도 했다.

### ■ 프리미엄 마케팅의 실패

프리미엄 제품이란 기업으로서는 단순히 평범하지 않고 비싼, 고급의 제품을 지칭할 수 있지만 소비자로서는 자신이 지불한 돈 이상 가치를 얻었을 때 이것을 프리미엄이라고 느낀다. 이런 측면에서 볼 때 ‘신라면 블랙’은 소비자들에게 가치제공의 한계가 있었다. 프리미엄 제품들은 보통 가격을 20~30% 인상하는 데 반해 거의 50%가량 인상하였으면 그만큼의 가치를 제품의 품질이나 이미지 등에 투영해야 하는데 현재 '신라면 블랙'에서는 기존 신라면에서 차별화된 점이 미미한 수준의 고급화뿐이다. 이 정도 차별성으로 가격을 두 배가량 올린다는 것은 소비자들의 가격저항을 받기에 충분하다.

현재 시판되고 있는 라면들 가운데 이 가격대에서 판매되는 것 중 대표적으로 생생우동을 들 수 있다. 생생우동은 기존에 나와 있는 우동의 콘셉트로 라면과 비슷하게 저렴한 가격대에 있는 유탕면이 아니다. 생생우동은 생면과 소스를 사용하여 生우동이라는 프리미엄, 즉 소비자가 추가 이득을 확연히 느끼게 함으로써 높은 가격에도 그만큼 가치가 있는 것으로 받아들여져 장기간 판매되고 있다.

제품 출시 초기 매출이 높았던 이유는 대중적인 상품이 프리미엄화로 이슈화가 되자 호기심에 물건을 구입해보고 평가를 하는 초기 구매자가 많았기 때문이다. 식품 브랜드의 성공 여부는 재구매율에 달려 있기 때문에 더 많은 차별성을 부여하여 책정한 가격만큼의 프리미엄을 소비자들이 느낄 수 있도록 해주거나 가격을 적정수준으로 내려서 재구매율을 높이는 방법이 필요했다. 하지만 신라면 블랙은 결국 출시 4개월 만인 8월 30일 잠정적으로 생산 중단을 발표하게 되었다. 이 사례를 통해 라면의 프리미엄화에 앞장서서 나아가기 위해서는 라면을 구매하는 사람들이 어떤 차별성을 지닌 프리미엄 제품을 원하는지를 간파하려는 노력이 필요하다고 깨닫게 되었다.

### ■ 친밀 마케팅의 실패

소비자들은 라면을 대표적인 저가 서민 식품으로 여기는데 신라면 블랙은 독특한 네이밍 때문에 기존 신라면과 비교되며 높은 가격이 더욱 돋보였고 여론의 뭇매를 피할 수 없었다. 이름에서 알 수 있듯이, 신라면의 신은 '매울 신'으로 우리나라 사람들이 좋아하는 매운 맛을 나타낸다. 농심에서 라면 신제품으로 신라면 블랙이 출시된다는 소식을 접했을 때, 사람들은 이름만 듣고 대부분 기본 신라면에서 업그레이드된 제품이 출시될 거라고 예상했다. 하지만 신라면이 가지고 있는 대표적인 '매운 라면'이라는 이미지와 비교했을 때, 신라면 블랙은 맛이 완전히 새로운 제품이었다. 제품의 이름을 활용한 친밀 마케팅이 오히려 독이 된 대표적인 사례라고 볼 수 있다.

## 스토리 마케팅 – 벨스 위스키

어떤 젊은이가 책을 출판하여 저자가 되었습니다.
그런데 아들의 책을 읽고 싶은 아버지는 글을 모릅니다.
사랑하는 아들의 책을 읽기 위해 글을 배우기 시작한 아버지.
나이에 굴하지 않고 열심히 또 열심히 글을 익힙니다.

마침내 글을 깨우친 아버지는 아들의 책을 읽을 수 있었고
아들을 찾아가 아들의 책을 읽었다고 이야기합니다.
사랑과 노력에 감동한 아들은 아버지를 힘껏 껴안습니다.
그리고 둘은 벨스 위스키 한 잔으로 기쁨을 나눕니다.

7

Lecture

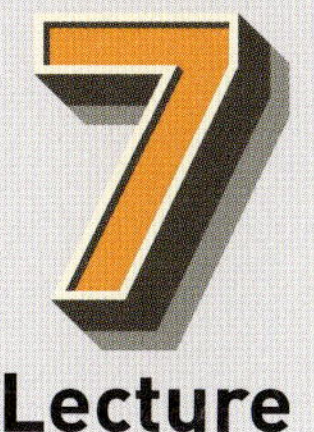

# 성과를 지배하는 스토리텔링 마케팅의 힘

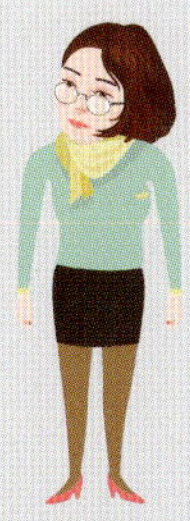

## 스토리텔링 마케팅에는 자기모순이 없어야 합니다

위대한 스토리에는 자기모순이 없어야 합니다.
스토리 자체에 자기모순이 존재한다면
고객들은 더 이상 스토리를 받아들이지 않습니다.
스토리를 통해 무엇인가 가르치려 하지 말아야 합니다.
스스로 옳은 생각과 가치를 느낄 수 있게만 한다면
고객은 스토리를 자연스럽게 받아들입니다.

# 퍼스널 브랜드와<br>스토리텔링 마케팅

긴 겨울방학이 끝나고 2학년이 되었다. 지난 겨울방학 때는 다시 제주도 삼촌에게 다녀왔다. 삼촌 회사인 (주)나눔에서 아르바이트를 하며 실전에서 마케팅 이론이 어떻게 적용될 수 있는지 모색해보았다. 아르바이트로 모은 돈은 등록금에 보탰다. 엄마가 대견해 하셔서 나도 어깨가 으쓱해졌다.

겨울이 갔다고 하지만 아직 바람이 쌀쌀하게 느껴지는 날이 많았다. 2학년 1학기 개강하는 날은 꽃샘추위로 눈발까지 조금 날렸다. 오랜만에 만난 친구들과 안부를 전하며 방학 때 무얼 하고 지냈는지 얘기꽃을 피웠다. 연주는 방학 때 제일기획이라는 컨설팅그룹의 대학생 마케팅 공모전에서 대상을 탔다고 했다. 역시 나와는 스케일이 다르다는 생각이 들면서 샘도 나고 부럽기도 했다.

조 교수님의 강의는 여전히 마감 1순위였다. 수강신청하느라 피시방까지 가서 대기한 덕에 이번 학기에도 무사히 수강신청에 성공할 수 있었다. 강의 시간이 좀 더 길어진 것 말고 1학년 때와 달라진 건 별로 없었다.

"이번 학기에는 퍼스널 마케팅, 소통 마케팅, 혁신, 질투 마케팅에 대해 배우고 이러한 이론을 바탕으로 여러분이 가상 창업을 해볼 것입니다. 그러다 보면 한 학기가 휙 지나가겠죠. 그리고 또 하나 2주 뒤에 꾸미에르학회에서 엠티를 가려고 합니다. 학회 회원은 물론 같이 가야 하고요. 그 밖에 관심 있는 사람은 미리 신청하시기 바랍니다."

학회에서 엠티를 간다니 작년 과 엠티가 떠올랐다. 재미도 있었지만 힘들기도 했기에 이번에는 컨디션을 잘 조절해야겠다고 생각했다.

"오늘은 퍼스널 마케팅에 대해 배워보겠습니다. 첫 강의니 만큼 퍼스널 브랜드 마케팅에 대해서 먼저 배우겠습니다. 오늘날 사회에서 개인이나 기업이 성공하기 위해서는 자신만의 브랜드를 구축해야 합니다. 여러분이 나중에 사회에 나가서도 마찬가지입니다. 평생직장이 없어진 상황에서 나 자신의 가치를 높이는 것만이 살아남을 수 있는 길입니다.

정보화 사회로 전환된 21세기 기업경영에서 브랜드 전략이 정말 중요하다는 것은 누구나 알고 있는 사실입니다. 이는 개인에게도 마찬가지죠. 브랜드가 이렇게 중요한 이유를 살펴보면 먼저, 소비자들이 현명해진 데 있습니다. 정보의 발달로 소비자는 언제나 쉽게 정보를 접할 수 있게 되었으며, 많은 제품을 비교하고 자신에게 맞는 제품을 고를 수 있는 안목과 지식을 갖추게 되었습니다.

그다음으로는 IT산업의 발달로 시장의 경계가 무너지고 글로벌 경쟁이 심화되었습니다. 오늘날 사회에서는 점차 기술력의 차이가 평준화되고 있어서 품질 차이가 사라지고 있습니다. 그러면 결국 제품의 질과 함께 브랜드가 중요해집니다. 즉 소비자는 언제 어디서든 원할 때 제품에 관한 정보를 얻을 수 있고 인터넷으로 쉽게 물건을 구입하는 과정에서 브랜드가 신뢰를 대표하게 됩니다.

그래서 기업들 간에는 브랜드 전쟁이 치열합니다. 또 기업 간의 브랜드 전쟁이 점점 개인에게 전파되고 있습니다. 요즘 시대 핵심 키워드로 볼 수 있는 특징은 바로 '1인 1기업'입니다. 과거에는 '1인 1기업'이라 하면 연예인, 정치인, 방송인 정도로만 생각했지만 요즘은 평생 직업은 없다는 말처럼 많은 개인이 '1인 1기업'으로 자신의 브랜드를 구축하여 어느 한 기업에 소속되는 것이 아닌 자신만의 직업을 갖고 활동하고 있습니다. 여기서 어떻게 자신만의 특별한 브랜드를 구축하여 자신을 발딱 세울 수 있는지 알아보겠습니다.

여기 두 그림을 보세요. 여러분은 어떤 물을 사서 드시겠습니까? 각각의 물에 얼마를 지불하시겠습니까?"

내가 보기에는 그냥 먹는 물이었다. 그래서 자신 없는 목소리로 말했다.

"교수님, 둘 다 그냥 똑같은 물 아닌가요?"

그러자 연주가 나와는 다른 의견을 내놓았다.

"오른쪽은 표현의 콘셉트를 잘 잡았네요! 에비앙이라는 브랜드에 스토리를 넣고 소비자들이 그 가치를 인식함으로써 브랜드의 가치가 올라간 사례라고 볼 수 있습니다!"

교수님은 옅은 미소를 띠더니 말씀을 이었다.

"맞습니다. 브랜드가 있고 없고의 차이지만, 소비자가 받아들이는 인식의 차이는 매우 큽니다. 소비자들은 다른 것과 구별되는 브랜드를 믿고 그 제품을 선택합니다. 즉, 소비자는 제품을 사는 것이 아니라 가치를 사는 것입니다. 소비자는 기업의 제품을 구매할 때 품질을 일일이 다 조사하지는 않습니다. 그 제품이 주는 이미지가 자신에게 어떠한 가치를 주느냐를 고민한 뒤 그 가치에 대한 생각이 결정될 때 제품을 구매하게 됩니다.

커피 하면 제일 먼저 떠오르는 브랜드가 바로 '스타벅스'일 것입니다. 스타벅스가 세계적으로 대표적인 커피 브랜드를 구축한 데는 스타벅스 회장인 하워드 슐츠Howard Schultz의 브랜드에 대한 철학이 뒷받침되었습니다. 하워드 슐츠는 '당신이 무엇을 상징하고 있는지 고객들이 인식해야만 한다'라는 철학에서 브랜드의 중요성을 언급했습니다."

연주가 교수님 말씀이 잠깐 중단되자 끼어들었다.

"교수님, 그래서 이런 말이 생겨난 것이죠. '나는 스타벅스의 커피

1987년 스타벅스를 인수하여 세계적인 커피 브랜드로 키워낸 하워드 슐츠 스타벅스 회장

를 마시는 것이 아니다. 나는 스타벅스라는 문화와 가치를 마시는 것이다.'"

"그렇습니다. 그럼 브랜드의 정의부터 알아봅시다. 브랜드란 무엇일까요?"

"브랜드는 노르웨이의 Brandr에서 유래했습니다. 원래 낙인이라는 어원을 가지고 있으며 사육하는 가축들이 자기 소유임을 알리기 위해 사용되기 시작하였죠. 판매자, 판매자의 상품, 판매자의 서비스를 식별시키고 경쟁자들의 것과 차별화하기 위하여 사용되는 독특한 이름이나 상징물을 의미합니다. 브랜드의 사전적 정의는 상표, 기업이 판매 또는 제공하는 상품, 서비스에 대하여 다른 것과 구별 짓기 위해 사용하는 이름, 상징물 등의 결합체를 말합니다."

연주가 똑 소리가 뚝뚝 떨어지게 대답했다.

"군더더기 없이 잘 설명해주었습니다! 그럼 브랜드의 역할이 무엇인지 알아보겠습니다. 브랜드는 단순히 고전적 의미로 제품이나 서비스를 인식하는 이름이 아니라 그 이름이 지닌 성격까지도 포함하여 다른 것과 구별하는 기능을 지닌 것을 의미합니다. 즉, 제품이나 서비스뿐만 아니라 브랜드를 통해 연상되는 이미지까지도 포괄하여 브랜드 자체가 독립된 하나의 가치를 형성해 사람이 느끼는 감성의 대상으로 소비자와 직접 소통하는 것입니다.

브랜드는 소비자와 관계를 형성하는 중요한 요소이며 그 자체로 인격을 지닙니다. 또한 감성적이고, 개성을 가지고 있어서 소비자의 마음과 생각의 영역에서 작용합니다. 훌륭한 브랜드는 소비자들을 위해 태어나 그들과 더욱 친밀하고 지속적인 연결을 형성해나가는 일련의 소통의 장이라고 볼 수 있습니다. 또한 브랜드는 소비자의 구매의사를 결정하는 수단에서부터 개성과 자아를 표출하는 상징적 수단까지 그 역할을 합니다.

브랜드는 하나의 제품이지만, 이 하나의 제품과 같은 니즈를 충족하기 위해 만들어진 다른 제품과 차별화하기 위해 기타 콘셉트가 첨가된 제품으로 인식되게 하는 역할을 합니다. 이러한 차별화는 제품이 지닌 성능과 관련된 유형적인 것일 수도 있고, 제품의 성능 이상의 의미나 상징적·감성적·무형적인 것일 수도 있습니다.

브랜드는 소비자 입장에서는 제품의 정보를 탐색하고 정보 처리의 효율성에 따른 시간을 절약하기 위해 기업과 그들을 이어주는 연결고리 역할을 합니다. 특히 강력한 브랜드들은 차별화된 형태의 여러 가지 연상을 갖고 있기 때문에 마케팅 관리자들은 마케팅 의사결정을 할 때 모든 연상을 고려해야만 합니다. 이처럼 기업은 브랜드를 통해 제품들 간의 차이점을 인식하도록 만들고 충성 고객층을 형성함으로써 고객과 관계를 이끌어낼 뿐 아니라 기업에 재무적 이익을 창출할 수 있습니다. 지금까지 말한 브랜드의 역할을 정리하면 이렇습니다."

| 브랜드의 역할 | |
| --- | --- |
| 제품의 출처 확인 | 제품 생산자에 대한 책임 부여 |
| 제품 선택의 위험 감소 | 탐색 비용 절감 |
| 제품 생산자와의 약속, 보증, 계약 | 상징적 도구 |
| 품질표시 제품 취급관리를 간편하게 하는 수단 | 제품 고유의 특징을 법적으로 보호 |
| 소비자를 만족시키는 품질 수준 표시 | 제품의 독특한 연상을 부여하는 수단 |
| 경쟁우위의 원천 | 재무적 이익의 원천 |

"그럼 이제부터는 어떤 방법으로 자신만의 브랜드를 만들어야 하는지 알아보겠습니다.

브랜드 구축은 필요성을 인식하고 노력하더라도 단기간에 할 수 있는 것이 아닙니다. 자신만의 브랜드가 구축돼 있지 않거나 필요성은 느끼는데 무엇을 어떻게 시작할지 모르는 것이 당연하죠. 그럼 어떻게 자신만의 브랜드를 구축하는지 핵심요소를 파악해서 만들어야 합니다.

### 첫째, 자기 자신을 분석한 뒤 목표를 세워라!

먼저 자신의 현황을 객관적으로 분석하고 그에 맞는 구체적인 삶의 목표를 세워야 합니다. 자신을 브랜드화하려면 자신이 가장 자신 있는 일을 찾거나 자기 스타일을 파악하는 것이 중요합니다. 자신의 역량과 능력 그리고 가치를 스스로 분석하고 자신이 추구하는 삶의 구체적인 목표를 세웁니다. 이때 중요한 것은 자기 자신에 대한 솔직한 분석과 자기 단점을 과감히 드러내는 것이죠. 단점을 숨기고 브랜드를 구축할 경우 오히려 그 단점 때문에 브랜드가 무너질 확률이 높습니다. 또한 단점을 과감히 드러낼 경우 그 단점이 자신의 브랜드를 성공시킬 수도 있어요. 개그맨 김준현은 자신의 뚱뚱한 모습을 과감히 드러내고 웃음으로 승화시켜 최고의 개그맨이 되었잖아요.

### 둘째, 자신의 목표를 향해 긍정적인 태도를 취하라!

자기 자신에 대한 분석을 끝내고 자기 삶의 구체적인 목표를 세웠다면 목표를 향한 올바른 방향을 설정하고 성실함, 열정적인 태도를 가져야 합니다. 목표를 세웠다고 해서 그 목표와 브랜드가 저절로 구축되는 것은 아닙니다. 브랜드를 구축하기 위해 계획과 목표를 실행해야 합니다. 즉, 적절한 추구활동으로 브랜드 파워를 키워나가는 것이 중요하죠. 단, 실행할 때는 최선의 방법으로 최고의 노력을 해야 합니다.

### 셋째, 다른 사람과 차별되는 능력을 키워라!

열정적인 태도는 능력을 만들게 됩니다. 자신이 계획한 구체적인 삶과 브랜드의 방향에 대해 능력을 키워나가야 하죠. 자신이 세운 목

표와 브랜드가 남들과 같을 수도 있어요. 그 속에서 자신이 경쟁우위를 갖고 브랜드를 성공적으로 구축하려면 남들과 같은 능력 안에서 자신만의 작은 차별화된 능력이 있어야 합니다. 예를 들어 국어 선생님이라고 하면 국어 외에 수학도 가르칠 수 있는 차별적인 능력이 필요합니다.

넷째, 자신의 브랜드를 타인에게 홍보하는 전략을 구축하라!

기업이 브랜드를 만들면 지속적인 마케팅과 홍보로 브랜드파워를 키워나가듯이 자신만의 독특한 브랜드를 개발했다면 다양한 수단으로 홍보하는 것이 중요합니다. 시대 트렌드에 맞게 온라인의 각종 채널을 활용하여 자기 자신을 마케팅하는 것을 추천합니다. 이때 중요한 것은 각종 채널이나 주변 사람들에게 홍보할 때 자연스럽게 하는 것이죠. 홍보를 받는 느낌은 거리감이 들게 하기 때문에 자연스럽게 받아들이고 인식할 수 있도록 스토리텔링이 필요합니다.

퍼스널 브랜드는 평생 경쟁력이 됩니다. 평생직장 개념이 사라지고 직장인들에게 이직이 보편화되면서 개인 간 경쟁이 치열해졌어요. 그뿐만 아니라 1인 1기업으로 자신이 직접 모든 것을 하면서 평생 업으로 하는 사람들이 많아져 한 개인의 경쟁우위를 결정하는 요소로 퍼스널 브랜드가 중요해지고 있지요. 명품 브랜드 제품이 뛰어난 품질로 소비자들의 신뢰를 얻고 그들의 생활 가치 향상에 기여하는 것과 같이 자신의 퍼스널 브랜드를 단단히 구축하여 사회적으로 인식되고 인정받는 가치 있는 개인이 되어야 합니다. 아무리 품질 좋은 제품도 소비자들이 알지 못하면 결국 쓸모없게 됩니다. 마찬가지로 아무리 멋지고 좋은 브랜드를 만들었다 해도 남들이 알지 못하면 우물 안 개구리 신세를 면치 못하는 것이죠.

그럼 퍼스널 브랜딩 전략이란 무엇일까요? 퍼스널 브랜딩 전략은 모델링을 하는 것입니다. 모델링이라는 단어는 본래 미술에서 쓰이는 용어인데 모델을 보고 닮게 만드는 것을 말합니다. 이 모델링을 통해 성공한 기업이나 개인을 모델로 삼아 자신에게 접목하는 것이죠. 이것은 나 자신을 스스로 정리하고 목표를 향해 나답게 채워가는 과정입니다. 이것이 벤치마킹과 다른 점이죠. 벤치마킹이 단순히 모방하는 작업이라면 퍼스널 브랜딩의 모델링은 자기 자신만의 차이점을 발견해 전략적으로 브랜딩하는 작업이라고 할 수 있어요. 이 작업을 통해 자신의 이미지를 원하는 방향으로 포지셔닝하고 특정 분야에서 최고가 될 수 있습니다. 이로써 다른 사람이 흉내 낼 수 없는 나만의 고유한 정체성과 이미지, 차별성을 구축할 수 있고요.

어떤 모임에 가든 자기소개 시간은 있을 것입니다. 사람들은 대부분 자기소개를 할 때 '안녕하십니까? 저는 ○○에 근무하고 있고요. 직급은 ○○입니다' 라고 하죠. 이러한 자기소개 패턴이 99%일 것입니다. 그래서 중소기업에 다니는 사람이나 구직자, 퇴직자의 경우에는 자기소개 시간이 즐겁지만은 않아요. 우리가 살고 있는 이 사회는 자기 PR 시대입니다. 이 시대 흐름에 맞게 자기 PR, 셀프 마케팅을 넘어 퍼스널 브랜딩을 하려는 사람들이 많아지고 있습니다. 예전에는 퍼스널 브랜딩이 소수 연예인이나 정치인, 유명인에게만 해당되는 이야기였죠. 국가적 브랜드인 김연아, '강남스타일'의 싸이, 반기문 유엔 사무총장은 퍼스널 브랜딩이 아주 잘되어 있는 대표적인 예이고요.

요즘은 한 분야에 전문성과 가치를 가진 일반인도 자신을 표현하고 차별화된 브랜드로 만들기 위해 노력하고 있습니다. 자신을 하나의 브랜드로 만드는 과정은 차별성을 만드는 것이며 다른 경쟁자들과는 다른 경쟁우위를 갖춤으로써 경쟁이 치열한 현대사회에서 살아남는 하나의 방법입니다. 예를 들어 한 시간에 10만 원을 받는 평범한 강사가 방송에 나가 유명해지고 책과 블로그 운영 등을 바탕으로 기업체에 초빙되어 그전의 10배에서 100배가 넘는 강사료를 받는 유명강사가 될 수도 있지요. 의료계에서 경쟁이 심한 성형외과의 의사는 토크쇼에 출연해 자신이 쓴 책을 가지고 엄청난 수입을 올릴 수도 있습니다.

이렇듯 퍼스널 브랜딩을 통한 인지도 확대는 한 사람이 브랜드가 되는 과정에서 꼭 필요한 것입니다. 우리는 정보화 시대에 살고 있습니다. 소셜 네트워크와 인터넷으로 다양한 정보가 홍수처럼 넘쳐나기 때문에 사람들의 인식 속에 자리 잡기 위해서는 인상적이고 강렬한 정보가 아니면 쉽게 잊어지고 살아남기 힘듭니다.

하지만 이런 정보화 시대를 잘 이용하면 퍼스널 브랜딩하는 과정 또한 그렇게 어려운 것은 아닙니다. 대학교수와 목사, 정치인뿐만 아니라 유명해지고 싶은 평범한 사람들은 인터넷을 통해 자기 근황을 알리고 강의나 설교를 즉시 블로그와 유튜브에 손쉽게 업로드할 수 있어요. 블로거와 팟캐스트들도 인터넷을 통해 쉽게 자신을 포지셔닝할 수 있고요. 이러한 정보기술의 발달로 적은 비용으로 폭넓고도 쉽게 타인의 근황을 알 수 있는 시대를 살고 있습니다. 고로 자신의 평판을 꾸준히 관리해야 합니다.

자, 10분 쉬었다가 강의를 계속하겠습니다."

## 평판 산업

평판 산업이란 평범한 사람이나 유명인을 조금 더 높은 인지도와 세련된 브랜드로 성장시키기 위한 계획, 전략, 이미지 확산과 관리, 인지도를 높이는 과정이다.

에릭 슈미트Eric Schmidt 구글 회장은 온라인 평판 관리 비즈니스를 새로운 디지털 시대의 가장 각광받는 산업으로 꼽았다. 우리나라에서는 산타크루즈캐스팅컴퍼니가 평판 산업의 전문기업이다. 주로 기업이나 연예인, 유명인의 이미지를 관리해주는 일을 하며, 인터넷에서 일어날 수 있는 명예훼손에 대처하거나 사망자의 인터넷 개인정보 기록을 삭제하거나 각종 통장과 유산·부동산 등을 정리해서 상속자에게 알려주는 새로운 사업이다. 이러한 평판 비즈니스는 유럽에서 시작됐으며 우리나라에서는 산타크루즈가 처음 시작했다.

### ■ SNS 시대의 평판관리

요즘 네이버 밴드로 잊고 살았던 동창들도 찾고 서로 뜻이 맞는 사람들끼리 모임을 만드는 등 카카오톡, 카카오스토리, 페이스북, 텔레그램, 트위터가 대표적인 SNS로 자리 잡고 있다. 불과 10년 전까지만 해도 싸이월드의 미니홈피가 대단한 붐이었다. 자기 자신의 일상생활을 공유하고 사진과 글을 통해 지인들과 소통하고 알지 못하는 사람과도 교류할 수 있는 온라인 사교 모임의 대표적인 예였다.

이러한 SNS는 자주 만날 수 없는 바쁜 현대인이 사회적 지인들 간에 서로 소식을 묻고 공유할 수 있는 유용한 수단이다. 이전의 SNS는 개인적 공간이라는 의미가 강했고, 요즘에는 개인적 일상과 함께 뜻이 맞는 사람끼리 함께하는 공간 그리고 사회적 이슈나 공감되는 것들을 불특정 다수와 공유하는 공간이다. 그렇기 때문에 개인의 SNS 활동을 보면서 그 사람의 관심사가 무엇인지, 주위 사람들과의 관계는 어떤지, 어떤 활동에 주력하는지 등을 어느 정도 파악할 수 있다.

예전에는 회사를 옮길 때 평판 조회(reference check)를 그 직전 상사나 동료들로부터 했지만, 요즘에는 SNS가 후보자 성향을 파악하는 데 중요한 수단이다. 만약 한 후보가 겉으로 봤을 때는 예의바르고 흠잡을 데 없는 조건이지만 SNS를 통해 본 그의 모습과 인적 네트워크가 그렇지 않다면 상반된 모습에 신뢰가 가지 않을 수 있다. 이러한 이유로 퍼스널 브랜딩과 평판 관리에서 SNS 관리의 중요성은 간과할 수 없는 부분이다.

### ■ 소셜 평판 관리하기

#### – 개인정보 옵션 관리하기

불특정 다수가 방문해도 자신의 전문적 영역만 볼 수 있도록 SNS를 관리해야 한다. 일상을 공유하는 것도 좋지만 사적인 대화나 사진, 일기, 글, 댓글 등은 정보 공유 수위를 조절하고 공개 대상을 설정하는 것이 좋다.

– 사진 관리하기

파티나 술자리 모임, 부적절한 복장의 사진들, 사적인 일상을 담은 것은 친구만 공유할 수 있도록 관리하고 부적절한 사진이 태그되어 있다면 태그를 해제한다. 자신이 1인 브랜드라는 사실을 항상 잊지 말고 고객들이 보기에 적절하지 않은 사진은 삭제하는 것이 좋다. 또 일하는 사진이나 프레젠테이션을 하는 사진, 봉사활동을 하는 사진 등 전문적으로 보일 수 있는 사진들을 게시하고 처음 마주칠 프로필 사진도 깔끔하고 전문적인 것으로 설정해두는 것이 좋다.

– 개인 브랜드 만들기

SNS에서 자신의 평판 관리는 꾸준히 해야 한다. 평판은 한번 나빠지면 회복하기 어렵기 때문에 지속적인 관리가 필요하다. SNS에서 좋은 평판 관리는 자신의 손에 달려 있다.

CareerBuilder.com에서 인사 담당자 3,100명에게 문의한 결과 22%가 포지션에 적합한 후보들을 찾기 위해 SNS를 이용하고 있다고 대답했다. 후보자가 마약을 하거나 사용하는 방법에 대한 정보를 게시했을 때가 41%로 가장 높은 후보자 탈락 원인이었고 도박하는 사진, 부적절한 사진과 정보 게시, 의사소통 기술이 원활하지 않을 때가 뒤를 따랐다. 한편, 인사 담당자 24%는 소셜 네트워크를 통해 채용에 도움이 될 만한 콘텐츠를 찾았다고 대답했다. 가장 호감을 준 콘텐츠는 일에 대한 전문성이 보였을 때고, 그다음이 훌륭한 커뮤니케이션 능력, 기업 문화에 적합한 사람 순이었다.

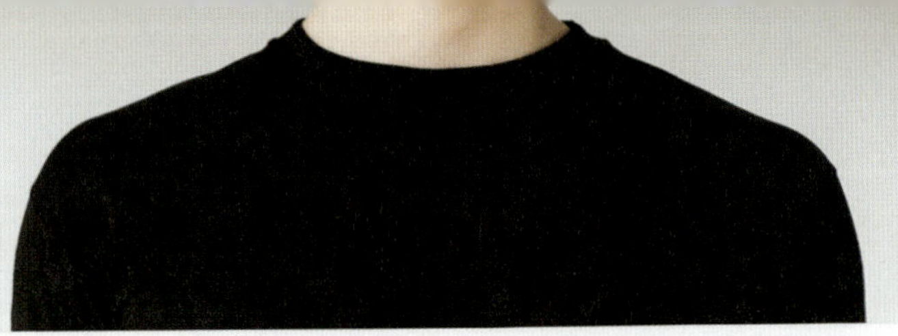

# Brand Yourself

인생은
누가 더 대단한 이야기를 가지고 있는가에 대한 싸움이다.

– 톰 피터스Tom Peters

누구나 자기 브랜드의 CEO가 되어야 한다. 성공을 거두려면 경력을 스스로 통제할 수 있는지 확인할 수 있어야 한다.

누구나 프로젝트를 성공적으로 완수하면 경영진이 봉급 인상을 약속하게 할 수 있는 협상력을 발휘할 능력이 생긴다.

누구나 '나'의 브랜드를 구축하는 과정에서 좌절을 겪을 수 있지만, 자신을 돌아보고 진정한 자아를 발견할 수만 있다면 기회는 눈덩이처럼 불어날 것이다.

누구나 탁월함을 과시하고, 학습하고, 발전하고, 기술력을 쌓을 기회가 있다.

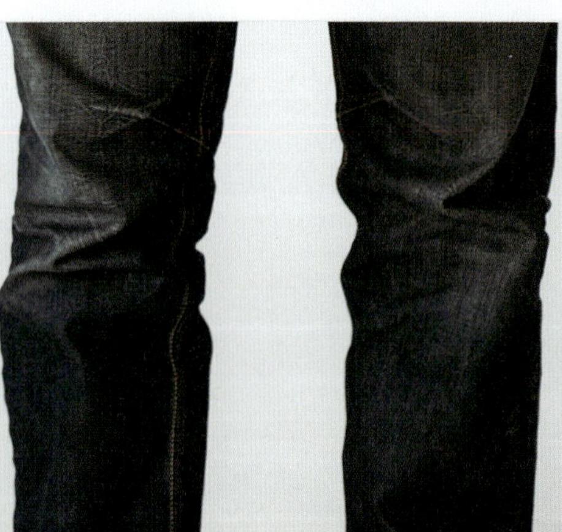

# 퍼스널 브랜딩을 하는 방법

강의 시간이 길어지니 아무래도 집중력이 떨어지고 지루해지는데 마침 교수님이 잠깐 쉬자고 하셨다. 연주와 이런저런 얘기를 하며 바람을 쐬고 오니 정신이 맑아지는 것 같았다.

"모두 들어왔습니까? 그럼 강의를 계속하겠습니다."

교수님은 칠판에 다음과 같이 쓰셨다.

나를 파악하자.

개인의 발견에 투자하라.

Finding where I stand and I want to be.

나는 누구인가?

"결국 퍼스널 브랜딩은 내가 누구인지 깨닫는 과정이다."

– 리즈 스트로스(Liz Strauss, SOBCon 창립자& 블로그 운영자)

"우선 나를 파악하고 나를 한마디로 정의해봅시다. 자기 자신을 냉철하게 분석하고 강점, 약점을 파악한 후 그에 따른 전략을 세워야 합니다. 전략을 세우기 전에 명백한 콘셉트를 잡아야 하는데, 그러려면 나 자신과 대화해 나를 파악하는 것이 중요합니다. 현재 내 상황을 정확하게 알아야 제대로 된 전략을 세울 수 있다는 뜻입니다.

의외로 사람들은 타인을 평가하고 파악하는 데 어려움을 느끼지 않지만 자기 자신을 파악하는 데는 어려움을 느끼는 사람이 많습니다. 나 자신을 발견하는 첫 번째 과정으로 강의 전에 나눠준 프린트물에 있는 물음에 답을 적어보세요."

**다음은 '열정과 가치관'을 파악하는 항목입니다**

- 세상에서 나를 가장 흥분하게 만드는 것은 무엇인가?
- 나는 어떤 주제를 가지고 이야기할 때 흥분되고 끊임없이 이야기할 수 있는가?
- 성공적인 삶을 위해 필요한 것은 어떤 것이 있는가? 생각나는 대로 나열해보자.
- 내 평생 임무는 무엇인가?
- 사람들에게 무엇을 전하고 싶은가?
- 어떻게 하면 세상에 독특한 것을 제공할 수 있을까?
- 내 꿈은 무엇인가?

**다음은 '나 발견하기' 항목입니다**

- 내가 가장 잘하는 것은 무엇인가?
- 내가 좋아하는 활동 생각나는 대로 적어보기
- 남이 나를 묘사할 때 자주 나오는 특성 있는 대로 적어보기
- 대학교 강의 중 가장 좋았던 강의는 무엇인가?
- 대학교 강의 중 가장 싫었던 강의는 무엇인가?

"다들 적었습니까? 어떻습니까? 답을 쉽게 적기 어려운 항목도 있지요? 그걸 가지고 팀별로 브레인스토밍을 해보기 바랍니다.

일반적으로 나를 파악하기 위해서는 주변 사람들에게 내가 누구인지, 어떤 사람인지 자문을 구하는 것도 좋은 방법입니다. 내가 보는 관점도 맞지만 타인이 나를 보는 관점 또한 중요합니다. 이렇게 타인의 관점과 나의 관점을 통틀어서 자신을 냉철히 분석하고 지금 내가 어떤 위치에 있는지를 파악해야만 정확한 전략을 만들 수 있습니다.

퍼스널 브랜드를 만들 때는 SWOT분석이 중요합니다. 단점과 강점, 기회와 위기를 꼼꼼히 분석하고 어떤 것을 살리고 어떤 것을 버릴 수 있는지를 파악해야 하지요. 이 과정에서 단점을 장점으로 승화시킨 유명인도 있습니다. 여러분도 잘 아는 개그맨 오나미와 박지선은 한국의 미의 기준에 저항하며 개성 있는 외모를 장점으로 승화시켜 시청자들에게 큰 웃음을 주었고 인기도 얻었지요. 국제적인 인기를 얻었던 가수 비도 쌍꺼풀이 없는 개성 있는 외모로 매력을 발산했습니다. 이렇듯 단점을 부각해서 장점으로 만드는 것은 열등감을 없애고 개성 있

는 캐릭터로 포지셔닝할 수 있는 하나의 방법입니다. 그럼 이미지를 개성 있게 변신하는 방법을 알아보겠습니다.

### ■ 개성 있게 이미지 변신하는 방법

타인이 나를 어떤 하나의 메시지, 이미지로 기억하게 만드는 것이 퍼스널 브랜딩을 성공적으로 하는 방법입니다. 2011년 세상을 떠난 애플의 최고 경영자 스티브 잡스Steve Jobs는 '혁신'의 아이콘이었죠. 그가 프레젠테이션을 할 때마다 입었던 검정 셔츠와 청바지는 잡스를 대변하는 하나의 아이콘이 되었습니다. '피겨 여왕' 김연아, 국민 MC 유재석, '강남스타일' 싸이는 퍼스널 브랜딩을 잘한 성공적인 예라고 볼 수 있고요.

위의 성공적인 퍼스널 브랜딩 예처럼 자신을 표현할 때도 간단하면서도 임팩트 있는 단어를 창조해서 나만의 브랜딩 전략을 세우는 것이 중요합니다. 너무 추상적·일반적이고 개괄적인 단어는 브랜딩을 하는 데 도움이 될 수 없습니다. 영화학 교수 리처드 다이어Richard Dyer는 효과적으로 캐릭터를 만드는 법을 여덟 가지로 정리해놓았습니다. 다음의 방법은 캐릭터에 개성을 부여해서 사람들에게 오래 기억되게 하는 경쟁우위를 가질 수 있습니다."

호소력 있는 캐릭터의 여덟 가지 특성

- 개별성: 캐릭터는 다른 캐릭터와 구별되는 독특한 개성이 있어야 한다.
- 흥미: 캐릭터의 구체적인 특성이 관심을 유발해야 한다.

- 자율성: 예견 가능해서는 안 된다. 종잡을 수 없어야 한다.
- 다차원: 차원적이어서는 안 되고 처음 봐서는 파악하기 어려울 정도로 많은 특성을 가지는 편이 낫다.
- 내면성: 언어뿐 아니라 행동을 통해 생각과 태도가 표현되어야 한다. 사람들은 캐릭터가 직접 설명하지 않아도 이런 캐릭터의 태도를 이해할 수 있어야 한다.
- 동기: 습관적이거나 되는 대로 행동하기보다 동기에 따라 움직여야 한다.
- 별개의 정체성: 캐릭터가 실재처럼 보여야 하는 것은 물론 캐릭터와 실재 자아가 분리되어야 한다.
- 일관성: 시간이 지남에 따라 다수의 특성을 가지고 개선된다 해도 전반적으로 일관성을 유지해야 한다.

### ■ 퍼스널 브랜딩 실행하기 : 행동 수정

"이렇게 개성 있는 자신만의 캐릭터를 만들었으면 이제는 지속적인 실행으로 퍼스널 브랜드의 구축에 들어가야 합니다. 이 작업은 새로운 캐릭터 포지셔닝을 위해 '새로운 자아'의 특성을 극대화하고 이미지 변신을 하는 것입니다. 일반적으로 행동 수정을 하는데, 주로 연예인이나 정치인들의 이미지 컨설팅 작업이 이에 해당합니다. 예를 들면 대선을 앞둔 정치인이 '소통하는 정치인의 이미지'를 만들고 싶다면 인터넷을 통한 SNS도 지속적으로 관리하고 몸으로, 발로 뛰는 이미지를 많이 보여줘야 합니다. 또 사람들 앞에서의 걸음걸이, 말투, 인사법, 연설하는 법 등 모든 행동을 소통하는 이미지에 걸맞게 맞추고 일관되게 구축해야 합니다. 이렇게 포지셔닝된 행동은 지속적으로 개선해 기존의 자아로 돌아가지 않도록 노력이 필요합니다.

### ■ 퍼스널 브랜드 홍보하기

퍼스널 브랜딩을 하고 난 후 여러 유통 채널을 통해 대중에게 홍보해야 합니다. 본래 마케팅에서의 유통 채널이란 제품과 서비스를 소비자에게 전달하는 통로를 의미합니다. 이것은 퍼스널 브랜드에서도 똑같이 적용됩니다. 자기 자신을 제품이라고 생각하고 최대한 많은 유통 채널을 확보하여 홍보해야 하지요. 기업이 브랜드를 만들면 모든 수단을 동원해서 그 제품과 서비스를 홍보하듯이 퍼스널 브랜드도 마찬가지입니다.

최근에는 인터넷을 통한 커뮤니케이션 채널의 홍보효과가 상당하다 보니 이것이 인지도를 높이기 위한 전략의 성패를 가르는 중요한 수단이 되었습니다. 블로그, 팟 캐스트, 유튜브 각종 이벤트, 위성 라디오 등이 대표적인 인터넷 홍보 수단입니다. 실제 유명 연예인이나 정치인들이 미디어 트레이닝을 통한 이미지 컨설팅을 받는 것도 이러한 이유입니다.

퍼스널 브랜드를 세련되게 만들기 위해서는 브랜드를 꾸준히 연마하고 유통 채널을 지속적으로 변화시켜야 합니다. 자신의 나이와 지위에 맞는 브랜드를 연마하고 그것에 맞는 적절한 유통 채널을 선택한다면 더 많은 명성과 수익, 청중이 따를 것입니다."

## 대통령의 이미지로 보는 퍼스널 브랜딩

### 대통령 되려면 왼쪽 가르마를 타라?

역대 대통령 2 대 8 헤어스타일… 대부분 왼쪽 가르마 '정형화'
왼쪽 가르마는 좌뇌가 발달한 사람 … 언어, 단어 기억, 수학, 논리 뛰어나
여성인 박근혜, 숱 없던 전두환 대통령… 오른쪽 가르마 최규하 대통령은 예외

우리나라에서 성공을 논하는 데 대통령을 빼놓고 이야기할 수 없다. 국회의원들이 자랑삼아 "난 대통령 될 확률이 300분의 1인 사람"이라고 이야기하는 것도 그 자리가 갖는 권력의 크기를 말해준다. 국내에서 최고의 통치권을 행사한다는 점에서 대통령의 중요성은 더욱 커진다.

외국에 대하여 국가를 대표하는 대통령의 헤어스타일은 전반적인 이미지에 영향을 미친다는 점에서 매우 중요하다. 그런 이유 때문일까. 우리나라 역대 대통령의 헤어스타일은 깔끔하면서 신뢰감을 심어주는 '2 대 8 가르마'로 정형화되어 있다. 외국 주요 총리나 대통령도 2 대 8 가르마를 한 경우가 많다.

사실 우리나라 역대 남성 대통령의 헤어스타일은 다들 비슷하다. 2 대 8 가르마가 기본형이다.

전직 대통령의 공통점은 가르마 비율뿐만이 아니라 가르마의 방향에서도 발견된다. 이승만 초대 대통령을 포함해 윤보선, 박정희, 전두환, 노태우, 김영삼, 김대중, 이명박, 박근혜 대통령이 모두 왼쪽 가르마를 탔다.

대통령들의 가르마 비율

현직 여야 지도부들도 대부분이 왼쪽 가르마를 타고 있다.

가르마 방향은 어느 쪽 손을 사용하는가에 따라 영향을 많이 받는 것으로 알려져 있지만, 인과관계가 명확하지 않다. 다만 가르마 방향이 그 인물의 성향을 두드러지게 한다는 점에서 좌뇌가 발달한 사람은 왼쪽 가르마를, 우뇌가 발달한 사람은 오른쪽 가르마를 타게 된다는 이야기도 있다. 현대 뇌의학 연구에 따르면 좌뇌는 언어, 단어 기억, 수학, 논리에 기여하는 활동을 맡는 반면 우뇌는 시각적 과정, 그림 기억, 음악적 이해 등 창의적인 부분에 기여한다. 우리나라 대통령의 가르마가 왼쪽이 많은 것도 이 같은 영향으로 추측해볼 수 있다.

(출처: HOOC, WEEKEND, ISSUE IN DEPTH, 2014. 8. 1)

지금은 스토리텔링 마케팅의 시대이며 기업들이 이 마케팅을 하지 않으면 살아남을 수 없을 만큼 이 방법을 많이 씁니다. 우리는 스토리텔링 마케팅으로 제품을 판매할 수 있습니다. 현대사회는 말 그대로 마케팅 공화국입니다. 생산자는 질 좋은 제품이나 서비스를 개발하면 온갖 방법을 동원해 소비자에게 알립니다. 현대사회에서는 생산자의 제품, 서비스 생산 기술의 차별성이 점차 줄어들고 있어 마케팅으로 차별성을 꾀하고 있지요. 생산자는 끊임없이 소비자의 이목을 끌기 위해 노력해왔고 지금도 노력 중입니다.

과거에는 기업이 소비자에게 사실을 알렸지만 소비자는 사실을 그대로 받아들이지 않는다는 것이 마케팅의 한계였죠. 이런 마케팅의 한계를 극복하고자 마케터들은 고민하고 연구하였고 그 끝에 탄생한 마케팅 방법이 스토리텔링입니다. 스토리텔링 마케팅에서는 사실에 감성을 입혀서 고객들에게 조곤조곤한 어조로 마치 친구에게 들려주는 것처럼 이야기를 합니다. 그 과정에서 소비자들은 사실을 진실로 받아들이기 시작하는데 이것이 스토리텔링의 가장 큰 장점이자 매력이에요.

"마음에 호소하는 연설이 머리에 호소하는 연설보다 우월하다. 이성적인 방법으로 연설하면 청중들은 '그 사람 참, 말 잘하는군. 일리 있네'라고 반응하는 데 반해 감정에 호소하는 연설에는 '우리 모두 싸우러 나갑시다!'라며 행동하기 때문이다." 고대 그리스 철학자 아리스토텔레스가 한 말입니다. 스토리텔링 마케팅의 시초인 셈이죠. 마케팅 경쟁이 과열되면서 새로운 방법을 찾는 마케터들이 잘 만들어진 상품과 서비스로 이성에 호소하기보다는 따뜻하고 정감 있는 상품과 서비스로 고객의 감성을 자극하기 위해 스토리텔링 마케팅을 좀 더 적극적으로 활용하기 시작했습니다.

스토리텔링 마케팅에는 생산자의 기업 소개나 제품의 성능을 홍보하는 내용은 들어 있지 않아요. 스토리텔링 마케팅은 상품에 얽힌 이야기를 가공, 포장해 마케팅에 활용하는 브랜드 커뮤니케이션 활동의 일환입니다.

인터넷이 발달하고, 스마트폰 보급률이 높아지고, 기술력이 급격히 발달하면서 우리는 쉽게 정보에 노출되고 접근 가능해졌습니다. 쉽게 정보를 접할 수 있는 소비자는 냉정하며, 수없이 쏟아지는 정보 속에서 그냥 지나쳐버리기도 합니다. 많은 정보 속에서 소비자들이 쉽게 기억해주기를 바란다면 오산입니다. 그럼 어떻게 해야 소비자들에게 자신의 정보를 쉽게 각인할 수 있을까요?

사람들은 객관적인 사실보다는 경험이나 감성에 더 많은 영향을 받습니다. 고객이 공감하는 스토리를 만들어 들려준다면 이 스토리가 고객의 머릿속에 꾸준히 맴돌며 감성을 자극하고 구매에 이르게 합니다. 그렇습니다! 바로 스토리텔링을 활용해 자신의 정보를 소비자들에게 친근하게 전달해야 합니다.

스토리텔링이란 단어 그대로 '이야기하다'라는 의미이죠. Story+Tell+Ing의 합성어로, 상대방에게 알리고자 하는 바를 듣는 사람들의 마음을 움직일 수 있도록 자신의 느낌과 생각을 덧붙여 흥미롭고 생생한 이야기로 설득력 있게 전달하는 것입니다. 즉, 상품에 담긴 제품 콘셉트나 단순한 내용을 넘어서 브랜드와 관련된 역사나 추억, 탄생 배경, 의미 등을 고객들에게 들려줌으로써 브랜드에 감성을 녹인 이야기를 파는 마케팅입니다.

지금까지 긴 시간 스토리텔링 마케팅에 대해서 알아보았는데요. 이제 과제를 드리겠습니다. 팀별로 스토리텔링 요소에 대해 리포트를 작성해서 다음 수업시간 전까지 과사무실로 제출하세요."

오늘도 어김없이 과제가 나왔다. 스토리가 있는 스토리텔링 요소를 어떻게 조사할지 연주와 머리를 맞대고 고민해봐야겠다.

 # 영준과 연주의 팀 리포트

스토리텔링의 네 가지 요소 조사해오기

### 1  메시지

메시지는 핵심스토리로 이해하면 된다. 핵심스토리는 이야기의 본질이 되는 것이다. 이런 메시지는 스토리를 전달하려는 목적성이 있어야 하며 일관성을 유지해 하나의 스토리에는 하나의 스토리만 담는 단순성의 요소가 갖춰져야 한다.

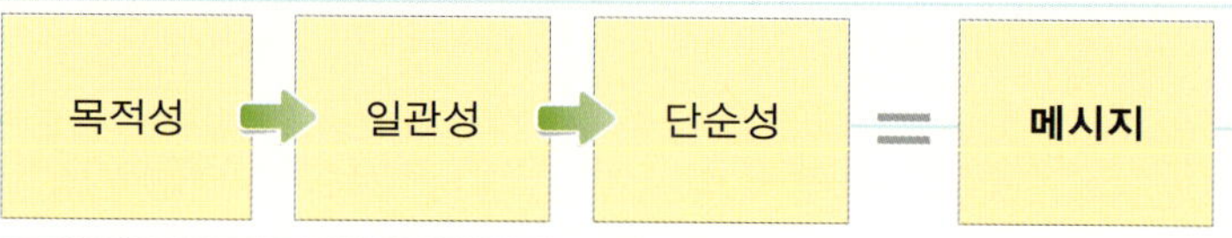


### 2  등장인물

등장인물이란 스토리를 이끌어가는 주인공들이다. 이런 등장인물의 설정은 감정이입과 동감을 촉발하게 한다. 또한 등장인물의 배역 설정은 스토리를 전개할 수 있는 구조를 제공해준다.

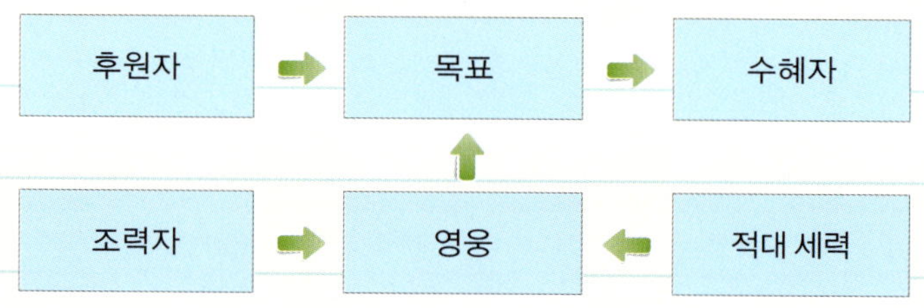


주인공은 목표를 달성하는 영웅이며 적대세력은 주인공이 목표를 이루지 못하도록 방해하는 자다. 주인공을 통해서 이루어지는 목표는 메시지를 포함한 이야기가 원하는 것이다.

③ 갈등

스토리에 갈등이 빠진다면 끝 없는 단팥빵이나 다름없다. 스토리가 재미없어지고 방향을 잃게 된다. 갈등은 스토리의 원동력이다. 인간은 본능적으로 조화와 균형을 추구하는데 갈등이 행동을 만들어내게 된다. 갈등은 스토리의 추진력이다. 갈등이 해소될 때까지 변화를 거쳐 스토리는 생명력을 얻어 재미가 가미되는 셈이다. 갈등이 커질수록 이야기의 흥미가 커지게 되지만 한계를 넘어서는 건 주의해야 한다.

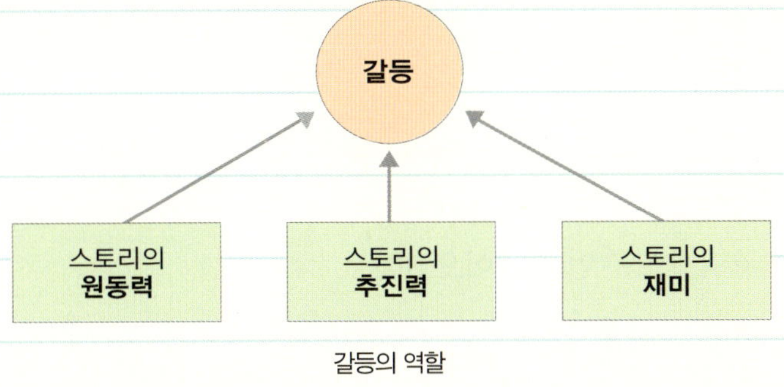


갈등의 역할

④ 이야기의 설계도, 플롯

스토리를 쓰는 목적은 결국 사람들이 읽게 만드는 것이다. 사람들이 스토리를 듣거나 읽기 위해서는 스토리의 흐름이 잘 이어져야 한다. 그래서 플롯이 필요하다. 플롯은 제한된 시간에 신중하게 사건을 배열하는 기능을 한다. 스토리에서 시간과 공간이 잘 설정되지 않으면 이야기 전개가 미흡해진다. 플롯 모델의 구성요소로는 발단, 사건, 갈등의 고조, 절정, 결말이 있다.

# 스토리텔링 마케팅의 활용법

지난 한 주는 일이 많아서 연주와 과제할 시간을 잘 맞추지 못했다. 그래서 어제서야 가까스로 과제를 낼 수 있었다. 오늘도 교수님은 근사한 차림새로 수업에 들어오셨다.

"여러분이 제출한 과제물은 모두 검토했습니다. 몇 명이 아직 안 냈던데 오늘까지 내기 바랍니다. 과제물을 검토하면서 느낀 점을 말해 보겠습니다. 먼저 진정 위대한 스토리는 지속적으로 존재하며 성공합니다. 성공한 스토리는 많은 사람의 상상력을 사로잡을 수 있지요. 이렇게 스토리가 성공하기 위해서는 몇 가지 성공 요소가 골고루 잘 섞여 하나의 스토리로 탄생되어야 합니다. 위대한 스토리는 일관되고 진정성이 있기 때문에 진실하다고 할 수 있지요. 이야기에 모순이 있는 달콤한 사탕발림 스토리는 위대해질 수 없습니다. 위대한 스토리는 재미, 감동, 공감, 특별함을 약속합니다. 이런 위대한 스토리는 많은 사람에게서 신뢰를 받지요. 스토리가 많은 사람의 상상력을 자극하면서 신

뢰를 얻게 되면 그 상상력이 현실처럼 느껴지게 되고 사람들은 스토리를 믿게 됩니다.

위대한 스토리는 자기모순이 없습니다. 스토리 자체에 자기모순이 존재한다면 사람들은 더는 스토리를 받아들이지 않습니다. 마지막으로 위대한 스토리는 사람들의 가치와 사상에 일치합니다. 스토리를 듣는 사람들에게 무엇인가 가르치려 하지 않지요. 듣는 사람의 생각과 사상에 묘하게 일치하며 듣는 사람이 처음부터 옳은 생각과 가치를 갖고 있음을 상기시켜 스스로 현명하다고 느끼며 스토리를 받아들이게 하는 것입니다.

이번 시간에는 스토리텔링을 어떻게 마케팅에 활용하는지에 대해 알아보겠습니다."

스토리텔링 마케팅 강의 두 번째 시간에 교수님은 본격적으로 강의하기에 앞서 기업의 사례인 듯 보이는 자료를 화면에 띄우셨다.

"스토리텔링 마케팅을 정의하면 다음과 같습니다. 마케팅 관점에서 '스토리텔링'이란 마케터가 상품에 담겨 있는 의미나 개인적인 이야기를 제시해 고객이 반응할 만한 재미있는 이야깃거리로 풀어나가는 것을 말합니다.

리즈앤리즈의 알 리즈 회장은 마케팅에 관하여 이렇게 말했습니다. "마케팅 세상에서는 소비자는 소비자의 기억 속에 자리 잡은 '인식'만이 존재할 뿐 그 외의 것은 모두 환상에 불과하다." 결국 소비자의 기억 속에 자리 잡은 '인식'은 스토리텔링을 통해 더 쉽고 빠르게 할 수 있다는 것을 알 수 있습니다.

스토리텔링 마케팅은 소통의 방식으로 평범한 상품에 이야기를 담아 특별함과 가치를 더하고 소비자의 기억에 오래 남도록 하는 방식입니다. 기업이 자신들의 입장이 아닌 소비자 입장에서 '감동, 나누고 싶은' 인식 전환의 상품 스토리를 만들어 충성도를 만들고, 접근하기 쉬운 방법으로 실시간 소통하게 합니다. 그러면 상품 스토리를 즐기면서 소비자 인식이 우호적으로 변하고, 소비자는 그 상품과 서비스를 사용하기 전에 자신이 사용한 후를 상상하면서 사전만족을 경험하게 됩니다. 마케팅 활동에 흡입력 있는 이야기를 도입해 단순히 상품을 판매하기 위함이 아니라 상품에 담긴 이야기를 고객들이 즐기도록 하는 것입니다.

스토리텔링으로 마케팅을 펼친, 남아프리카공화국에서 제작한 벨스Bell's 위스키 광고를 예로 들어보겠습니다.

스토리텔링 기법을 활용해 감동을 준 벨스 위스키의 광고

자신의 책을 출판한 아들, 그런 아들의 책을 읽고 싶은 아버지. 하지만 아버지는 글을 모르셨습니다. 그래서 글을 배우기 시작한 아버지. 아들의 책을 직접 읽을 날을 기대하면서 많은 나이에 굴하지 않고 글을 열심히 배웁니다. 글을 배운 아버지는 아들의 책을 구입하여 읽을 수 있었고 아들에게 찾아가 직접 아들의 책을 읽었다고 합니다. 아버지의 사랑과 노력에 감동한 아들은 아버지와 진한 포옹을 한 후 그 감동과 기쁨을 위스키 한 잔으로 나눕니다.

이 사례를 보면 굳이 이야기하지 않아도 스토리텔링의 힘을 느낄 수 있습니다.

그럼 어떻게 해야 마케팅에서 스토리텔링을 잘 활용할 수 있을까요? 스토리텔링을 잘하는 방법을 알아볼까요? 이야기를 잘 쓰려면 먼저 이야기의 완성도와 메시지 간결성의 상충을 기억해야 합니다. 이야

할리우드가 인정한 시나리오 작법과 스토리텔링의 대가 로버트 맥키와 그의 저서 《Story》.

기의 완성도가 높아질수록 이야기가 길어지고, 메시지로서의 간결성이 떨어지기 쉽기 때문입니다.

### 이야기의 완성도

이야기 완성도가 높으려면 스토리 구성요소의 밀접한 관계를 알아야 합니다. 보통 이야기의 구성요소는 등장인물, 배경, 사건 그리고 주제로 구성되고, 이런 구성요소는 소비자 인식의 구성요소와 밀접하게 연결되어 있습니다. 그중 등장인물의 설정과 사건은 이야기의 완성도를 높이는 데 가장 중요한 역할을 합니다.

저명한 시나리오 작가 로버트 맥키Robert McKee는 "이야기란 어떤 사건에 의해 삶의 균형이 무너진 주인공이 그 균형을 회복하고 여러

적대자와 맞서 자신의 욕망을 추구하는 것"이라고 정의하였어요. 불균형에서 균형으로 사건 전개를 해서 흔히 갈등이 발생하고 이것이 해소되는 일련의 사건이 됩니다. 이야기에서 갈등이 없으면 이야기는 김빠진 맥주처럼 재미가 없게 됩니다. 그리고 갈등을 극대화하려면 주인공, 적대자와 주인공을 돕는 조력자가 설정되어 전개되면서 더욱 재미있게 되는 것이죠.

이야기에서 갈등의 발생과 해소를 마케팅 상황에 접목해봅시다. 이야기에서 갈등 발생은 소비자의 욕구가 좌절되고, 삶의 균형이 깨지는 것을 의미합니다. 갈등 해소는 소비자의 미충족 욕구가 충족되어 균형을 회복하는 과정이라 생각하면 됩니다.

완성도가 높은 이야기에서는 주인공의 목적 달성을 가로막는 장애물이 설정되지요. 주인공이 이런 장애물을 극복하고 목적을 달성하면서 제품의 콘셉트가 자연스럽게 나오도록 하는 것이 완성도가 높은 이야기입니다.

완성도가 높은 이야기는 콘셉트를 직접 주장하지 않아도 소비자가 스토리를 통해 주제를 스스로 추론하게 되어 설득력을 높이게 됩니다. 직접적으로 주장하지 않고 돌려 말하기 때문에 메시지 수용성이 높은 것입니다. 즉, 소비자의 심리적 저항인 '반박적 주장'이 없어지게 되는 것이죠.

### 이야기의 간결성

이야기의 완성도를 높이기 위해 여러 인물을 등장시키고 갈등을 고조시키다 보면 이야기가 길어져 메시지의 간결성이 떨어지게 됩니다. 요즘 사람들은 짧고 강력한 걸 좋아합니다. 유튜브에서 동영상을 재생하기 전 광고도 10초 이상을 넘기지 않습니다. 결국 완성도가 높아질수록 메시지의 간결성이 떨어져서 그 이야기에 주목하기가 힘들어집니다.

따라서 간결하면서 소비자를 몰입시키는 완성도 높은 스토리를 만드는 것이 성공의 비결입니다. 그럼 어떻게 간결하면서도 완성도 높은 이야기를 쓸 수 있을까요?

먼저 이야기 생략기법이 있습니다. 말 그대로 이해하는 데 불필요한 부분은 과감하게 생략하는 것이죠. 메시지를 전달하기 위해 수많은 상황을 설정하고 이야기를 덧붙여 만들 필요가 없습니다. 그리고 사건의 일부를 과감하게 생략하는 방법입니다. 이렇게 함으로써 이야기를 듣는 사람으로 하여금 생략된 사건에 대해 상상하고 추론해볼 기회를 제공하면서 이야기의 호감도를 높일 수 있습니다.

다음으로는 이야기를 활용하는 방법입니다. 잘 알려진 이야기를 활용하여 이야기의 핵심만 서술하고 나머지 부분은 소비자가 추론하도록 하는 것이죠. 아주 극단적인 경우 스토리의 주인공만 언급하여 전체 이야기를 연결할 수도 있습니다. 스토리텔링 기법에서는 이야기를 창작하는 것에서 나아가 이야기 자원의 발굴도 중요합니다.”

# 꾸미에르 '스토리텔링' 정기학회
# 배틀 프레젠테이션 대회

꾸미에르학회에서 엠티 겸 정기학회 배틀 프레젠테이션 대회를 떠나게 되었다. 이번 학회는 재학생뿐 아니라 그동안 꾸미에르를 거쳐 간 까마득한 선배님들도 참석한다고 했다. 완전 막내인 나는 아무 부담 없이 가볍게 참석하려고 했는데 그게 아니었다. 엠티를 떠나기 일주일 전 조 교수님이 강의가 끝난 뒤 나와 연주에게 연구실로 따라오라고 하셨다. 연주와 나는 어리둥절한 표정으로 교수님을 따라갔다. 교수님이 먼저 말씀하셨다.

"너희 둘에게 할 말이 있어서 오라고 했어. 잠시 앉아보렴."

나와 연주는 서로 얼굴을 쳐다보며 교수님께 조심스럽게 물었다.

"무슨 일이신대요, 교수님."

"너희 둘 다 이번 학회에 가지?"

"네."

"갑니다."

"얘기 들었는지 모르겠는데 우리 학회는 전통적으로 엠티에서 프레젠테이션 배틀을 해왔어. 배틀에는 학부 학생이 참가하게 되어 있고. 그래서 너희 둘이 준비했으면 하는데 어떤가?"

그동안 프레젠테이션을 하는 데 익숙해져 있어서 크게 부담스럽지는 않은데 대선배님들 앞에서 해야 한다는 게 무척 부담되었다. 망설이고 있는데 연주가 먼저 자신있게 말했다.

"교수님, 저는 할게요."

"그럼 영준이는?"

"그… 그럼 저도 할게요."

"좋았어. 주제는 스토리텔링 마케팅이야. 각자 잘 준비해서 실력을 제대로 보여주기 바란다."

이렇게 해서 나는 일주일 동안 프레젠테이션 준비하느라 정신없었다. 가끔 연주는 어떻게 하고 있을까 궁금했지만 내 코가 석자였다. 그리고 드디어 그날이 왔다. 연주와 나는 많은 선배님 앞에서 무대에 올랐다.

**연주의 프레젠테이션**

### ■ 탄생 배경과 고객 감동을 하나의 스토리로 만들어라!

마케팅에서 이야기를 잘 활용하면 구매 단계에서는 사실감을 높일 수 있고 사용 단계에서는 주인공과 동감하면서 소비자의 사용경험을 높일 수 있습니다. 그러나 마케팅에 활용되는 많은 이야기가 사실감과 동시에 동감(감정이입)을 높이도록 만들어지지는 않습니다. 그럼 어떻게

신발회사 탐스를 설립한 블레이크 마이코스키. 한 켤레가 팔릴 때마다 한 켤레를 기부하는 'One for One' 이라는 '착한 패션'을 실시해 세계적인 대성공을 거두었다.

해야 사실감과 동감을 동시에 높이는 이야기를 만들 수 있을까요?

마케팅에 활용되는 스토리는 크게 탄생 배경 스토리와 고객 감동 스토리로 나눠 생각할 수 있습니다. 탄생 배경 스토리로는 '탐스Toms' 를 예로 들 수 있습니다.

"미국의 한 청년이 아르헨티나를 여행하던 중 많은 아이가 맨발로 몇 킬로미터를 걸어다니는 현실을 목격하게 되었고, 그 아이들에게 도움을 줄 수 있는 방법을 구상하다가 신발을 만들어 한 켤레가 팔릴 때마다 한 켤레를 맨발의 어린아이들에게 기부하는 새로운 브랜드 탐스가 탄생되었다."

탐스의 이런 탄생 스토리는 소비자들의 마음을 움직였습니다. 자연스럽게 기부도 하면서 품질과 디자인이 우수한 신발까지 구입할 수 있는 일석이조의 좋은 기회였기 때문입니다. 이처럼 탄생 배경 스토리는 주로 소비자들의 구매 단계에서 사실감을 높여줍니다. 사실감이 높아지게 되면 제품 콘셉트에 관한 소비자의 신뢰성 역시 높아지게 됩니다. 사실을 이야기 형식으로 읽으면 그 사실을 진실이라고 믿을 가능성이 크다는 연구결과도 있는데 왜 그럴까요?

감각으로 잘 느껴지면 신뢰가 가듯이 상상이 잘되면 감각이 촉발되어 사실적으로 느껴지고 신뢰가 가게 됩니다. 여기서 말하는 감각은 현존하는 감각이 아니라 상상에 의지하여 촉발된 감각입니다. 최근 뇌과학을 통해 인간은 상상할 때도 감각기관을 동원한다는 사실이 밝혀졌습니다. 즉 이전에 갔던 장소를 떠올릴 때도 시각중추가 활성화되는 것입니다. 스토리에는 시공간적 배경이 설정됩니다. 시간과 공간이 정립되면 청중은 이야기를 들으며 상상 속에서 감각을 불러일으키게 됩니다.

이런 고객 감동 스토리는 사용 단계에서 이야기의 주인공과 동감하면서 소비자의 사용 경험을 고조시킵니다. 등장인물의 설정은 감정이입과 동감을 촉진시킵니다.

인간은 타인의 감정에 동감하는 능력을 타고났습니다. 동감은 밥을 같이 먹는 사람과 현실 속에서의 동감도 있지만 이야기 속 등장인물과의 동감 혹은 감정이입도 있습니다. 인간은 이야기 속 등장인물의 경험을 쫓아서 그들과 같은 체험을 하게 되는 상상 속 동감도 가지고 있습니다. 이야기는 독자나 청중에게 등장인물과 같은 시공간적 관점

1915년 메이블린의 최초 광고와 1916년의 마스카라 제품

을 제공하여 몰입시키게 되는데 이야기의 주인공이 고객인 경우에 더욱 동감하게 됩니다.

사실감도 높이면서 동감을 촉진하려면 탄생 배경과 고객 감동을 하나의 스토리로 만들어야 합니다. 예를 들어 메이블린 이야기를 살펴보겠습니다.

메이블린Maybelline은 보통 사람을 위한 최초의 눈 화장품 브랜드로 1915년에 탄생해 100년 역사를 갖고 있습니다. 1970년대 초 미국에서 1초에 1개씩 팔리는 속눈썹 마스카라를 개발해 화장품 중 베스트 셀링 브랜드가 되었습니다. "아름다운 눈이 미인을 만들며 메이블린으로 모든 여성이 아름다운 눈을 가질 수 있다"는 광고 슬로건처럼 할리우드 스타들의 아찔하게 길게 올라간 속눈썹도 메이블린의 작품입니다. 이렇게 출범한 메이블린사는 마스카라의 명성에 그치지 않고 립스틱, 매니큐어, 팩트, 아이섀도에 이르기까지 30종의 제품을 생산하며 메이크업 브랜드로 거듭납니다. 1996년 세계 최대 화장품회사 로레알이 메이

| 등장인물 | 메이블린 이야기의 등장인물 | 마케팅 |
| --- | --- | --- |
| 주인공 | 여동생 메이블 | 고객 |
| 조력자 | 오빠 윌리엄스(메이블린 창업자) | 제품이나 기업 |
| 적대자(장애물) | 여동생 애인 체트의 식은 사랑 | 미충족 니즈 |

메이블린의 스토리텔링 사례

블린을 인수하면서 글로벌 브랜드로 성장합니다. 로레알은 메이블린을 인수한 후 '제2의 메이블을 찾습니다' 라는 캠페인을 벌였습니다. 메이블Mabel은 메이블린사 창업주 톰 라일 윌리엄스Tom Lyle Williams의 여동생 이름입니다. 100년 전 메이블린 브랜드가 탄생하는 데는 창업자 여동생 메이블의 사연이 숨어 있었습니다.

메이블린 이야기에서 애인에게서 버림받을 위기에 처한 동생의 갈등은 시작되고 이를 극복하는 이야기를 통해 '아름다운 눈을 만들어 사랑받는 미인으로 변화시키는 마스카라'의 콘셉트가 자연스럽게 드러납니다.

메이블린 이야기처럼 하나의 이야기에 고객을 주인공으로 하고, 여기에 조력자(제품, 제품개발자) 그리고 적대자(장애물)를 등장시키면서 사실감과 동감을 동시에 높이고 이야기가 길어지지 않도록 적절한 생략 기법을 사용하여 메시지를 확실히 전달하는 것입니다. 아울러 이야기의 배경을 명확히 하면서도 감각적인 언어표현으로 등장인물의 움직임이나 느낌을 생생하게 표현하면 좋은 스토리를 만들 수 있습니다.

스토리텔링 마케팅으로 유명한 에비앙 광고

### 영준의 프레젠테이션

스토리텔링 마케팅 사례로 초코파이 광고가 있습니다. 초코파이를 의인화하여 그 모험을 다큐형식으로 진행하였는데, 초코파이가 세계적으로 수출되는 과정상 어려움을 추위, 낭떠러지, 폭염의 태양 등으로 표현하고, 그것을 극복하는 멘트를 달았습니다. 문화의 존중이나 사람과의 만남, 사람의 감정 등의 이야기를 보여줌으로써 시청자들이 자신도 모르게 코끝이 찡한 감동을 받도록 하였습니다. CF에서 상업적인 느낌을 최대한 배제하여 시청자가 더욱 공감하고 자연스럽게 초코파이 '정情' 이미지를 구체화할 수 있도록 한 사례로 볼 수 있습니다.

또 다른 예로 에비앙을 들 수 있습니다. 우리나라에서 명품 물로 알려진 에비앙은 전 세계 최초로 물을 상품으로 만든 기업입니다. 이 기업이 에비앙을 내놓았던 시절 물을 사먹는다는 개념 자체가 생소했기 때문에 브랜드 스토리를 활용해 마케팅을 했습니다.

1789년 프랑스의 한 귀족은 에비앙 지역에서 신장결석을 고치기 위해 요양을 하고 있었습니다. 이 사람이 병을 고친 가장 큰 요인이 에비앙 지역의 지하수라고 알려지면서 에비앙 지역 물은 유명해졌고, 물의 성분을 분석한 결과 몸에 좋은 미네랄 등 탁월한 성분이 다량 검출되었습니다. 이후 에비앙은 신비스러운 생수라는 이름을 얻었고 유럽 전 지역에서 가장 비싼 물이 되었습니다. 에비앙 기업은 지역 이름을 고스란히 따 에비앙이라는 브랜드와 제품의 히스토리를 결합해 마케팅을 했습니다.

각 시리즈에 의미를 부여하여 골라먹는 재미를 준 '비타민 워터'도 있습니다. 비타민 워터는 '골라먹는 재미가 있다, 비타민 워터!'를 콘셉트로 잡고 시리즈별로 병에 스토리텔링을 도입해 각각의 병에 의미를 부여했습니다. 시리즈별로 특색 있는 스토리를 소개해 고객에게 골라 마시는 재미와 다른 시리즈의 스토리에 대한 호기심을 주었습니다. 음료마다 다른 영양소가 있는 건강음료라는 것을 강조하여 그날 자신의 상태에 따라 음료를 골라 마시는 재미를 주었습니다.

### 학회장인 77학번 선배의 마무리 멘트

마케팅에서 스토리텔링 이야기에 나타난 사건 전개는 소비자가 이야기 주제를 스스로 추론하여 개념의 이해를 돕는 장점과, 등장인물과 시공간적 배경을 공유하면서 내적 감각이 촉발되어 사실감을 느낄 뿐 아니라 주인공과 동감하게 되는 강점을 가지고 있습니다.

스토리는 첫인상에서 시작됩니다. 첫인상이 중요하다는 것은 모두 잘 알고 있을 것입니다. 스토리의 첫인상은 소비자로 하여금 자신이 보고 들은 것에 대해 빨리 판단하게 만들며 그 판단은 쉽게 변하지 않습니다. 성공적인 스토리텔링 마케팅은 소비자들이 주목할 만한 스토리를 들려주어 소비자가 상품과 서비스를 경험하는 방식을 변화시키고 구매로 이어지게 만듭니다. 또한 가장 쉽게 전파할 수 있는 방법이며 확실한 마케팅 방법입니다.

마케팅에서 제품 콘셉트를 다른 제품과 차별화되는 표현 콘셉트로 바꾸는 데는 스토리텔링 마케팅이 매우 효과적입니다. 소비자들의 머릿속에 각인하기 위해서는 상품의 차별화가 중요한데 단지 무미건조하게 제품 특징을 설명하기보다는 소비자들이 지루해하지 않는 지속적인 관심이 필요하기 때문입니다.

지금 당장 자신의 제품이나 서비스에 스토리를 만들어보는 건 어떨까요?

# 배웠으면 발딱 투입!

**실전의 바다에 뛰어들다, 대학생 사업가**

어느덧 한국대학교 마케팅학과도 마지막 학기를 남겨두고 있었다. 4년이면 짧지 않은 시간인데 마케팅 이론을 공부하고 실전에 적용해보기 위해 열심히 활동하다 보니 그 시간이 훌쩍 지나갔다.

입학 후 마케팅의 개념으로 시작해 공감 마케팅, 커뮤니케이션과 바이럴 마케팅, 삼송기업에서 영마케터로서 실전처럼 적용해본 온라인 마케팅, 퍼미션 마케팅, 여름방학 때 제주도에서 삼촌한테 배운 퍼스널 마케팅, 스토리텔링 마케팅, 과 친구들과 속초 엠티에서 배운 소통 마케팅, 혁신마케팅 등 수많은 강의와 프레젠테이션, 리포트 자료가 눈앞을 스쳐 지나갔다. 이제 대학에 입학했을 때 목표를 실천해야 할 때가 왔다.

그것은 바로 창업이다.

먼저 졸업하여 실전에서 경험을 쌓고 있던 효준이 형, 서로 질투하기도 하고 격려하기도 하며 4년을 다른 누구보다 오래 함께한 연주, 그리고 이제 나름대로 마케팅 전문가라고 생각하는 나는 조세현 교수님의 자문을 받으며 대학교 학회의 이름을 빌려 (주)꾸미에르라는 회사를 창업했다.

이론과 실전 경험이 조화를 이룬 환상의 드림팀이 모였으니 그동안 꿈꿔온 모든 것을 세상을 향해 멋지게 펼칠 일만 남았다. 꿈은 이루어진다!

# 마케팅회사 전 직원이 전문가

이 책에 등장하는 (주)꾸미에르라는 회사는 실제 조세현 교수가 운영하는 마케팅 컨설팅회사로, 마케팅에 대한 열정으로 똘똘 뭉친 마케팅 전문가들이 모여 '고객의 꿈 위에서 고객의 이익을 책임지는 사람들'이라는 슬로건을 달성하기 위해 즐겁게 일하고 있다. 한 사람, 한 사람이 모두 일당백일 만큼 뛰어난 인재들인 직원들을 소개한다.

### 남보라 매니저

(주)꾸미에르에 입사하기 전 텍스트와 이미지가 결합된 형태의 바이럴 광고를 관심 있게 살펴보곤 했다. 특히 일상에서 쉽게 접하는 블로그, 페이스북 같은 매체를 통해서 소비자에게 친숙한 광고를 진행한다는 점이 큰 매력으로 다가왔다. 그리고 매력은 관심으로 이어졌고 온라인 광고, 바이럴 광고를 좀 더 체계적으로 배우고 싶다는 생각에 이쪽 방면으로 직장을 찾게 되었다. 마침 인연이 닿아서 (주)꾸미에르에 입사하게 되었다.

막연히 온라인 광고의 파급력이 대단하다고만 들었는데 입사하여 실무를 해보니 과연 괜히 하는 얘기가 아니구나 싶었다. 잘 진행된 바이럴 광고로 업체의 흥망성쇠가 좌우된다고 해도 지나친 말이 아니니 말이다. '흥미를 끄는' 이야기를 섞어 광고를 진행했을 때 그 진가를 가장 먼저 알아주는 이들도 소비자들이고 부실한 스토리에는 냉담한 이들이 또한 소비자들이다. (주)꾸미에르에서 일하면서 스토리텔링의 힘을 매순간 체감하는 것 같다. 마케팅에 스토리가 가미되면 확실히 마케팅에 대한 거부감이 줄어들게 된다. 또한 이야기가 광고에 접목되었을 때는 고객들이 접근하기 좋다. 광고는 상업성을 띨 수밖에 없고, 상업성을 띠게 되면 딱딱하기 때문에 어쩔 수 없이 사람들이 거부감을 갖게 된다. 하지만 이야기가 들어가면 흥미를 갖게 되고, 제품보다는 이야기에 주목하면서 자연스럽게 제품을 접할 수 있다.

스토리텔링 마케팅은 제품을 홍보하기보다는 제품에 담긴 사연을 홍보하는 쪽에 가깝다. 그렇게 이야기를 펼쳐서 고객들이 이야기 주인공이 되게 해주는 것이 목적이라고 볼 수 있다. 스마트폰 보급률이 기하급수적으로 높아지면서 앞으로 바이럴 광고의 발전 가능성은 무궁무진할 거라 생각한다. 월요일마다 한 시간 반씩 진행되는 교수님의 마케팅 강의를 들으며 점점 전문 마케터로 성장하고 있다는 생각이 들어 힘들지만 뿌듯하다. 앞으로도 더 많은 내용을 흡수하여 성장하고 싶다.

### 김영환 매니저

(주)꾸미에르에 입사할 때부터 지금까지 늘 전문가라고 생각한다. 그러한 생각과 태도가 더 빨리 마케터로 성장시키는 원동력이 되었다. 퍼스널 마케터가 되고자 하는 뚜렷한 방향을 가지고 있다. 그렇기에 하루하루 일상에 지칠 때도 더 멀리 더 높이 보며 나아갈 수 있다. 마케터는 다른 사람이 보지 못하는 걸 보고, 듣지 못하는 걸 듣는 눈과 귀가 있어야 한다. 그래야 '퍼스널 마케터'가 될 수 있고, '내 고객을

퍼스널 브랜드'로 만들 수 있다. 요즘은 어딜 가나 소통과 공감을 강조하지만, 마케터에게도 소통과 공감은 늘 화두다. 진심을 담은 공감의 리액션과 감성으로 다가갈 때 내 고객과 고객의 고객까지 움직이는 것을 경험하였다. 예를 들면, 웨딩업체의 마케팅은 결혼을 함께 준비하는 친정언니 마음을, 교육기관 마케팅은 아이를 보내는 부모님 마음을 늘 염두에 두는 것이다.

때로는 실수도 하고, 가끔 보람도 느끼면서 (주)꾸미에르에서 배운 것은 내가 만들어내는 콘텐츠를 남들과는 다르게 하되 타깃팅한 고객층 범주를 벗어나서는 안 된다는 것이다. 오늘도 그 아슬아슬한 줄타기를 계속하며 스릴 넘치는 성장을 하고 있다.

**임유리** 매니저

내가 이루고자 하는 꿈에 한 걸음 더 다가가기 위해 (주)꾸미에르에 입사했다. 처음 입사했을 때는 '여기 뭐 하는 곳이야?'라는 생각이 들 정도로 기존의 바이럴 마케팅 회사와 사뭇 다른 분위기에 놀랐고 부담스럽기도 했다. 기존에 경험했던 다른 회사들은 자신이 담당하는 일을 처리하는 것, 오직 그 하나만 했다면, (주)꾸미에르는 매주 월요일 아침 유용한 동영상을 보고 후기 공유하기, 수요일마다 독서 후 감상문 쓰기, 업무시간 도중 갑작스러운 대표님의 강의 등 혼란스럽게 하는 일들이 가득했다. 하루에 주어진 업무를 모두 소화하기도 빠듯한데 이런 일들까지 하자니 시간을 쪼개고 또 쪼개야 했다.

하지만 놀랍게도 시간이 지나면 지날수록 많은 것이 바뀌기 시작했다.

다양한 변화 중 크게 느끼고 있는 것 두 가지만 꼽는다면, 첫째는 시간이 모자라지 않고 점점 여유로워지기 시작했다는 것이다. 일련의 활동을 통해 시나브로 성장하면서 시간을 좀 더 잘 활용할 수 있게 되었다. 둘째는 일을 대하는 마음가짐이 바뀐 것을 꼽고 싶다. 바이럴 마케팅에 관심이 많지만, 까다로운 회사를 맡게 되면 막막함과 함께 부담감이 엄습하곤 했다. '여길 도대체 어떻게 마케팅해야 해?' 하는 의문과 함께 며칠씩 고민하곤 했는데, 이제는 모든 곳이 '설렘'으로 다가온다. 다양한 방법으로 이야기를 펼쳐나갈 생각에 새로운 회사를 맡게 될 때마다 두근두근하는 기분 좋은 설렘이 가득하다.

### 임가영 매니저

바이럴 마케팅과 관련된 일을 전 직장에서 배운 적이 있다. 처음 바이럴 마케팅을 배우고 일한 곳에서는 사원이라는 직책으로 있었다. 사회생활을 오래해본 적도 없고, 누군가를 관리하는 직책도 아니어서 정해진 자리, 맡은 자리의 책임감에 대해 잘 이해하지 못했다. 그저 사수가 일을 주면 그 일만 딱 처리하고 응용하지 않았다. 주어진 일만 하다 보니 머리는 점점 굳는 것 같고, 배움이 없다는 생각이 들어 회사생활이 점점 어렵고 동료들과도 잘 소통하지 못하는 일이 생겼다.

그렇게 하루 이틀 지나고 일주일이 지나고 한 달이 지날수록 점점 더 회사생활이 버겁게만 느껴져 끝내 퇴사를 결심하게 되었다. 잠깐만 나에게 휴식시간을 주자는 의미에서 한 달 정도 쉬었다. 그러다 문득 수동적인 사람이 된 내 모습과 책임감 없이 일했던 모습이 떠올랐다.

직책보다 중요한 것은 그 자리에서 자기가 얼마만큼 능동적으로 책임 감을 갖고 일하느냐라는 것을 느꼈고, 이런 생각에 더는 사로잡혀서는 안 되겠다 싶어 마음을 다잡고 일해보자는 생각으로 지원한 곳이 바로 (주)꾸미에르다.

(주)꾸미에르는 내 사회생활에서 터닝포인트가 되었다고 할 만큼 많은 것을 가르쳐주었다. 팀원들과 대화로 문제를 풀어나가고, 건의사항이 있을 때 함께 의논하면서 회사생활이 더욱 윤택해졌다. 나아가 업무를 더 효율적으로 진행하게 되었고 동료와의 관계가 좋은 쪽으로 지속되었다. 현재 전담하고 있는 뷰티숍 광고주와 커뮤니케이션할 때도 팀원들과 대화하는 것처럼 원활하게 하고 있다. 그리고 마케팅 전문가로서 능숙해 보이려고 노력하고 있다. 원활한 커뮤니케이션이 일을 더욱 빠르게, 더욱 정확하게 진행시킨다는 사실을 몸소 깨달았다.

광고주와 함께 어떤 방향으로 마케팅을 해나가야 할지 대화로 풀면서 마케팅 틀을 잡아나갔고 소비자 처지가 되어 그들이 무엇을 원하는지 생각해보고 그에 적합한 마케팅을 기획했다. 이런 노력이 매출로 이어졌고 광고주가 매우 흡족해하며 숍에 오면 관리를 무료로 해주겠다고 했다. 관리를 받아서가 아니라 그런 말을 들었다는 사실이 무척 뿌듯했고 일하는 보람도 더 느끼게 되었다.

어떤 직책이든 주어진 자리가 있다면 그 자리에서 최선을 다하고 노력하는 것만이 자신이 하는 일에서 성취감을 얻는 방법이라는 사실을 깨달았다. 앞으로도 주어진 자리에서 긍정적인 마인드로 열심히 일하고 꾸준히 노력할 것이다.

**김효준** 팀장

4가지 키워드로 (주)꾸미에르 마케팅팀 팀장이 되기까지 과정을 압축해보겠다.

## ■ 꾸준함

국내에는 수많은 온라인 마케팅 기업이 우후죽순처럼 생겼다 사라지고 있다. 온라인 마케팅의 특성상 접근성이 좋고 진입장벽이 낮아서 누구나 의지만 있다면 시작할 수 있지만 아무나 성공할 수는 없다. 무엇이든 꾸준히 하는 성격은 단기간 폭발적인 성과를 내는 광고가 아닌 꾸준함을 통한 신뢰와 자연스러운 스토리텔링을 통한 고객 감동을 추구하는 온라인 마케팅에서 빛을 발하며 고객들의 매출 상승에 기여하게 되었다.

## ■ 통찰력

마케팅은 무엇보다도 통찰력이 중요하다. (주)꾸미에르에서 근무하면서 고객의 가려운 부분을 시원하게 긁어주는 통찰력을 갖게 되었다. 당연히 처음부터 통찰력을 갖게 된 것은 아니다. 많은 고객을 찾아다니며 밤낮으로 연구하고 대화하고 소통하면서 매출을 이루는 실마리를 찾아갔다. 비유를 들면 고객은 환자, 나는 의사라고 했을 때 환자의 병을 정확하게 진단하는 통찰력을 발휘해 정확하게 처방하는 방법을 터득해가면서 나와 더불어 회사도 온라인 마케팅 1위 기업으로 성장하게 되었다.

## ■ 긍정적 마인드

마케팅에서 필요한 것 중 하나는 긍정적 마인드다. 해보지 않은 것에 대한 두려움이 많았던 내가 (주)꾸미에르에서 일하면서 "독수리새끼" 같이 강한 훈련을 받게 되었고, 때로는 마케팅 실패로 인한 쓴맛을 경험하면서 철저한 자기반성을 통해 팀장 자리까지 올라오게 되었다. 해보지 않았던 일이지만 "할 수 있다! 하면 된다!"는 신념과 자신감으로 어떤 일이든 헤쳐나간다면 일을 맡기는 모든 고객의 매출 상승에 충분히 기여할 거라 확신한다.

## ■ 진정성

마케팅에서는 보통 일정한 기간을 정해놓고 일을 한다. 예를 들어 1년간 계약했을 때 고객들과 이른바 '갑을관계'가 아닌 편한 동생 같은, 아들 같은 관계로 포지셔닝하여 관리하였다. 딱딱한 계약관계가 아닌 진정성 있는 소통, 즉 신뢰를 통해 고객의 문제를 알 수 있게 되었고, 적절한 마케팅 방법(블로그, 카페, 보도자료, SNS 등)으로 매출 상승에 기여했다. 수많은 고객을 관리하고 사람을 만나면서 마케터로서 역량을 강화해나가게 되었으며, 진정성이야말로 마케팅에서 가장 중요한 요소라는 것을 깨닫게 되면서 온라인 마케터로서도 성장할 수 있었다.

## 미노안경원에서 온 편지

안녕하세요. 남대문에서 20년간 친절과 정성으로 안경점을 운영하고 있는 한민호입니다. 최근 조세현 교수님께서 온라인 마케팅을 맡아서 도와주신 '미노안경원'이 남대문 안경 핵심 전략 키워드를 선점하여 매출이 급증하고 있어 이렇게 기쁜 마음으로 글을 남깁니다.

온라인 마케팅이 이렇게 효과가 있을 줄은 정말 몰랐습니다. 시작하기 전에는 반신반의했는데, 조세현 교수님의 전략에 이은 파워블로거 체험 마케팅은 역시 대단하더군요.

앞으로도 꾸준히 지속한다면 이 분야에서 대박날 것 같습니다. 모두 여러분의 성원 덕분입니다. 늘 감사드립니다.

# CJ 인터뷰

**공감이란**

자기 브랜드를 어필하기 위해 흔히 많이 쓰는 방법 중 하나가 공감이다. 공감이란 상대방 처지에서 상대방의 세계를 온전히 지각하고 있고, 알고 있어서 의사소통이 잘되는 것을 말한다. 공감은 상대방 마음을 깨닫는 것이다. 상대방은 어떤지 역지사지로 상대방 마음을 보는 것이 바로 공감하는 것이다.

**공감의 가치는 어떻게 가치를 발생할까**

공감을 잘하는 사람이 매력적으로 보인다. 이를 기업에 대입하면 공감 능력은 기업에 대한 매력을 높여준다. 기업이 매력 있어야 한다. 매력 없는 기업은 결국 소비자들의 신뢰를 잃게 되기 때문에 오래가지 못한다. 첫째, 공감을 잘하면 친밀해진다. 그렇게 되면 사람들이 자신만의 이야기를 털어놓는다. 친밀한 관계가 바로 공감의 첫째 가치다.

둘째, 사람들끼리 정서적으로 잘 조화되도록 해준다. 우리는 정서적 조화가 잘되지 않는 사람들과 대화하기를 꺼린다. 어딜 가도 내 마음을 편안하게 알아주는 사람과 대화하고 싶어한다. 셋째, 공감을 잘하면 그 사람에 대한 신뢰가 생긴다. 라포르rapport, 즉 신뢰감은 모든 관계에서 상당히 중요하다. 장기적인 관계를 만들어갈 수 있느냐 없느냐는 라포르가 발생했느냐 아니냐의 문제다. 기업들은 늘 신뢰를 외치는

데 상당히 헷갈리고 헤매게 된다. 기업들은 최대한 이익을 목적으로 하는 집단인데 신뢰를 만들어낸다? 그러면 이익을 내지 말라는 이야기인가? 이런 대목에서 헷갈릴 수 있다. 그러나 기업의 이익과 신뢰를 조성하는 것은 별개 문제다.

## 공감하는 방법

공감하는 방법 중 가장 큰 것은 정서적으로 집중하는 것이다. 그 사람에게 집중해서 그 사람이 무엇을 전달하려고 하는지, 나에게 말하려는 것이 무엇인지 들어야 한다. 그래서 공감을 잘하는 사람들과 공감을 잘하는 기업들은 소비자 이야기를 잘 듣는다. 듣고 난 후 방법은 직면이다.

직면은 상대방이 말하는 것을 있는 그대로 온전히 받아들인다는 것이다. 실제로 직면을 잘하는 것 같지만 많은 사람은 직면하는 데 서툴다. 이는 요즘 사람들이 타인과 대화를 나누는 것만 관찰해도 알 수 있다. 스마트폰에 집중하면서 상대방 얼굴을 마주하지 않는 경우가 많다. 이는 상대방을 무시하거나 불안하게 만드는 상황이다. 그렇기 때문에 직면은 공감하는 데 상당히 중요한 방법 중 하나다.

공감은 그 사람 말을 들어주고 고개를 끄덕이며 호응하는 것이다. 고객을 끄덕이는 것은 상당히 큰 힘을 발휘한다. 상대방(말하는 사람)이 '듣는 사람이 내 편이구나. 내가 어떤 말을 해도 다 들어줄 수 있겠구나'라고 생각할 때 그 사람에게 신뢰 가득한 열렬한 호응을 보낸다. 실제로 많은 팬을 거느리고 있는 사람을 보면 그런 사람은 말을 많이 하지 않는다. 그저 들어주고 맞장구 쳐주고, 그 사람 판단을 지지해줄 때 많은 사람이 그 사람을 따르게 된다. 이것이 공감 방법 중 하나다. 이것은 기업뿐 아니라 사람들 사이의 커뮤니케이션에도 적용된다.

정서적 공감을 이룰 수 있는 방법에도 여러 가지가 있다. 소비자들 머릿속에 남아야 하는 것은 공감의 효과다. 소비자들 머릿속에 오랫동안 남겨놓기 위한 공감 방법 중 하나로 스토리텔링을 들 수 있다. 우선 소비자들이 무엇을 원하는지부터 잘 생각해야 한다.

거울 뉴런이라는 이론이 있다. 거울 뉴런은 어떤 사람의 행동을 나도 마음속에서 똑같이 느끼는 것이다. 실제로 소비자들이 하는 행동을 기업들이 같이 느껴주는 것이 매우 중요하다. 어떤 마케팅적 방법을 쓰려는 것이 중요한 것이 아니라 실제로 느끼느냐고 물어봤을 때 그 부분에 자신이 있어야 한다.

불만이 있을 때 자기 마음을 들여다보자. 실제로 그 사람이 어떤 것에 대해 부정적인 생각을 하면서 행동이 잘 안 될 때 남 탓을 해버린다. 기업도 이럴 때가 많다. 기업들 자신이 정말 멋진 제품을 개발해 소비자들에게 공급했는데 소비자들이 알아주지 않는다고 말할 때가 있다. 그럴 땐 실제로 그 제품 개발 단계에서 소비자들의 마음이 얼마나 반영되었는지를 돌아볼 필요가 있다.

제품 개발을 하는 기업들은 제품 품평회라는 것을 연다. 하지만 고객이 아닌 연구 부서장과 경영자들을 불러놓고 품평회를 하는 경우가 많다. 이것은 제품 품평회라고 할 수 없다. 소비자가 반드시 참여해야 제대로 된 품평회라고 할 수 있다. 그 자리에서 소비자들이 제품에 대해 부정적인 평가를 할지라도 이런 사항들을 잘 참고하여 제품을 개발해야 한다. 이것이 소비자들과 진심으로 공감하는 것이다.

거기에 소비자 말에 귀 기울여 제품 개발에도 반영했다고 한다면 제품의 콘셉트를 표현 콘셉트로 바꾸는 것이 상당히 중요하다. 표현 콘셉트는 각 채널을 통해서 자사 제품의 우수한 점, 소비자들에게 전달하려고 하는 가치를 표현해준다는 것을 뜻한다. 표현 콘셉트 중 한 방법이 바로 스토리텔링이다. 소비자들이 더는 광고를 신뢰하지 않는데 스토리텔링 기법을 이용하면 소비자들의 정서적 집중이 더 강화되기 때문에 이 방법을 많이 쓴다.

스토리텔링을 잘 활용하는 국외 기업 사례가 있다. 본래 스토리텔링 기법은 해외 기업이 잘 사용하는 방법이다. 해외 럭셔리 기업은 오랜 기간 제품을 만들어왔다. 그 역사 속에서 수많은 스토리가 생긴다. 루이비통이나 에르메스 같은 경우가 대표적이다. 트레블 시리즈라는 여행가방을 만들어 전 세계적으로 사랑받기까지 루이비통이 어떠한 고민을 가지고 그 제품을 만들었는지 또한 그때 소비자들이 어떠한 불만을 가지고 있었는지를 잘 담아서 이야기해주고 있다.

당시 루이비통은 주로 공작부인이나 다른 부유층 사람들이 여행 갈 때 짐을 싸주는 일을 했다. 그때는 지금과 같은 여행용 가방이 없다 보니 사람들이 짐을 싸는 데 상당히 불편을 겪었다. 비행기 여행은 보편화되지 않았고 유람선이나 마차 여행이 많았던 시절이기 때문에 짐을 많이 쌀 수 없어 불편한 요소가 속속 등장했고 귀족부인들은 그 스트레스를 짐 싸는 사람들에게 풀었다. 루이비통이 그러한 고충을 개선하고

자 개발한 것이 바로 사각 틀의 트레블 시리즈다. 이 제품은 소비자들의 불만을 아주 잘 반영한 혁신적인 제품이었다.

루이비통은 이러한 혁신적인 트레블 시리즈로 시작해서 오늘날의 럭셔리 명가를 이룰 수 있었다. 스토리텔링을 제대로 활용하는 기업들은 결국 소비자의 관심을 잘 끌기 때문에 다른 일반 기업들보다 브랜드 인지도에서 각별한 차이를 보인다. 여기서 주의할 것은 억지로 이야기를 만들어내면 안 된다는 것이다. 이 이야기는 소비자들의 가치와 생각 속에서 출발해야 하고 그런 것들이 제품의 스토리와 자연스럽게 어울릴 때 바로 소비자들은 자연스러움을 느낄 수 있다. 와인에서도 블랜딩이 잘된 와인과 억지로 된 와인 맛의 차이가 큰 것과 같은 이치다. 자연스러우려면 이야기가 소비자로부터 출발해야 하는 것이다. 그래서 기업이 공모를 통해 소비자 이야기를 들으려고 한다. 오리온 초코파이는 공모를 통해 마케팅에서 크게 성공을 거둔 제품이다. 초코파이는 전 세계에서 가장 잘 팔리는 파이로 기록되고 있다.

## 스토리 빌딩의 중요성과 활용 방안

콘텐츠가 부족한 기업들은 스토리 빌딩을 주요한 마케팅 수단으로 삼고 있다. 스토리 빌딩을 하면서 얻을 수 있는 효과는 소비자들이 직접 참여할 수 있기 때문에 소비자들에게 자사 제품을 어필할 기회도 갖게 되는 것이다. 소비자들의 직접적 이야기다 보니 아무래도 광고와는 다른 참신한 소재가 많이 나온다. 그 소재를 자기 기업 이야기로 삼고 싶어하는 것이다. 여기서 인위성을 배제하고 자연스럽게 구성하는 것이 중요하다. 이것이 소비자들의 가치와 맞아떨어져야 한다. 억지로 스토리 빌딩을 하는 기업은 결코 오래갈 수 없다.

레드불이라는 음료수 광고는 미국 항공우주국 나사 장면으로 시작된다. 우주선을 성공적으로 발사한 뒤 나사 통신 지휘센터에 있는 사람들이 박수를 치면서 하이파이브를 한다. 이게 끝이다. 여기에서 레드불을 광고하는 멘트나 장면은 좀처럼 찾아볼 수 없다. 그러니 사람들은 무슨 광고인지 궁금해 한다. 그러면서 찬찬히 살펴본다. 아무것도 광고하지 않은 것 같지만 한쪽 벽면에 보면 레드불을 마시는 사람들 포스터가 조그맣게 붙어 있다. 결국 자신의 제품을 드러내어 광고하지 않음으로써 사람들에게 궁금증을 유발한다. 이렇게 궁금증을 유발할 때 나타나는 자사 이미지, 바로 레드불 이미지 때문에 빠른 속도로 다른 사람들에게 그 이야기가 전해졌고, 레드불은 급속도로 높은 매출 성장률을 보였다. 이것이 스토리텔링의 성공 사례다.

## 스토리 마케팅이 진화되는 과정에 대해

스토리텔링 마케팅은 그 역사에서 어떠한 일이 있었다는 것만 말하는 것이 아니다. 광고에도 스토리텔링이 등장한 것은 광고의 식상함을 없애자는 것이었다. 광고가 식상하면 소비자들은 주목하지 않기 때문에 소비자들의 감성을 사로잡는 기법이 등장했다. 바로 거기에 힌트가 있다. 광고가 식상하지 않으려면 광고 안에 스토리를 입혀야 한다는 것이다. 가령 외국의 어느 광장에 사람들이 걸어가는데 갑자기 오토바이를 탄 갱단이 나타난다. 영상 속 사람들은 사방에서 총을 쏴대는 갱단 때문에 놀라서 어쩔 줄 몰라 한다. 총격이 끝난 뒤 총을 맞고 피를 흘리며 쓰러져 있는 사람들을 실어가려고 앰뷸런스가 등장한다. 앰뷸런스가 사람들을 싣고 출발하려고 하는데 또 다른 차들이 나타나서 앰뷸런스를 공격한다. 앰뷸런스 안에서는 좀 전에 죽은 줄 알았던 사람들이 플래카드를 들고 나오면서 자사 이미지를 홍보하고 사람들을 안심시키며 기념품을 나눠준다. 이 장면을 쭉 본 사람들은 일반인들인데 이들은 놀란 표정을 뒤로하고 박수를 치면서 자신들도 모르게 그 스토리의 주인공이 된다. 그런 것들이 유튜브 같은 각종 채널로 전 세계에 영상이 나가면 그 기업의 이미지가 집중되는 현상을 볼 수 있다. 이렇게 스토리텔링은 얌전하게만 쓰는 것이 아니라 광고의 직접적 기법에도 쓸 수 있다. 참으로 매력적인 광고 수단이다.

## 몰래카메라 기법

### ■ 네이밍 효과

브랜드를 론칭할 때 네이밍이 대단히 중요하다. 네이밍은 제품의 콘셉트를 잘 담고 있으면서도 소비자들에게 전달하는 가치가 그 안에 담겨 있어야 한다. 그래서 많은 기업이 네이밍에 신경을 많이 쓴다. 결국 어떠한 하나의 메시지를 담을 수 있느냐가 제일 중요하다. 슬로건도 하나의 메시지를 주는 것이 중요하다. 뚜레쥬르 같은 경우 원재료를 이름에 담는 경우가 많다. 천연재료, 친환경 느낌을 주려고 이름을 길게 붙이는 경우도 있다. 얼마 전 출시한 순사과 빅토리아 케이크도 빅토리아 여왕이 대영제국을 이끌 당시 애프터눈 티와 함께 즐겨먹은 티

푸드에 영감을 받아서 만든 케이크다. 국내산 예산 사과를 담고 윗면에는 미니 영천 사과를 통째로 올렸다. 또한 패스트리와 그리시니, 도넛, 초콜릿, 마시멜로 등 베이커리에서 만날 수 있는 스틱형 제품에는 '나의 키다리 아저씨', '두근두근 첫만남', '사랑의 롱스틱' 등으로 로맨스 소설 《키다리 아저씨》에서 영감을 받아 네이밍했다. 브랜드 네임을 통해서 브랜드의 재료와 스토리를 한번에 읽을 수 있다.

### ■ GS사례: 공감 스토리텔링

제품과 연관성, 개연성, 진정성이 밑바탕이 될 때 더 효과적으로 반응이 온다. 편의점에 가면 입구에 커피나 음료 등을 한 구역에 모아서 소비자들에게 선보인다. 하지만 편의점에 갈 때마다 그 점이 가장 많이 거슬렸다. 커피 이름도 소비자들이 공감할 만한 것들이 아니고 그 커피를 어떠한 때 마시면 좋겠는지에 대한 정보가 부족했다. 그래서 내가 착안한 아이디어는 레모네이드 앞에 '바다를 닮은 푸른빛의 매력적인 레모네이드+가격,' '홍차의 깊은 맛과 복숭아의 상큼함을 당신 가슴 깊숙이+가격' 이렇게 이름을 붙이는 것이었다. 그 결과 한 달 만에 매출이 40% 늘었다. 이것은 별거 아닌 것처럼 보이지만 소비자들은 이렇게 네이밍한 제품을 보는 순간 자기 상태와 감정을 이입하게 된다. 그때 구매 확률이 더 높아진다는 것을 직접 경험했다.

이러한 스토리를 활용하는 것을 어떻게 발전적인 방향으로 가져가야 할까? 소비자들의 공감을 이끌어내기 위해서 어떠한 노력을 해야 할까? 공감 마케팅과 스토리텔링 마케팅을 하면서 제일 중요한 것은 거짓이 없어야 한다는 것이다. 거짓으로 무엇을 팔려고 하는 기업들은 절대 성공할 수 없다. 소비자들 마음속에 있는 가치를 내 제품에 담는다는 생각을 해야 성공할 수 있다. 그래서 기업이 가져야 할 첫 번째 가치는 거짓이 없고 소비자와 가장 가까운 사이가 되어야 한다는 것이다. 결국 근시안으로 소비자를 인식하고 매출을 올리려 한 기업들의 수익과 실제로 소비자들을 친구로, 오랫동안 같이 가야 할 파트너로 여기는 기업들의 매출과 수익 차이는 상당할 것이다. 장기적이고 오래가는 관계를 구축한다는 생각으로 공감 마케팅과 스토리 마케팅을 해야 소비자가 부정적인 경험을 하지 않게 되어 기업이 원하는 효과를 거둘 수 있다. 단기적으로 물건을 팔려고 하는 기업들에는 소비자들의 저항이 잇따를 것이라는 점을 명심해야 한다.

## 웨딩홀, 온라인 마케팅 전문가 주목

최지흥, 〈뷰티한국〉, 2014. 1. 10

고객과 소통을 유도하고 소비자 간 인맥 라인업을 활용해 매출이 향상된 웨딩홀의 공통점은 온라인 마케팅을 활용했다는 데 있다. 실제로 최근 다수의 웨딩홀이 온라인 마케팅에 집중했고, 최근 큰 성과를 올렸다.

서울의 가장 핫한 웨딩홀로 통하는 더라움, 웨딩피에스타귀족, 이룸웨딩컨벤션 등의 온라인 마케팅을 총

괄해 웨딩계 바이럴 마케팅 전문가로 불리는 조세현 대표가 그 중심에 있는 인물이다.

웨딩플래너 경영학과 교수로 재임하면서 마케팅 전문가로 활약해온 조세현 대표가 웨딩 서비스업계와 인연을 맺은 것은 5년 전부터다.

웨딩플래너들에게 경영학을 가르치는 일로 시작해 마케팅과 전략이 절실히 필요한 웨딩홀과 관련 기업들에게 자문을 하면서 점차 홍보전문가로 영역을 넓히게 된 것이다.

특히 조세현 대표가 대주주로 있는 바이럴 마케팅 전문기업 (주)꾸미에르는 참신한 아이디어에 혁신적인 전략으로 벤츠의 럭셔리 리무진을 비롯 BC카드의 온라인 마케팅의 성공적인 성과를 이뤄내 주목받고 있다.

또한 그는 다수 굴지의 기업들과 파트너십을 체결하고 마케팅 여력이 없는 영세한 상인들에게도 손을 내밀며 마케팅 전문가로 명성을 이어가고 있다. 이와 관련해 조 대표는 "속초에서 씨앗 호떡 노점상을 운영하는 분의 어려운 사정을 듣고 온라인 마케팅을 도와드린 적이 있다. 그분의 조그마한 노점이 큰 성과를 냈을 때 그 기분을 말로 표현할 수가 없었다"고 사례를 소개하기도 했다.

한편 조세현 대표는 서울대학교 공과대학 AIP과정 수료를 비롯해 연세대학교 경제대학원 경제학 석사와 숭실대학교 일반대학원 경영학 박사로 한국웨딩산업학회 사무총장, 큐리어스영재스쿨 이사장, (주)금호미터텍 사장, (주)KMT 대표이사 역임 등 왕성한 활동을 하고 있다.

---

## 어려운 소상공인 도우며 윈-윈 '착한 마케팅 클래스'

장병호, 〈경제투데이〉 2014. 3. 10

중소기업 경영자나 소상공인들에게 경영의 가장 힘든 점을 물으면 대부분 마케팅을 꼽는다.

그만큼 마케팅을 배우기도 힘들고 실전에 응용하기도 힘들기 때문이다. 자본력이 열악한 소규모 점포들은 마케팅에 투자할 엄두가 나지 않아 손을 놓고 있는 경우가 대부분이다.

어려운 소상공인들에게 바로 배워서 바로 실전에 적용할 수 있는 착한 마케팅을 기획한 전문가가 있어서 화제를 모으고 있다. 주인공은 바로 숭실대학교 경영대학원의 조세현 교수.

그가 이끄는 착한마케팅프로젝트팀은 마케팅의 기본 개념을 교육받으면서, 소규모 매장을 선택해 그 강의를 직접 현장에서 적용시켜 매출에 어려움을 겪고 있는 자영업자들에게 희망을 주고 프로젝트에 참가한 팀원들은 전문가로 성장시켜주고 있다.

새로운 마케팅 교육은 평소 조세현 교수의 교육철학에서 비롯되었다. 조 교수는 대학에서 강의를 하면서 '마케팅은 항상 현장에서 배워야 한다'고 강조해왔다. 스스로도 현장을 경험하기 위해 작년 이태원지구촌문화축제의 일일장터에서 판매를 경험하기도 했는데, 그때 현장에서 만난 제자는 조 교수의 경제적 사정이 힘든 것으로 알고 눈물을 흘리기도 했다는 후문이다.

조 교수는 평소 주사랑공동체 등의 단체를 남몰래 후원하고 봉사 커뮤니티를 운영하는 등 사회에 기여하는 일에 관심이 많았다. 그런 그의 인생철학이 만나 실전 마케팅 클래스가 열리게 된 것이다.

이를 통해 마케팅을 배우는 학습자는 현장중심의 경험을 별도의 비용 없이 쌓을 수 있고 사업을 연습해볼 수 있다. 또한 매출이 오르지 않아 어려움을 겪고 있지만 마케팅에 대한 지식의 부재로 어려운 상황을 견디고 있는 소상공인들은 별도 비용을 내지 않고 매출을 올리고 있어 삶의 희망을 찾고 있다.

조세현 교수는 매출에 어려움을 겪고 있어 도움을 호소하는 한 매장을 정해 강의를 들을 수강자를 선정하고 이 강의 후에 교육받은 내용을 토대로 현장에 어떻게 적용할지를 고민하고 실행하며 스스로 피드백하는 과정에서 자신들의 성과를 직접 눈으로 확인할 수 있게 하기 때문에 이 강의의 인기가 나날이 높아지고 있다.

현재 다양한 연령과 직업을 가진 첫 번째 팀이 일원동의 '날으는 돈까스' 매장을 대상으로 프로젝트를 진행하고 있는데 한 달이 지난 지금 '날으는 돈까스'의 매출은 벌써 두 배나 성장했다.

프로젝트에 참가한 한 팀원은 "그동안 열심히 마케팅을 배운다고 노력은 해왔지만 실제로 적용이 되는지는 의문이었다"며 "하지만 실제 매장에 적용해보며 수치가 변화하는 것을 눈으로 확인하면 개념도 명확히 이해될 것 같고 해낼 수 있다는 자신감에 또 나 자신이 직접 이룬 성취감으로 여기서 배운 내용을 절대 잊지 못할 것 같다"고 전했다.

'날으는 돈까스'의 대표는 "이렇게 좋은 날이 올 줄 몰랐다. 수치를 떠나서 매장에 활력이 돌고 있고 프로젝트에 착수하자마자 일 매출이 어떤 날은 두 배가량 뛰었다. 조세현 교수님과 드림팀 멤버들의 열정과 베풂 덕이라고 생각하니 참으로 감사하다"라고 밝혔다.

조세현 교수는 "학습자는 지식이 부족하고 강의는 실행이 부족하다. 배우고 써먹게 만들어 스스로 변화를 느끼게 하는, '책임지는' 교육문화를 정착시키고 싶다. 또한 소규모 매장도 마케팅으로 얼마든지 성공할 수 있다는 희망을 보여주어 사장님들의 지친 얼굴에 미소를 선물하고 싶다"며 "앞으로 이런 재능으로 사회에 기부하는 일들을 계속해나갈 것"이라고 밝혔다.

---

## 청년대학교, '개교기념 및 창립총회 행사 개최'

장병호, 〈경제투데이〉 2014. 3. 29

서울 광화문 드림엔터에서 청년대학교 개교기념 및 창립총회가 열렸다.

지난 3월 28일 행사에는 이사진과 자문위원단을 포함해 150여 명이 참석, 청년대학교 주요 안건 발표 및 이사진 위촉 등을 실시했다.

청년대학교는 청년들이 겪는 어려움에 공감하고, 현 시대를 반영한 변화된 교육을 제공하고자 설립된 학교로서 강소기업형 인재를 양성하는 것을 목표로 하고 있다. 또한 기업의 요구를 분석하여 독특한 교육 커리큘럼을 개발해 청년들에게 실질적인 도움을 줄 계획이다.

청년대학교 개교기념 행사에 참석한 한양대학교 유영만 교수는 청년대학교의 설립취지와 그간의 활동 사항을 보고 "청년들을 위해 노력하는 모든 분에게 감사드린다. 우리 모두 청년대학교의 발전을 위해 정성을 모아야 한다"고 밝혔다.

초청공연으로 가수 뉴스칼과 온새미가 청년대학교 교가를 불렀다. 깜짝 이벤트로 포천오페라 권순태 단장의 무대가 이어져 참석자들의 찬사를 받았다.

조세현 사무총장은 "4월 초부터 학교 서비스를 구축하고 학생모집에 들어갈 예정이다. 그리고 청년들을 위해 모여주신 이사진 및 자문위원단 모임의 정례화 등 우리 사회에 청년들을 위한 해결책을 발전시키기 위해 더욱 박차를 가할 것"이라고 활동 계획을 전했다.

청년대학교는 5월 17일 개강 예정이며, 4월 17일, 24일에는 청년들을 위한 무료 세미나가 광화문 드림엔터에서 열린다.

## 숭실대학교, 21C 차세대 고부가가치산업의 첫걸음…
## 의료관광경영석사과정 개설

〈헤럴드생생뉴스〉, 2014. 5. 19

의료관광산업은 21세기 고부가가치 산업으로 국가 신성장 동력 산업 중 하나다.

2009년 국내 외국인 환자 수는 6만 명에 불과했으나 매년 꾸준히 늘어 2012년 15만 9,000명에 이르렀다. 2013년 통계는 아직 공식 집계되지 않았지만 20만 명에 이를 것으로 추정된다.

또한 2012년에는 해외 환자로 인한 관광수익이 3,000억 원에 이르렀으며, 보건복지부는 2020년에 100만 명

의 해외 환자를 유치해 관광수익 2조 9,000억 원을 목표로 정책을 추진해 나갈 계획이다.

국내 의료관광산업의 전망은 매우 밝다는 것이 보편적인 분석이다. 이는 국내 의료수준이 심혈관계 질환이나 암치료, 미용·성형 등에서 세계적으로 인정받고 있고, 여타 분야에서도 세계 수준과 별반 차이가 나지 않기 때문이다. 그러면서도 의료비용은 상대적으로 매우 저렴하다.

정부는 의료관광산업 활성화에 높은 관심을 갖고 있다. 이에 숭실대학교는 국내 최초로 경영대학원의 의료관광경영학과를 개설하였다. 국내외적

으로 빠르게 변하는 의료관광산업의 변화에 대처하는 역량을 길러내며 현장에서 요구하는 실무적 경영자를 양성하고, 국제의료관광 코디네이터와 의료통역사 분야의 다양한 교육을 지향한다는 취지이다.

의료관광경영학과는 의료서비스와 관광 상품을 연계한 적극적 마케팅을 바탕으로 추진되는 산업이며, 숭실대학교 의료관광학과는 관리자 그리고 교육담당자를 육성하므로 이미 업계에 종사하고 있는 실무자에게 한층 높은 수준의 전문지식을 교육한다.

또한 현재 경영대학원에서 운영되고 있는 전문경영, 서비스경영, 외식경영 등 의료관광 관련 분야에 개설되어 있는 교육프로그램을 동시에 수강할 수 있다. 주로 경쟁력 있는 등록금 수준으로 교육의 가치를 높일 수 있어, 현재 집중 조명을 받고 있는 학과이다.

의료관광MBA 교과과정은 두 트랙으로 운영될 예정이다. 하나는 국제의료관광 코디네이터 국가자격 획득을 목표로 하는 자격증 프로그램이고, 또 하나는 자격증 프로그램과 관련된 학교 및 학원의 강사와 교원을 양성하기 위한 프로그램이다.

현재 주요 세계 각국이 의료관광산업을 미래의 성장동력으로 인식하고 있는 만큼 정부도 의료관광 분야에 투자를 확대하고 있으며, 숭실대학교 경영대학원 의료관광경영학과는 경영대학원 소속 안승호 교수, 곽원준 교수, 조세현 교수, 최기종 교수 등을 필두로 하여 맞춤형 인재를 양성한다는 포부를 밝혔다.

## '마케팅의 신' 조세현, "고객 심리 분석이 마케팅의 기본"

유희연, 〈뉴시스〉, 2014. 1. 10

소비자들의 마음을 사로잡기 위한 마케팅 전략은 생산자들에게 꼭 필요하다. 경쟁업체에 비해 상품이 우수하다는 점을 알리지 못하면 소비자들의 선택을 받지 못하기 때문이다.

즉 마케팅은 소비자들의 의사결정에 영향을 미치고, 더 나아가 생산자의 성공 여부를 결정짓는 하나의 요소인 셈이다.

그렇다면 성공적인 마케팅 전략을 세우기 위해서는 어떻게 해야 할까.

이와 관련, '마케팅의 신'으로 불리는 조세현 숭실대학교 경영대학원 교수는 "고객들의 상황을 잘 분석해 서비스 콘셉트의 핵심을 세우고, 실질적인 고객들의 심리를 파악하는 것이 중요하다"고 조언했다.

그는 또 "고객의 감성을 힐링(치유)할 수 있는 사람이 서비스의 콘셉트를 잘 설정하고 전략을 펼칠 수 있다. 소비자들 덕에 돈을 번다는 생각을 버리고 고객의 잠정적 가치를 파악해 상품과 소비자들의 가치성을 동시에 높이는 노력이 필요하다"고 전했다.

조 교수는 고객들에게 핵심을 찌르는 발언과 구체적이고 현실적인 대안을 제시하며 마케팅과 홍보 계획을 수립할 수 있도록 돕고 있다.

그는 웨딩플래너들을 대상으로 경영학을 지도하고, 웨딩홀 관련 기업의 자문을 바탕으로 홍보전문가로서의 영역을 넓혀왔다. 현재 서울 지역 웨딩홀 '더라움', '웨딩피에스타귀족', '이룸웨딩컨벤션' 등의 온라인 마케팅을 총괄하고 있다.

조 교수는 고객과의 소통을 유도해 실질적인 매출 향상을 이끌어내고 있으며, 가족과 같은 마음으로 직접적인 서비스를 제공하는 역할을 하고 있다는 평가를 얻고 있다.

그는 바이럴 마케팅 전문기업 (주)꾸미에르도 운영 중이다. 참신한 아이디어에 혁신적인 전략을 더해 벤츠의 럭셔리 리무진을 비롯해 BC카드의 온라인 마케팅에서 성과를 이뤄내 주목을 받은 바 있다.

한편 조 교수는 한국웨딩산업학회 사무총장, 큐리어스영재스쿨 이사장, (주)금호미터텍 사장, (주)KMT 대표이사 등을 지냈다.

---

## 조세현 교수, "작은 불씨로 행복 만드는 마케팅 전문가"

장병호, 〈경제투데이〉, 2013. 11. 4

고객과 소통을 유도하고 소비자 간 인맥 라인업을 활용해 매출이 향상된 웨딩홀의 공통점은 온라인 마케팅을 잘 활용했다는 데 있다.

서울의 가장 유명한 웨딩홀 더라움, 웨딩피에스타귀족, 이룸웨딩컨벤션 등의 온라인 마케팅을 총괄하고 있는 조세현 교수도 웨딩업계 마케팅 전문가로 불리는 인물이다. 5년여 동안 웨딩서비스업계와 인연을 맺은 조 교수는 그리스도대학교 웨딩플래너 경영학과 교수로 재임하면서 마케팅 전문가로 활약했다.

웨딩플래너들에게 경영학을 가르치며 마케팅 전략이 절실하게 필요한 웨딩홀과 관련 기업들에게 자문을 시작으로 점차 홍보전문가 영역을 넓히게 됐다. 특히 조세현 교수가 운영하는 바이럴 마케팅 전문기업 (주)꾸미에르는 참신한 아이디어에 혁신적인 전략으로 벤츠의 럭셔리 리무진을 비롯해 BC카드의 온라인 마케팅의 성공적인 성과를 이뤄내 주목을 받았다.

굴지의 기업들과 파트너십을 체결하고 마케팅 여력이 없는 영세한 상인들에게도 손을 내밀며 마케팅 전문가로도 활약 중이다.

조 교수는 "속초에서 씨앗 호떡 노점상을 운영하는 분의 어려운 사정을 듣고 온라인 마케팅을 도와드린 적이 있다. 그분의 작은 노점이 대박 났을 때 그 기분을 말로 표현할 수 없었다"고 사례를 전했다.

이어 "현재도 미래도 마케팅 전문가라 불리는 명성에 걸맞게 어려움을 겪고 있는 중소 상인들에게 삶의 용기와 희망을 드리는 행복 에너지 전도사가 되겠다"고 밝혔다.

---

## 숭실대학교 경영대학원의 조세현 교수,
## 매출에 어려움을 겪고 있는 자영업자들에게 희망을 주다

조세현 교수 대학 강의에서 '마케팅은 항상 현장에서 배워야 한다'고 강조

양승용, 〈뉴스타운〉, 2014. 3. 12

중소기업 경영자나 소상공인들에게 경영에서 가장 힘든 것을 물으면 대부

분 마케팅을 꼽는다. 그만큼 마케팅은 배우기도 힘들고 실전에 써먹기도 힘들다는 이유에서다. 또 자본력이 열악한 소규모 점포들은 마케팅에 투자할 엄두가 나지 않아 손 놓고 있는 경우가 대부분이다.

이런 어려운 소상공인들에게 바로 배워서 바로 실전에 써먹을 수 있는 착한 마케팅을 기획한 전문가가 있어서 화제다. 그 주인공은 바로 숭실대학교 경영대학원의 조세현 교수인데, 그가 이끄는 착한마케팅프로젝트팀은 마케팅의 기본 개념을 교육받으면서, 어려움을 겪고 있는 소규모 매장을 선택해 그 강의를 직접 현장에서 적용해 매출에 어려움을 겪고 있는 자영업자들에게 희망을 주고 프로젝트에 참가한 팀원들은 전문가로 성장시켜주고 있어 화제와 함께 잔잔한 감동을 자아내고 있다.

이러한 새로운 마케팅 교육은 평소 조세현 교수의 교육철학에서 비롯되었다. 조세현 교수는 대학에서 강의하면서 "마케팅은 항상 현장에서 배워야 한다"고 강조해왔다. 스스로도 현장을 경험하기 위해 2013년 이태원지구촌 문화축제의 일일장터에서 판매를 경험하기도 했는데, 그때 현장에서 만난 제자는 조교수의 경제적 사정이 힘든 것으로 알고 눈물을 흘리기도 했다는 에피소드도 있다. 또 조 교수는 평소 주사랑공동체 등의 단체를 남몰래 후원하고 봉사 커뮤니티를 운영하는 등 사회에 기여하는 일에 관심이 많았다. 그런 그의 인생철학이 만나 실전 마케팅 클래스가 열리게 된 것이다.

이를 통해 마케팅을 배우는 학습자는 현장중심 경험을 별도 비용 없이 쌓을 수 있고 사업을 연습해볼 수 있다. 또한 매출이 오르지 않아 어려움을 겪고 있지만 마케팅에 대한 지식 부재로 어려운 상황을 견디고 있는 소상공인들은 별도 비용을 내지 않고 매출을 올리고 있어 삶의 희망을 찾고 있다는 후문이다.

조세현 교수는 매출에 어려움을 겪고 있어 도움을 호소하는 한 매장을 정해 강의를 들을 수강자를 선정하고 이 강의 후 교육받은 내용을 토대로 현장에 어떻게 적용할 것인지 고민하고 실행하며 스스로 피드백한다. 이 과정에서 자신들의 성과를 직접 눈으로 확인할 수 있어서 이 강의의 인기는 나날이 높아지고 있다.

현재 다양한 연령과 직업을 가진 첫 번째 팀이 일원동의 '날으는 돈까스' 매장을 대상으로 프로젝트를 진행하고 있는데 한 달이 지난 지금 날으는 돈까스의 매출은 벌써 두 배나 성장했다고 귀띔했다.

프로젝트에 참가한 한 팀원은 "그동안 열심히 마케팅을 배운다고 노력은 해왔지만 실제로 적용되는지는 의문이었다. 하지만 실제 매장에 적용해보며 수치가 변화하는 것을 눈으로 확인하면 개념도 명확히 이해될 것 같고 해낼 수 있다는 자신감에 나 자신이 직접 이룬 성취감으로 여기서 배운 내용을 절대 잊지 못할 것 같다"고 전했다.

'날으는 돈까스' 대표는 "이렇게 좋은 날이 올 줄 몰랐다. 수치를 떠나서 매장에 활력이 돌고 있고 프로젝트에 착수하자마자 일 매출이 어떤 날은 두 배가량 뛰었다. 조세현 교수님과 드림팀 멤버분들의 열정과 베풂 덕이라고 생각하니 참으로 감사하다"라고 기뻐했다.

조세현 교수는 "학습자는 지식이 부족하고 강의는 실행이 부족하다. 배우고 써먹게 만들어 스스로 변화를 느끼게 하는, '책임지는' 교육문화를 정착시키고 싶다. 또한 소규모 매장도 마케팅으로 얼마든지 성공할 수 있다는 희망을 보여주어 사장님들의 지친 얼굴에 미소를 선물하고 싶다"며 앞으로 이런 재능으로 사회에 기부하는 일들을 계속해나갈 것이라고 말하며 환하게 웃었다.

# 온라인 마케팅 대가 조세현 교수 세대공감 토크쇼, '발딱쇼' 개최

송진현, 〈소비자인사이트/스포츠조선〉, 2014. 5. 15

마케팅 전략과 온라인 마케팅의 대가로 유명한 숭실대학교 경영대학원 조세현 교수(45)가 세대공감 토크쇼 '발딱쇼'를 진행한다고 밝혔다.

발딱쇼는 삶의 용기와 희망을 잃은 이들의 꿈과 의지를 발딱 세워 바로 실행할 수 있는 힘을 주겠다는 취지로 시작된 토크쇼다. 세대공감의 취지를 살리기 위해 30대인 강범구 MC와 20대인 성신여대 김태령 학생과 잔잔한 감동과 함께 재미있고 톡톡 튀는 진행을 선보였다고 평가받고 있다.

지난주 삼성역에 위치한 'The드림스테이지'에서 열린 첫 회에서는 50대 몸짱으로 유명한 이현아 보디피트니스 선수와 사하라사막 극한 마라톤을 완주하고 최연소 그랜드 슬램(4대 사막 마라톤 완주)에 도전 중인 경희대학교 양유진 학생이 출연했다.

메인 MC인 조세현 교수의 웃음과 감동이 넘치는 세대공감 토크쇼 '발딱쇼'는 5월 30일 그 두 번째를 맞이한다. 시크릿 강의로 유명한 조성희 대표와 《인생을 성공으로 이끄는 유쾌한 유머》를 펴낸 한국유머센터 김진배 원장이 출연해서 각 세대를 아우르는 웃음과 인생 극복기 등을 재미와 감동으로 풀어나갈 예정이다.

한편 조세현 교수는 (주)꾸미에르도 운영 중이다. 참신한 아이디어에 혁신적인 전략을 더해 벤츠의 럭셔리 리무진을 비롯해 BC카드의 온라인 마케팅에서 성과를 이뤄내 주목을 받은 바 있으며 한국웨딩산업학회 사무총장, 큐리어스영재스쿨 이사장, (주)금호미터텍 사장, (주)KMT 대표이사 등을 지냈다.

## 숭실대 조세현 교수 "고객 감성 사로잡는 온라인 마케팅이 중요"

임한희, 〈세계일보〉, 2014. 7. 1

상품과 서비스를 공급하는 기업으로서는 소비자들의 마음을 사로잡아 더 많은 제품이 시장에서 팔릴 수 있도록 하기 위해서 갖은 노력을 다한다. 하지만 많은 기업이 정확한 마케팅 방법을 몰라 실패하는 경우가 매우 많다. 최근 서비스 마케팅 분야에서 가장 큰 주목을 받고 있는 숭실대학교 경영대학원의 조세현 교수는 "서비스 마케팅에서는 고객들의 감성을 사로잡을 수 있는 제대로 된 온라인 마케팅이 매우 중요하다"고 말했다. 조 교수는 "어떤 제품이나 서비스를 구매하려는 사람들은 다른 사람들의 성공경험에서 자신들의 실패를 줄이려고 하기 때문에 온라인 채널에 더욱더 깊은 관심을 가지고 들여다본다"고 말했다. 특히 재구매가 되지 않는 웨딩 분야에서는 더욱 그렇다. 조 교수는 더라움, 엘타워, 웨딩피에스타귀족 등 국내 최정상급의 웨딩홀과 복합문화공간의 마케팅과 온라인 마케팅을 성공적으로 수행해 단기간 내에 몇 배 매출을 올려준 것으로도 유명하다.

또 작은 가게들을 운영하는 소상공인들의 힘든 사정을 전해듣고 돈을 받지 않고 마케팅을 제공해 그 가게를 운영하는 소상공인들이 다시 삶의 희망을 찾고 경제적 안정을 가져오게 하는 선행을 실천하는 경우도 많았다. 그가 말하는 성공적인 온라인 마케팅 전략은 고객 감성을 사로잡는 참신한 아이디어다. 경쟁자가 따라 하지 못할 혁신적인 전략을 가지고 꾸준히 실행해야 좋은 결과를 얻는다고 말한다. 예전에 그가 진행한 벤츠의 럭셔리 리무진을 비롯해 BC카드의 온라인 마케팅의 성과도 이러한 창의적인 생각이 바탕이 됐다.

# 조세현 숭실대 교수 '2014 대한민국 사회공헌대상' 수상

이선우, 〈한경〉, 2014. 12. 16

조세현 숭실대 경영대학원 교수가 지난 5일 여의도 국회의원회관에서 열린 '제9회 2014 대한민국 사회공헌대상' 시상식에서 사회공헌 부분 대상을 수상했다. 대한민국 사회공헌대상은 사회공헌 문화확산과 건강하고 행복한 사회실현을 위해 지난 2006년부터 한국서비스산업진흥원 주최 대한민국 사회공헌대상 조직위원회(대회장 국회의원 나경원)가 주관하는 시상제도다. 국회, 미래창조과학부, 교육부, 문화체육관광부, 국방부, 통일부, 여성가족부, 서울특별시, 경기도, 제주도 등 30여 개 단체가 후원기관으로 참여하고 있다. 조세현 교수는 이번 사회공헌대상 심사에서 지난 2008년부터 사회 소외계층을 위해 기부와 봉사활동을 이어온 공로를 인정받아 수상의 영예을 안았다.

한국국제봉사포럼과 청년대학교 사무총장으로도 활동 중인 조 교수는 기업특강 강의료를 모아 베이비박스로 알려진 주사랑공동체를 후원하며 소외계층을 위한 후원행사를 직접 마련하는 등 평소 '얼굴 없는 천사'로 활발한 기부활동을 이어오고 있다. 조 교수는 자신은 "아직 박수를 받기에는 부족한 점이 더 많은 사람"이라며 "이번 사회공헌대상 수상을 좀 더 낮은 곳을 살피고 봉사하라는 의미로 이해하고, 앞으로 헌신하는 삶을 살도록 더욱 노력하겠다"라는 말로 수상소감을 대신했다.

한편 조세현 교수는 온라인 마케팅과 퍼스널 브랜딩 강의를 진행하면서 실제 강의를 듣는 기업과 개인들에게 큰 매출성장을 이뤄준 실천경영 학자로 유명하다.

## 위대한 개츠비

### 20세기 영미 문학 최고의 걸작

1974년에 이어 2013년 또다시 영화화되어 화제를 불러일으켰던 《위대한 개츠비》는 미국인들이 가장 좋아하는 소설이다. 작품의 배경이 되는 시기는 제1차 세계대전 직후, 이른바 '재즈 시대'라고 불리는 1920년대. 급격한 산업화와 전쟁의 승리로 물질적인 풍요로움을 얻었지만 전쟁의 참화를 직간접적으로 체험한 젊은이들의 다양한 모습과 현실을 잘 보여주고 있다. 소설 속 주인공 개츠비는 젊은 시절의 순수한 사랑을 이루기 위해 자신을 내던진다. 그의 머릿속에는 아메리칸 드림을 이루어 부의 유혹에 넘어간 사랑하는 여인 데이지를 되찾으려는 생각밖에 없다. 그러나 현실은 그의 꿈을 용납하지 않는데…

F. 스콧 피츠제럴드 지음 | 표상우 옮김 | 316쪽 | 양장본 | 값 12,000원

## 성과를 지배하는 바인더의 힘

### 열정만 있고 전략이 없으면 타 죽고 만다

프로가 되려면 성과가 있어야 하고, 성과를 내려면 프로세스를 바꾸거나 강화해야 한다. '시스템'과 '훈련'을 동시에 만족시켜주는 탁월한 자기관리 시스템 다이어리 3P 바인더의 비밀을 전격 공개한다. 바인더는 훌륭한 개인 시스템이며 동시에 조직 시스템이고, 모든 조직원이 바인더를 사용한다면 굉장한 정보와 노하우의 공유가 일어난다. 저자 강규형은 20여 년간 500여 권의 서브바인더를 만들면서 기록관리, 목표관리, 시간관리, 업무관리, 지식관리, 독서경영 등을 꾸준히 실천하여 성과를 지배한 스페셜리스트다. 이 책은 바인더와 책, 세미나를 통해 기적 같은 변화를 체험한 수많은 사람의 사례와 이미지를 삽입하여 바인더를 활용하는 데 좀 더 이해하기 쉽도록 만들어졌다.

강규형 지음 | 344쪽 | 신국판 | 값 20,000원

## 잘못된 치아관리가 내 몸을 망친다

### 치아 건강은 하루아침에 이루어지는 것이 아니다

치아는 아침에 일어나는 순간부터 잠을 자는 순간까지 모든 음식을 맛보는 즐거움을 선사한다. 그만큼 치아 건강은 사람의 행복을 좌우하는 데 큰 영향을 미친다. 현직 치과의사가 말하는 일상생활에서 지켜야 할 치아 건강 관리법은 물론이고 치과 진료의 상세한 과정과 치과 진료에 대해 궁금했던 점까지 설명해주고 있는 이 책은 치아전문 일러스트레이터들이 직접 그린 일러스트를 통해 치료 과정을 쉽게 이해할 수 있도록 도움을 주고 있다. 또한 다양한 증상별로 어떻게 대처해야 하는지를 알려주기 때문에 이나 잇몸이 아플 때 늘 보는 가정상비용 책으로 비치해두면 유용한 책이다.

윤종일 지음 | 312쪽 | 4×6배판 | 값 20,000원

## 화웨이의 위대한 늑대문화

### 체계적으로 가장 신뢰할 수 있는 화웨이 이야기

68세의 상업사상가. 마흔을 넘긴 기업전략가 10여 명, 2040세대 중심의 중간 관리자, 10여만 명에 달하는 2030세대 고급 엘리트와 지식인이 주축이 된 지식형 대군을 이끌고 전 세계 방방곡곡을 누빈다. 지난 20여 년 화웨이가 성공할 수 있었던 비결은 도대체 무엇인가? 어떻게 해서 성공을 계속해서 복제할 수 있는가? 화웨이의 다음 행보는 무엇일까? 전통적인 기업 관리 이론과 경험은 대부분 비(非)지식형 노동자에 의한 관리에서 비롯된다. 런정페이의 기업 관리 철학은 당대 관리학의 발전에 이바지했다. 즉 인터넷 문화 확산이라는 심각한 도전 앞에 지식형 노동자에 대한 관리 이론과 방법을 모색했다.

텐타오·우춘보 지음 | 이지은 옮김 | 4×6배판 | 448쪽 | 값 20,000원

## 니들이 결혼을 알어?

### 심리상담 전문가가 전하는 결혼에 대한 구도의 메시지

결혼은 액션이다! 아무런 행동도 하지 않고 막연히 앉아서 행복하길 기다리는 사람들의 결혼은 그 자체로 불행이다. 이 책은 결혼에 대해서 쉽게 접근할 수 있도록 스토리 형식으로 저자의 상담현장에서 생긴 사례를 토대로 기혼자들과 결혼 판타지에 빠진 청춘들에게 '꼭 해주고 싶은 말'을 담았다. 경고문 수준의 문구들이 대부분이지만 결혼식 준비는 철저하게 하면서, 결혼준비는 소홀히 하는 이들에게 결혼의 중요성을 일깨워준다. 늘 머리에 '살아? 말아?'를 되뇌며 살아가는 이들에게 '까짓 거 살아보지 뭐!'라며 툴툴 털고 일어서게 하는 힘이 되기를 바라고 있다.

이병준 · 박희진 지음 | 380쪽 | 신국판 | 값 18,000원

## 어둠의 딸, 태양 앞에 서다

### 초라한 들러리였던 삶을 행복한 주인공의 삶으로!

세계적인 베스트셀러 《시크릿》의 주인공 밥 프록터의 유일한 한국인 제자인 조성희 대표의 첫 번째 에세이 작품인 이 책에는 스스로를 어둠의 딸이었다고 말할 정도로 어려운 환경에서 마인드 교육을 통해 변화된 자신의 이야기들이 담겨 있다. '어둠'을 '얼음'으로 역전시키는 그녀만의 마인드 파워는 걸림돌도 디딤돌로 녹여버리고, 고뇌에 찬 결단과 과감한 도전정신으로 만들어낸 선물이다. 꿈이 없어 짙은 어둠의 터널 속에서 절망을 먹고사는 사람들뿐만 아니라 심장이 뛰는 새로운 돌파구를 찾으려는 모든 사람에게 이 책은 중독될 수밖에 없는 필독서이다.

조성희 지음 | 404쪽 | 신국판 | 값 18,900원

## 송경학 세무사에게 길을 묻다

### CEO 및 자산가에게 필요한 상속 · 증여 · 금융 · 기업 세무 지식

중소 · 중견기업 CEO 및 자산가, 그들은 '세금'만 생각하면 머리가 지끈거린다. CEO의 필수 덕목이라고 일컫는 재무구조 개선과 인력 관리, 기업 문화 창출, 재충전이라는 말들은 중소 · 중견기업을 경영하는 CEO에게는 딴 세상의 이야기이기 때문이다. 이 책은 CEO와 자산가들의 가장 큰 고민거리인 세금에 대한 이해를 높이고 절세에 대한 다양한 노하우를 알려주고 있다. 회사운영 및 자산 취득, 가업승계 등과 관련된 다양한 문제와 이에 대한 해결책을 제시하여 기업 CEO 및 자산가들이 현재 자신의 상황에서 가장 적절한 자산관리 및 가업승계 방법을 찾아낼 수 있다.

송경학 지음 | 272쪽 | 신국판 | 값 20,000원

## 논어로 리드하라

### 세상을 움직이는 여성 리더들의 필독서

현대에는 강하고 수직적인 남성적 리더십에서 더 나아가 감성적이며 관계지향적인 여성성이 요구되고 있다. 진취적이고 협력적이며 따뜻함까지 두루 갖춘 여성 리더의 사회 진출이 많아지는 추세다. 이러한 변화를 입증하기라도 하듯 한국에서 사상 최초로 여성 대통령이 탄생하였고, 국제적으로는 미국에서 국무부 장관으로 힐러리 클린턴이 있으며, 세계적으로 영향력 있는 여성 방송인으로는 오프라 윈프리를 꼽을 수 있다. 이 세 여성 지도자의 공통점은 철학서적과 고전 등 많은 책을 통해 인생을 살아가는 데 중요한 가치를 깨닫고, 더 나은 자신이 되기 위해 내면을 수양했다는 점이다. 이 책을 통해 더욱더 많은 여성이 《논어》를 쉽게 접근하고 가까이하여 앞으로 더 많은 여성 리더가 배출되는 날이 오기를 희망한다.

저우광위 지음 | 송은진 옮김 | 344쪽 | 신국판 | 값 18,000원

## 황태옥의 행복콘서트 웃어라!

### 웃음 컨설턴트 황태옥의 행복 메시지

이 책은 웃음 전도사로 유명한 펀앤코리아 황태옥 대표의 인생과 웃음 철학, 삶을 그려내고 있다. 그녀가 어떻게 웃음으로 인생을 다시 되찾게 되었는지에 대한 감동적인 스토리와 그녀를 통해서 변화하게 된 사람들에 대한 여러 사례, 나아가 지난 10년 동안 웃음과 함께했던 모습들을 소개하여 그녀가 부지런히 달려온 지난날의 발자취를 고스란히 담고 있다.

저자는 《황태옥의 행복콘서트, 웃어라!》를 통해 우리 모두 삶을 웃음으로 업그레이드시켜 생활 속에서 행복콘서트의 주인공이 될 수 있는 힘을 얻기를 바란다. 그래서 자신처럼 웃음으로 새로운 인생을 사는 수많은 행복한 인생이 이어지기를 희망한다.

황태옥 지음 | 260쪽 | 신국판 | 값 17,500원

---

## 굿바이, 스트레스

### 직장인의 성과를 관리하는 스트레스 활용법

흔히들 스트레스라고 하면, 부정적인 인식이 앞서 '나쁜 스트레스'만을 떠올리는 경우가 많다. 많은 이들은 과도한 스트레스 때문에 힘들어 하고 심한 경우 신체 질병까지 얻게 된다. 하지만 적절한 스트레스는 오히려 삶에 동기부여를 해줄 뿐 아니라 스스로에게 자극제가 된다. 이 책은 스트레스를 무조건 줄이라는 메시지를 담고 있는 것이 아닌 스트레스를 어떤 방법으로 관리할 것인가, 성과와 어떻게 연결할 수 있을지에 대한 방법을 소개하고 있다. 계속되는 스트레스로 그 안에서 헤매는 것이 아니라 긍정적인 마음의 근육을 키워 스트레스를 통해 새로운 에너지를 얻음으로써 성과를 창출해내는 방법을 제시하고 있다.

이동환 지음 | 260쪽 | 4×6배판 | 값 18,000원

---

## 거대한 기회

### 리더를 위한 창조의 한 수 한 수, 연결하고 융합하고 창조하라!

세상이 단기간에 전격적으로 변하고 있다. 난공불락의 요새도, 절대적인 강자도 없다. 유연하게 변화하고 창조해야 한다. 현대의 리더는 큰 흐름의 변화를 읽고 거기서 기회를 포착하는 사람이다. 이 책은 리더들에게 시대의 흐름을 한눈에 보여주겠다는 일념으로 불확실한 미래에 대한 다양한 접근법들을 제시했다. 또한 이 책에는 약 1,500개의 짧은 글이 압축파일처럼 엮여 있다. 두 줄짜리의 초단문이지만 책 한 권의 내용이 압축돼 있는 경우도 있다. 이 책 한 권이면 책 100권을 압축하는 효과를 얻을 수 있다. 그렇기에 남들과 다른 더 넓은 안목의 지혜를 안겨줄 수 있는 책이며, 제시된 패러다임을 각자의 방식으로 삶과 비즈니스에 접목함으로써 우수한 대응력을 갖출 수 있다.

김종춘 지음 | 316쪽 | 신국판 | 값 18,500원

---

## 부의 얼굴, 신용

### 대대손손 부(富)를 부르는 사람, 그들의 신용관리 철학으로 앞서가라!

얼굴만 보아도 '부(富)'를 부르는 사람은 분명 무언가 다르다. 눈에 띄는 노력을 하는 것 같지는 않은데 유독 '인복(人福)'이 함께하고 '부'가 따르는 사람이 있다면 한번 자세히 관찰해보라. 단언컨대 단 3일 만에 그 비법을 알아챌 것이다. 막강한 재산 '신용'이 그것이다. 이 책은 역사소설 거장 이수광의 방대한 역사적 지식을 처세술에 접목했다. 구한말 조선 최고의 부자이자 무역왕으로 군림했던 '최봉준', 한나라의 전주 '무염', 월나라의 천재 전략가 '범려'를 비롯한 역사 속 실존 인물들의 신용이 낳은 성공 이야기를 담아 현대를 사는 독자들에게 신용의 생활화를 강조하고 있다. 이 책의 메시지를 받아들여 자신만의 신용관리 철학을 세운다면 '인복'이 함께하고 '부'가 따를 것이다.

이수광 지음 | 352쪽 | 신국판 | 값 16,500원

# 성과를 지배하는
# 바인더의 힘

**강규형** 지음

## 기적의 노트! 3P 바인더의 비밀

기록하지 않는 자,
성공할 수 없다.
남과 다른 성공을 꿈꾼다면
삶을 기록하라!

344쪽 | 신국판 | 올컬러 | 값 20,000원

---

한 권으로 배우는 대한민국 유통 마케팅 바이블

성과를 지배하는 힘 시리즈 **2**

# 성과를 지배하는
# 유통 마케팅의 힘

**양승식** 지음

## 탁상 위 유통 지식만으로는 부족하다

열정만 있고 전략이 없으면 타 죽고 만다.
유통 영업의 성공 여부는
경험과 인적 네트워크로 결정된다!

352쪽 | 4×6배판 | 올컬러 | 값 20,000원

# 스타리치 어드바이져는
# 기업을 위한 최상의 플랫폼을 제공합니다!

## ☐ 전문가 자문 그룹 지원
세무사 / 회계사 / 변호사 / 노무사 / 법인 현장 실무 전문가 / 교육 전문가

## ② 조세일보 기업지원센터 운영
기업의 성장과 연속성을 위한 컨설팅 전문 조세일보 기업지원센터 설립

## ③ CEO 포럼 개최
기업의 성장과 연속성을 위한 CEO 포럼 개최

## ④ 좋은 책을 만드는 스타리치북스 출판사
스타리치 어드바이져의 계열사로, 경제 · 경영, 자기계발, 문학서적 등을 출판하는 종합 출판사

## ⑤ 100년 기업을 위한 CEO의 경영 철학 계승 전략, CEO 자서전 플랜
기업의 DNA와 핵심가치를 유지하는 질적 성장의 힘! 세상을 움직이는 리더십, 자서전은 또 다른 이름의 리더십

**StarRich** Advisor/ **StarRich** Books  서울 강남구 강남대로62길 3 한진빌딩 5층 전화 02-2051-8477 팩스 02-578-8470  www.starrich.co.kr

 문의) 스타리치 어드바이져 & 북스 02) 6969-8903 / starrichbooks@starrich.co.kr

# 절대강자로 보이던 상어가 온순해졌다!

**스토리 마케팅으로 성과를 지배하라!**

노련한 전략을 구사하는 펭귄,
상어를 휘어잡은 펭귄의 강력한 힘은 무엇일까?
공감을 부르는 '스토리'의 힘,
마케팅의 비밀코드를 파헤쳐라!

조세현 지음 | 360쪽 | 신국판 | 값 20,000원

## 스타리치 패밀리 회원이란?

하나의 아이디로 스타리치에서 운영하는 사이트(스타리치 어드바이져, 스타리치북스, 스타리치몰 등)와의
모든 거래 및 서비스 이용을 편리하고 안전하게 사용할 수 있는 스타리치 통합 회원제 서비스입니다.

## 스타리치 패밀리 회원 혜택

- 스타리치 어드바이져에서 제공하는 재무 관련 정보 제공
- 스타리치 어드바이져/북스에서 주최하는 포럼 및 세미나 정보 제공
- 스타리치북스에서 주최하는 북콘서트 사전 초대
- 스타리치북스 신간 도서 메일 서비스 제공
- 스타리치몰에서 사용 가능한 적립 포인트 제공

## 스타리치 패밀리 회원 등록

| 이름 | 연락처 |
| --- | --- |
| 주소 | 생년월일 |
| 이메일 주소 | 구매 도서명   성과를 지배하는 스토리 마케팅의 힘 |
| 패밀리 회원 ID | 소속(회사/학교) |

사용하실 패밀리 회원 ID를 적어주시면 문자로 임시 비밀번호를 발송해드립니다.
기존 스타리치 패밀리 회원일 경우 등록된 ID만 기재 바랍니다.

접는 선

## 개인정보 사용 동의서

스타리치 패밀리 홈페이지는 수집한 개인정보를 다음의 목적을 위해 활용합니다. 이용자가 제공한 모든 정보는
하기 목적에 필요한 용도 이외로는 사용되지 않으며, 이용 목적이 변경될 시에는 사전동의를 구할 것입니다.

### 1) 회원관리

① 회원제 서비스 이용 및 제한적 본인 확인제에 따른 본인확인, 개인 식별
② 불량회원의 부정 이용방지와 비인가 사용방지
③ 가입의사 확인, 가입 및 가입횟수 제한
④ 분쟁 조정을 위한 기록보존, 불만처리 등 민원처리, 고지사항 전달

### 2) 신규 서비스 개발 및 마케팅·광고에의 활용

① 신규 서비스 개발 및 맞춤 서비스 제공
② 통계학적 특성에 따른 서비스 제공 및 광고 게재, 서비스의 유효성 확인
③ 이벤트 및 광고성 정보 제공 및 참여기회 제공
④ 접속빈도 파악 등에 대한 통계

상위 내용에 동의합니다.

년   월   일    서명 ________________ (인)

스타리치 패밀리 회원 비밀번호 변경은 www.starrichmall.co.kr에서 하실 수 있습니다.
엽서를 보내주시는 분들에 한하여 스타리치몰에서 사용 가능한 포인트(도서 정가의 5%)를 지급해 드립니다.
앞으로 더욱 다양한 혜택을 드리고자 노력하는 스타리치가 되겠습니다. **문의** 02-6969-8903 starrichbooks@starrich.co.kr